职业岗位技能规划教材

网络营销

（第二版）

主编　缪启军

副主编　禹智潭　肖　明

U0753891

立信会计出版社

LIXIN ACCOUNTING PUBLISHING HOUSE

图书在版编目(CIP)数据

网络营销/缪启军主编. —2 版. —上海：立信
会计出版社,2015.8
职业岗位技能规划教材
ISBN 978 - 7 - 5429 - 4753 - 6

Ⅰ.①网…　Ⅱ.①缪…　Ⅲ.①网络营销－职业教
育－教材　Ⅳ.①F713.36

中国版本图书馆 CIP 数据核字(2015)第 190668 号

策划编辑　　　陈　旻
责任编辑　　　陈　旻
封面设计　　　周崇文

网络营销(第二版)

出版发行	立信会计出版社		
地　　址	上海市中山西路 2230 号	邮政编码	200235
电　　话	(021)64411389	传　真	(021)64411325
网　　址	www.lixinaph.com	电子邮箱	lxaph@sh163.net
网上书店	www.shlx.net	电　话	(021)64411071
经　　销	各地新华书店		
印　　刷	上海锦良印刷厂		
开　　本	787 毫米×1092 毫米　　1/16		
印　　张	14.25		
字　　数	342 千字		
版　　次	2015 年 8 月第 2 版		
印　　次	2015 年 8 月第 1 次		
印　　数	1—3100		
书　　号	ISBN 978 - 7 - 5429 - 4753 - 6/F		
定　　价	28.00 元		

如有印订差错,请与本社联系调换

第二版说明

多年前电子商务刚刚兴起时,有人断言,未来没有"电子商务"这一特别说法,因为商务都是电子化、信息化的,这一说法也许有点言过其实,但综观20世纪90年代至今20多年电子商务的发展历程,电子商务在从一线城市向二三线城市,甚至广大乡村发展的同时,走向国际化,从传统的书籍、软件等向金融、旅游等各行业扩散!随着智能手机的普及,手机支付、二维码扫码、微信畅聊……衣食住行已经进入移动互联时代,近几年"海淘族"、双11"剁手族"不断涌现,方寸之间,网络营销已经无处不在,多少朋友成为了顾客,又有多少顾客成了朋友。

本书第一版于2007年诞生时,网络营销尚属于市场营销的新领域,经过近10年的洗礼,新兵已经成为了老兵,网络营销进入社会化阶段,传统网络营销模式与方法的效果已经逐渐降低,手机上网、移动营销正成为网络营销的新宠,虽然未来网络营销的模式与技术会不断创新,但可以肯定的是,作为一种行之有效的营销手段,网络营销将与线下营销融为一体,网络营销将与各类营销方法高度整合而成为营销的主力兵团。为了更好地适应网络营销发展的新环境,《网络营销》第二版在原有基础上做了如下修订:

(1) 重新架构了课程体系。全书大致分为四大部分:基础篇包括网络营销概论和网络营销方法两章;应用篇包括网上调研、网站策略、网络广告和网络顾客服务策略四章;综合篇介绍网络营销组合策略和网络营销战略;实训篇安排网络营销实训。

(2) 调整了第一章部分理论性过强的内容。

(3) 调整了部分章节的"本章导入",增加了近期的一些案例。

(4) 增加了"移动营销"及相关实训内容。

使用本书过程中,可以通过(http://www. meduol. net)获得更多的网络资源并与我们沟通交流。本书编写中得到了立信会计出版社陈旻、陈瑶等同志的关心与支持,在此表示衷心的感谢! 同时,向众多文献资料的原创者和实践工作者致以诚挚的感谢!

网络营销与一般的信息类技术课程不同,不仅是单纯的技术操作应用,基于企业营销战略高度的整合营销,才能真正促进企业营销。如果读者对本课程或教材有什么问题或建议,欢迎通过 zgcjzx@163.com 及时与编者联系。

缪启军

2015 年 7 月

前 言

<<< Foreword

21世纪，人类社会已经进入网络经济时代。网络的出现与应用带来社会生产力革命性的飞跃。网络营销已经成为先进的营销形式，在企业营销竞争中起着越来越重要的作用。

本书是以实践应用为导向的网络营销基础教程。本书在借鉴国内外网络营销方面的最新资料和最新成果的基础上，从高职高专教育的特点及营销人员的应用需求出发，结合劳动和社会保障部助理电子商务师、国际电子商务师认证委员会(CCIEB)、中国电子商务职业经理人认证系列(CCCEM)有关网络营销师、专业网络营销师、高级网络营销师等方向的职业技能要求，通过对网络营销的基本概念、基本技术和操作技能的介绍，全面系统地描述了网络营销的基本知识和应用技术。

网络营销是市场营销的新领域，比较权威和成熟的体系尚未形成，也不能把传统市场营销的理论和方法直接运用到网络营销中。正因如此，本书注重内容的科学性、实用性和先进性，深入浅出，循序渐进，通过案例分析及技能训练，有效地将理论与实践结合起来，不但可以作为高职财经类各专业的教材，也可以作为社会在职人员学习网络营销或参加相关职业资格认证考试参考之用。

全书重点对网络营销基本知识、网络营销环境与技术、网上市场调查技术、网站策略、网络营销推广策略、网络营销组合策略、网络广告策略、网络顾客服务、网络营销战略等内容进行了系统的介绍。在每章配有"学习目的"、"本章导入"、"本章小结"、"思考练习"、"案例分析"等内容。考虑到各层次学员知识结构不完全一致，我们在最后以提纲的形式提供了网络营销实训内容，读者可以有选择地使用，我们将在教学支持网站上提供相关操作指导。

在本书的编写过程中参考了较多文献资料，在此，对这些文献资料的原创者致以诚挚的感谢。立信会计出版社给予了大力支持,特此致谢。另外,对于承担本书录入工作的崔恒丽同志一并表示感谢。

为方便教师的教学,我们将在网上提供教学大纲、进程表、电子教案、教学指导等教学资料,同时将及时补充新知识、练习等教学资料。相关资料请登录中国财经在线(www. zgcjzx. com)获取。

由于编者学识及经验所限,书中错误在所难免,敬请读者批评指正,共同促进网络营销的发展。

编 者

2007 年 5 月

目 录
<<< Contents

基 础 篇

应 用 篇

综　合　篇

基　础　篇

1 网络营销概论

【本章导入】

贾君鹏你妈妈喊你回家吃饭

2009年7月16日，网友在百度贴吧魔兽世界吧发表的一个名为"贾君鹏你妈妈喊你回家吃饭"的帖子，随后短短五六个小时内被390617名网友浏览，引来超过1.7万条回复，被网友称为"网络奇迹"。"贾君鹏你妈妈喊你回家吃饭"也迅速成为网络流行语。

思考：

请通过网络查找"贾君鹏你妈妈喊你回家吃饭"背后的真实故事，并思考什么是网络营销？与传统营销有何区别及联系？贾君鹏事件说明消费者有哪些行为特征？

1.1 网络营销概述

1.1.1 网络营销的概念

20世纪90年代初,飞速发展的互联网(Internet)促使网络技术在全球范围内被广泛应用,世界各地纷纷掀起应用互联网的热潮。网络技术的发展和应用不仅改变了信息的分配和接受方式,也深刻地影响着人们的工作、学习和生活方式。企业也争先恐后地利用新技术变革企业的经营理念,探索新的管理和营销方法。网络营销的产生是科技发展、消费者价值变革、商业竞争等综合因素促成的。网络时代企业利用网络媒体来开展各类市场营销活动,网络营销是传统市场营销在网络时代的延伸和发展。网络营销不单纯是网络技术,而是市场营销的新模式;网络营销不单纯是网上销售,而是企业现有营销体系的有利补充;网络营销是4CS营销理论的必然产物。

网络营销是指以现代营销理论为基础,通过互联网营销替代传统的报刊、邮件、电话、电视等中介媒体,利用互联网对产品的售前、售中、售后各环节进行跟踪服务,自始至终贯穿于企业经营全过程,寻找新客户、服务老客户,最大限度地满足客户需求,从而达到以开拓市场、增加盈利为目标的营销过程。它是直接市场营销的最新形式。广义地说,凡是以互联网为主要手段进行的、为达到一定营销目标的营销活动,都可称为网络营销。也就是说,网络营销贯穿于企业开展网上经营的整个过程,即从信息发布、信息搜集,到开展以网上交易为主的电子商务、网上服务等一系列过程。

关于网络营销概念的理解,目前存在许多误区,最常见的就是将网络营销与网上销售、在线购物等同起来。

思考:有人认为"网络营销=网上销售",你认为对吗?为什么?

1.1.2 网络营销的内涵

作为新的营销方式和营销手段,网络营销的内容非常丰富。一方面,网络营销活动要求企业决策者能够及时把握虚拟市场的消费者特征和消费者的行为模式,为企业在网上虚拟市场进行营销活动提供依据;另一方面,在网上开展营销活动要有助于实现企业的目标,使硬性生产系统和柔性生产系统结合起来,最大限度地满足客户需求,以达到开拓市场,增加利润的目的。网络营销并没有脱离营销活动的基本目的,也没有改变营销活动的主要内容,只是在营销的实施和操作过程中与传统方式有所区别。

网络营销的实质是客户需求管理,其主要内容包括以下多个方面。

1) 开展网上市场调查

网上市场调查是指利用互联网的交互式信息沟通渠道搜集信息的过程。其调研的内容包括对消费者、竞争对手以及整个市场情况的及时报道和准确分析。营销调研在互联环境和技术的支持下,调研成本低,信息量大,从而可以进一步了解消费者的现实和潜在需求,深化个性营销的观念和规则,并且对传统的细分目标市场进一步细分。利用网上调查工具,可以提高调查效率和调查效果。

2) 分析网上消费行为

互联网作为信息沟通工具,正成为许多兴趣和爱好趋同的群体聚集交流的地方,并因此在网上形成了一个个特征鲜明的网上虚拟社区。了解这些虚拟社区的群体特征和偏好是分析网上消费者行为的关键。

3) 制定网络营销策略

不同企业在市场中处于不同地位,在采取网络营销实现企业营销目标时,必须采取与企业所处地位相适应的营销策略。

4) 制定网上产品和服务策略

网络作为有效的信息沟通渠道改变了传统产品的营销策略,特别是渠道的选择。在网上进行产品和服务营销,必须结合网络特点重新考虑产品的设计、开发、包装和品牌的传统产品策略,由于互联网技术创造了降低交易成本的机会,低价位和快速反应有可能成为网上产品和服务的营销策略。

5) 制定网上价格策略

网络上进行的信息交流和传播,从诞生开始就是自由、平等和免费的,因此网上市场的价格策略大多采取免费或者低价策略。制定网上价格营销策略时,必须考虑到互联网对定价的影响和互联网本身独特的免费方式。

6) 开展网络公共

开展网络公共的目的是通过影响传播媒介从第三方立场的评论,来树立企业和产品的形象,提高企业或产品的知名度,以增强产品对顾客的吸引力。

7) 应用网络广告

网络广告的最大特点是具有交互性和直接性,沟通双方可以突破时空限制直接进行交流,而且简单、高效,费用低廉。网络广告的目的是宣传推广自己的公司,树立起公司良好的商业形象,发布公司产品信息,逐步增加产品在市场上的占有率与销售额。

8) 管理网络营销渠道

互联网对企业营销影响最大的是对企业营销渠道的影响,企业借助互联网的直接特性建立的网上直销模式,改变了传统渠道中的多层次的选择、管理与控制问题,最大限度地降低了渠道中的营销费用,从而获得了巨大成功。

网络营销渠道可分为直接分销渠道和间接分销渠道。网络的直接分销渠道是由生产者到消费者,中间没有任何一级分销的销售模式;如果中间还存在一个以上信息中介的,就是间接分销渠道。网上营销渠道的管理是为了在加速商品和资金流转、减少促销成本、扩大销售的过程中,最大限度地满足客户的需求。

9) 网络营销管理与控制

在互联网上开展网络营销活动,将面临许多传统营销活动不可能碰到的新问题,如网络产品质量保证问题、消费者隐私保护问题以及信息安全问题等等。这些都是网络营销必须重视和进行有效控制的问题,否则网络营销效果会适得其反。

思考:联系你身边的企业或网上企业,分析其网络营销都做了哪些工作?

1.2　网络营销与传统营销

市场营销作为一门学科,从诞生以来已经经历了以生产为导向的营销观念,以产品为导向的生产观念、产品观念、以产品为导向的推销观念，以市场为导向的营销观念以及社会营销观念等阶段的演化过程。

菲利普·科特勒将营销定义为"个人和集体通过创造、提供并同他人交换产品价值，以获得其所需所欲物的一种社会和管理过程"。也就是说，营销是以满足人类各种需要和欲望为目的，通过市场将潜在交换转化为现实交换的活动总称。传统营销实际上是通过层层严密的渠道，并以大量人力与广告投入市场，从而达到满足现实或潜在的需要的综合性经营销售活动进程。而网络营销实际上是借助于互联网络、电脑通信技术和数字交互式媒体来实现营销目标的一种营销方式。

1.2.1 网络营销与传统营销的异同

从理论上看，网络营销没有脱离传统营销理论的指导，4PS 理论和 4CS 理论在很大程度上仍然适用于网络营销理论；从目标上看，网络营销与传统营销都是为了将潜在的交换转化为现实的交换，两者并没有根本的区别；从形式上看，网络营销是一个以信息技术服务为支撑的全球营销活动的动态过程，而传统营销则是一种在现实状态中直接接触的交易；从方式上看，网络营销是实现一对一定制营销的重要工具，而传统营销则是实现消费群体差异化营销的工具。总之，网络营销作为一种营销管理模式，既与传统营销有许多相同点，又因其依赖的技术基础及销售环节的特点而与传统营销有很多区别，通过两者的优缺点互补可以为企业节约大量的资源，提高效率，增强市场竞争力。网络营销与传统营销有相同之处也有不同之处。

1）网络营销与传统营销的相同点

（1）两者都包含制造前到消费后的全部过程。它们所涉及的范围不仅限于商业性内容，即所涉及的不仅是产品生产出来之后的活动，还要扩展到产品制造之前的开发活动。在市场经济条件下，企业必须按市场需求组织生产，在生产前按目标市场的需求，确定产品内容、商标与广告策略、定价以及制定销售策略等，这些都是市场营销的重要工作；把产品卖出去后，营销并没有就此结束，还需要确保消费者在消费过程中满意；之后，还需要通过反馈回来的信息指导企业新一轮的经营活动，如要了解消费者对产品的满意程度，消费者提出的进一步要求，消费者向社会传播信息的内容，竞争者的动向，企业信誉等。因此，应当从商品制造前到消费后的商品活动的全过程来把握营销的内容。

（2）两者都需要通过组合发挥功能。它们并不是单靠某种手段去实现目标，而是要开展各项具体营销活动。在低层次的竞争中，营销目标比较简单，就是把东西卖出去，因而基本的手段就是促销。而此时促销的制约因素也比较少，因而实现过程也不复杂。由于现代企业的营销环境发生了深刻变化，低层次的营销已无法直接达到预计目标，因而需要进行策划，并系统地加以考虑。现代企业的市场营销目标已不仅仅是某个目标，更重要的是要追求某种价值的实现，这时的目标已成为企业所要达到的境界，实现这样的目标要调动多种关系，制定出各种策略，最终才能够实现。

（3）两者都把满足消费者需求作为一切活动的出发点。企业作为盈利性的经济实体，开展营销活动必须具有盈利动机，企业的盈利应是满足消费者需求所得的报酬。为消费者服务，满足消费者需求不能仅建立在营销者良好的主观愿望上，而是要通过调查了解消费者的需求点。许多企业很重视产品质量，而且提供的产品功能很多，承诺的服务项目也不少,但这些与消费者实际上最关心的内容不吻合,因而所进行的努力并没有得到应有的回报。如果能把消费者实际的需要调查清楚,然后有针对性地去满足消费者的需要,不但能使消费者满意,而且还能使企业降低成本,使买卖双方都能受益。

(4) 两者对消费者需求的满足,不仅停留在现实需求上,而且包括潜在需求。在消费者还没有意识到某种需求存在或者还不了解某种需求是可以得到满足的时候,企业的营销有责任通过唤醒、引导、激发、创新等方式,将潜在需求转化为现实需求,但有一点必须坚定不移,那就是出发点都是为了提高消费者的生活质量,使消费者通过购买商品和劳务获得最大的满足,决不允许有任何损害消费者利益的现象发生。

2) 网络营销与传统营销的不同点

在传统的市场营销活动中,企业所遵循的是市场导向的理念,着眼于实物流。对于生产者来说,市场导向是通过商业机构的订货趋势来反映的;对于消费者来说,选择和挑选商品就是在商业机构提供的范畴内进行有限的选择。生产者不了解市场需求,消费者也不能直接向生产者表达对产品的需求。因此,这种流通模式存在着一定的盲目性。在网络营销观念中,企业遵循的是消费者需求导向的理念,着眼于信息流。在这种方式下,消费者可以直接参与企业营销的过程,企业的生产和营销策略都可根据消费者需求来决定。功能强大的网络技术在许多方面拥有传统媒体无可比拟的优势,改变了产品和服务的营销渠道、通信以及定价方式。

(1) 产品和消费者。从理论上讲,任何产品或服务都可以成为网络营销的对象;但从实际操作看,适于网上销售的主要是标准化程度较高的产品,如电子产品、音像制品和书籍等。从营销角度来看,通过网络可以对大多数产品进行营销,即使不通过网络达成最终的交易,网络营销的宣传和沟通作用仍需受到重视。

网络营销下的消费者行为表现出了新的特点:消费者参与企业的营销过程,主动表达自己对产品的欲望,寻求一对一个性化的服务;由于商品的选择范围极大地拓宽,消费者将进行理智的价格选择;网络使消费者拥有大量的信息来源,他们不再被动地接受广告宣传。随着消费者需求越来越趋于个性化,企业必须根据目标消费者对同一类产品的不同需求设计生产符合其各自需求的产品。网络营销可借助互联网随时了解分布在全球各地的目标顾客的需求,提供个性化的商品。而传统营销由于受技术、信息等条件的制约,只能根据目标市场总的需求变化态势,提供相同或简单分类的商品。

(2) 价格和成本。在网络营销中,产品功能设置是根据消费者的需求而定的,互动式供求信息使商家制定出消费者可以接受的价格,即消费者需求定价。由于网络营销直接面对消费者,减少了批发商、零售商等中间环节,节省了中间营销费用,降低了销售成本,所以商品价格可以低于传统销售方式的价格,从而产生较大的竞争优势。同时也要注意,减少了销售中的中间环节,商品的邮寄和配送费用也会在一定程度上影响商品的销售成本和价格。在传统营销的价格策略中,商品往往是按成本定价,生产厂家对价格起着主导作用,产品功能和成本控制很少有消费者参与的影子,这就使得产品价格与消费者所能接受的价格存在较大的差距,导致部分潜在消费者无法转变为现实的消费者。

(3) 营销渠道和沟通。两者在营销渠道上的区别是明显的,在传统营销中,生产者和消费者之间有代理商、批发商、零售商等参与交易,整个交易过程经过的层次较多。在网络营销中,由于网络有很强的互动性和全球性,网络营销可以使企业实时地和消费者进行沟通,解答消费者的疑问,并可以通过电子公告板(BBS)、电子邮件快速地为消费者提供信息。由此,中间商的作用被削弱,整个产品经销体系的层次大幅度简化。

(4) 营销策略的展示。传统媒体对营销策略的展示有很大的局限性,导致企业有很好的产品,制定了很好的营销策略,却无法向市场和客户展示。以视频广告为例,企业去电视台购买了一个广告时段,这种广告时段一般都以 10 秒钟为单位。企业委托广告商制作视频广告时,所有广告商都会告诉企业,广告片最好不要超过 10 秒钟,因为超过 10 秒钟的广告,公众很少会有耐心看下去。而网络媒体可以突破传统市场营销媒体对企业营销策略展示的束缚,更加充分、完整、全面地展示企业的经营理念、产品特点、营销策略。

Web 对促销而言是一种良好的媒体,各种图形或有声广告都可以在 Web 上以多种方式实现。网络营销本身可采用电子邮件、网页、网络广告等方式,也可以借鉴传统营销中的促销方式。因此,网络营销可以采取的促销活动的形式更丰富,它甚至可以通过与消费者的交互式沟通实现定制促销,即按照消费者的需要和偏好提供产品或服务信息。但是,在网络营销中,消费者由于缺乏对商品的直观认识,无法确认网上信息的真实性,因而商家的信誉在网络时代显得尤为重要。网络营销为消费者提供了足不出户即可挑选购买自己所需的商品和服务的便利;但由于缺少了消费者直接面对商品的直观性,限于商家的诚实和信用,无法保证网上信息绝对的真实。此外,网上购物需等待商家送货或邮寄,在一定程度上又给消费者带来了不便。

(5) 客户关系。在传统营销中,企业的各个营销环节由不同部门和人员负责,消费者和企业之间缺乏合适的沟通渠道,或者由于成本过高,沟通渠道难以扩大。消费者参与企业活动的范围较狭窄,仅限于对现有产品提出建议或批评。在网络营销中,争夺顾客成为企业竞争的焦点。如何争取、留住顾客群,建立顾客对虚拟企业的信任感,是网络营销成功的关键。由于互联网提供了互动式沟通渠道,网络时代的企业可以再造客户关系,建立亲密顾客关系、创造并满足顾客需求是网络营销的重点。

1.2.2　网络营销与传统营销的整合

1) 整合营销的含义

整合营销就是把消费者整合到整个营销过程中,使其在整个营销过程中的地位得以提高。而且,企业在整个营销过程中要不断地与消费者互动,每一个营销决策都要从消费者出发而不是像传统营销理论那样主要从企业自身出发。整合营销有四方面的含义:

(1) 传播资讯的统一性。其目的是运用和协调各种不同的传播手段,使其发挥出最佳、最集中统一的作用,最终实现在企业与消费者之间建立长期的、双向的、稳定的关系。

(2) 互动性。消费者可与企业展开交流,迅速、准确、个性化地获得信息、反馈信息,使营销策略从消极、被动地适应消费者向积极、主动地与消费者沟通、交流转化。

(3) 目标营销。企业的一切营销活动都应围绕企业目标来开展,实现全程营销。

(4) 抛开促销策略,着重于加强与消费者的沟通和交流。国际互联网和商业在线服务为营销者开展整合营销提供了强有力的工具。

整合营销是兴起于美国的一种实战性较强的可操作性的营销理念。其核心理念是:首先建立品牌定位;然后设计战略、支配资源,使企业各部门的力量共同发挥作用,不同的营销功能按照共同的目标进行内部协调,实现"从认知到购买"的行为变化。

菲利普·科特勒指出："企业所有部门为顾客利益而共同工作时,就是整合营销。"美国广告代理商协会则更加明确地指出,"通过对不连续信息的有机整合,提供清晰稳定和最大化的沟通影响",就是整合营销。

这种整合营销理论在当时起到了一定的积极作用。它反映了营销理论体系重心的转移和 4P 理论向 4C 理论的发展要求。该理论传播到我国以后,对推动我国营销理论体系的发展和加强企业内部管理,建立和健全内部协调的营销机制均起到了一定的积极作用。

2) 网络营销与传统营销的互补整合将是企业的最佳选择

网络营销与传统营销的整合,就是利用整合营销策略实现以消费者为中心的统一传播、双向沟通,实现企业的营销目标。

(1) 传统的营销渠道经过了长时间的市场洗礼,拥有自己成熟的运作模式和生存空间。互联网市场作为新兴的虚拟市场,它所覆盖的群体只是整个市场的一部分,许多群体由于各种原因还不能或者不愿意使用互联网,如老年人、落后的地区。因此,互联网的覆盖有限,在未覆盖地区仍须采用传统的营销策略和手段。

(2) 传统营销仍有强大的生命力和市场。虽然互联网作为一种有效的渠道有着自己的特点和优势,但有些消费者仍然偏爱按传统方式购物,如报纸有网上电子版本后,并没有冲击原来的纸张印刷出版业务,相反,两者相互促进。

(3) 传统营销的亲和力是网络营销无法替代的。互联网只是一种工具,而营销面对的是有灵性的人。因此,传统的以人为主的营销方式所具有的独特的亲和力是网络营销无法替代的。

(4) 网络营销与传统营销的整合是未来发展的趋势。互联网为企业带来了机遇和挑战,基于互联网搭建管理平台和销售平台给企业带来了无限商机,但对企业的经营和管理也提出了更高的要求。即使实现了对信息的有效控制,企业仍须建立更加合理的客户关系、完善的供应体系和分销体系,以确保企业的高效率运转。在现今买方市场条件下,竞争日益激烈,仍然固守传统营销观念无疑是刻舟求剑,企业必须导入网络营销等先进策略方能在市场中取得竞争优势。

3) 网络营销与传统营销整合的有效策略

网络营销是企业向消费者提供产品和服务的另一个渠道,为企业提供了一个增强竞争优势、增加盈利的机会。在网络和电子商务环境下,网络营销较之传统的市场营销,从理论到方法都有了很大的改变。于是,如何处理好网络营销与传统营销的整合,能否比竞争对手更有效地唤起顾客对产品的注意和需要,成为企业开展网络营销能否成功的关键。

(1) 网络营销中顾客概念的整合。传统的市场营销学中的顾客是指与产品购买和消费直接相关的个人或组织(如产业购买者、中间商、政府机构等)。在网络营销中,这种顾客仍然是企业最重要的顾客。网络营销所面对的顾客与传统营销所面对的顾客并没有什么太大的不同。

但是,网络社会的最大特点就是信息"爆炸"。在互联网上,面对全球数以百万计的站点,每一个网上消费者只能根据自己的兴趣浏览其中的少数站点。应用搜索引擎可以大大节省消费者的时间和精力,从事网络营销的企业必须改变原有的顾客概念,应该将搜索引擎当作企业的特殊顾客,因为搜索引擎不是网上直接消费者,却是网上信息最直接的受众,它的选择结果直接决定了网上顾客接受的范围。以网络为媒体的商品信息,只有在被搜索引擎选中的情况下,才有可能传递给网上的顾客。既然搜索引擎成为企业从事网络营销的特殊顾客,那么,企业在设计广告或发布网上信息时,不仅要研究网上顾客及其行为规律,也要研究并掌握各类搜索引擎的探索规律。

(2) 网络营销中产品概念的整合。市场营销学中将产品解释为能够满足某种需求的东西,并认为完整的产品是由核心产品、形式产品和附加产品构成的,即整体的产品概念。网络营销一方面继承了上述整体产品的概念;另一方面比以前任何时候更加注重和依赖于信息对消费者行为的引导。因而,网络营销将产品的定义扩大了,即产品是提供到市场上,引起消费者注意、需要和消费的东西。

网络营销主张以更加细腻的、更加周全的方式为顾客提供更完美的服务和满足。因此,网络营销在扩大产品定义的同时,还进一步细化了整体产品的构成。它用五个层次来描述整体产品的构成,即核心产品、一般产品、期望产品、扩大产品和潜在产品。在这里,核心产品与原来的意义相同。一般产品和期望产品由原来的形式产品细化而来。一般产品是指同种产品通常具备的具体形式和特征。期望产品是指符合目标顾客一定期望和偏好的某些特征和属性。扩大产品与原来的附加产品相同,但还包括区别于其他竞争产品的附加利益和服务。潜在产品是指顾客购买产品后可能享受到的超乎顾客现有期望、具有崭新价值的利益或服务。但在购买后的使用过程中,顾客会发现,在这些利益和服务中,总会有一些内容对顾客有较大的吸引力,从而有选择地享受其中的利益或服务。可见,潜在产品是一种完全意义上的服务创新。

(3) 网络营销中营销组合概念的整合。网络营销过程中的营销组合概念因产品性质不同而不同。对于知识产品,企业直接在网上完成其经营销售过程。在这种情况下,市场营销组合发生了很大的变化(与传统媒体的市场营销相比):首先,传统营销组合的4PS中的产品、渠道和促销,由于摆脱了对传统物质载体的依赖,已经完全电子化和非物质化了。因此,就知识产品而言,网络营销中的产品、渠道和促销本身就是电子化的信息,它们之间的分界线已变得相当模糊,以至于三者不可分(若不与作为渠道和促销的电子化信息发生交互作用,就无法访问或得到产品)。其次,价格不再以生产成本为基础,而是以顾客意识到的产品价值来计算。再次,顾客对产品的选择和对价值的估计很大程度上受网上促销的影响,因而网上促销的作用备受重视。最后,由于网上顾客普遍具有高知识、高素质、高收入等特点,因此,网上促销的知识、信息含量比传统促销大大提高。

对于有形产品和某些服务,虽然不能以电子化方式传递,但企业在营销时可利用互联网完成信息流和商流。在这种情况下,传统的营销组合没有发生变化,价格则由生产成本和顾客的感受价值共同决定(其中包括对竞争对手的比较)。促销及渠道中的信息流和商流则由可控制的网上信息所代替,渠道中的物流则可实现速度、流程和成本最优化。因为,网上简便而迅速的信息流和资源流使中间商在数量上最大限度地减少甚至成为多余。

综合以上两种典型的情况,在网络营销中,市场营销组合本质上是无形的,是知识和信息的特定组合,是人力资源和信息技术综合的结果。在网络市场中,企业通过网络市场营销组合,向消费者提供良好的产品和企业形象,获得满意的回报和产生良好的企业影响。

(4) 网络营销中企业组织的整合。网络营销带动了企业理念的发展,也相继带动了企业内部网的发展,作为主要营销渠道和信息源,企业内外部沟通与经营管理均离不开网络,销售部门人员的减少,销售组织层级的减少和扁平化,经销代理与门市分店数量的减少,营销渠道的缩短,虚拟经销商、虚拟门市、虚拟部门等内外组织的盛行,都成为促使企业对于组织进行再造工程的迫切需要。

在企业组织再造过程中,在销售部门和管理部门中将衍生出一个负责网络营销和公司其他部门协调的网络营销管理部门。它区别于传统的营销管理,主要负责解决网上疑问、解答新产品开发以及网上顾客服务等事宜。同时,企业内部网的兴起,将改变企业内部运作方式以及提高员工的素质。在网络营销时代到来之际,形成与之相适应的企业组织形态显得十分重要。

(5) 网络环境下有效的营销策略。企业的根本目的是通过提供产品或服务,满足消费者需求,从而获得生存和发展。网络时代的企业,其提供产品和服务的方式也必须适应消费者需求的变化,必须根据网络的特点来制定有效的营销策略。

第一,努力提供个性化的产品与服务,确立合适的目标定位。由于技术的革新和变更,产量受重视程度越来越低,已经不再像从前那样成为生产商的策略中心。企业必须考虑按照客户的需求定制产品,而非按部就班地生产标准化产品。即使是产量密集型的产业,如汽车制造业,也正在被技术进步的力量推动,逐渐转向定制生产(即按照客户订单要求来生产产品)。而网站与最终客户的直接交流,也为企业个性化服务提供了可能。

在网络环境下,由于企业在地域、产品方面距离的缩短,使企业之间竞争的难度大大增加。因此,企业要想成为在各方面都胜于对手的全能冠军将很难实现,但如果在某一个专门领域做精、做专、做深,在某个业务领域建立很强的竞争优势,则胜出的可能性很大。这就促使企业要根据自身特点,确立合适的消费者目标定位。

第二,建立产品和企业信誉。信誉是网络营销的前提,尤其在网络市场并不发达的中国,谁会在网上购买自己从来没听说过或者质量不可靠的产品呢?如何确认顾客需求的真实性也是网络营销现阶段所面临的难点,这些都可归结为信誉的问题。另外,在建立企业门户网站的过程中,网站的知名度、服务质量等条件,也是一种品牌的营造。产品信誉、企业信誉在进行网络营销过程中是一个长期性、战略性的问题。

第三,适时改变价格策略和促销策略。传统营销的价格策略主要考虑产品的生产成本和同类产品的市场价格,并且同一种产品在不同国家、地区的价格也不相同,即实行价格歧视。而消费者利用互联网可及时获得同类产品或相关产品的价格信息,网络上的消费者有了较强的理性,企业在制定价格策略时更要考虑消费者的价值观念,这给实行地区价格差异的企业带来巨大冲击。

传统的促销策略主要是企业通过广告、人员促销、销售促进、公关宣传等方式进行的,消费者处于被动地位。而企业开展网络营销,可利用网络论坛、BBS、电子邮件等网络工具与消费者建立一对一的联系,使消费者从被动地接受促销转变为主动地搜索广告,接受产品或服务,而且可大大减少促销费用。

第四,提高企业员工素质和服务效率。网络营销要求企业员工特别是营销和网络管理人员不仅具有先进的技术知识,还要在市场营销方面有独当一面的能力;不仅有搜集、整理、分析信息的能力,还要有强烈的服务意识和人员沟通能力。因此,企业要注意吸引和培养复合型人才,以提高员工综合素质。

网络营销对企业的组织结构和服务效率也提出了更高的要求。网络的特点要求企业必须迅速及时地对外界特别是消费者的反应作出处理,为此,企业要与电子商务认证机构、金融部门和各类物流公司建立良好的合作关系,以保障身份认证、支付结算、物流配送的安全、快捷、方便。同时,要建立更加迅速快捷、服务周到的售后服务机制,包括退货机制。

1.3 网络消费者行为分析

网络消费者的购买行为是影响网络营销的主要因素。传统的商务活动中,消费者仅仅是商品和劳务的购买者,对于整个流通过程的影响往往只有在最后的阶段才能显现出来,而且影响的范围较小,主要是在家庭、朋友中间产生影响。而在网络营销中,每一个消费者首先是一个活跃在不断变化的虚拟网络环境之中的"冲浪者",他一方面扮演着个人购买者的角色;另一方面又扮演着社会消费者的角色,起着引导社会消费的作用。所以,网络消费者的消费行为是个人消费与社会消费交织在一起的复杂行为。

1.3.1 网络时代消费者心理特征

1) 网络时代消费者的类型

进行网上购物的消费者可以分为六种类型,即简单型、冲浪型、接入型、议价型、定期型、运动型。

📖 资料:简单型消费者需要的是方便直接的网上购物。他们每月只花 7 小时上网,但他们进行的网上交易却占了一半。零售商们必须为这一类型的人提供真正的便利,让他们觉得在你的网站上购买商品将会节约更多的时间。冲浪型消费者占网络消费者总量的8%,而他们在网上花费的时间却占了 32%,并且他们访问的网页是其他网络消费者总量的4 倍。冲浪型消费者对时常更新、具有创新设计特征的网站很感兴趣。接入型消费者是刚触网的新手,占 36% 的比例,他们很少购物,而喜欢网上聊天和发送免费问候卡。那些有着著名传统品牌的公司应对这群人保持足够的重视,因为网络新手们更愿意相信生活中他们所熟悉的品牌。另外 8% 是议价型消费者,他们有一种趋向购买便宜商品的本能,eBay 网站一半以上的消费者属于这一类型,他们喜欢讨价还价,并有强烈的愿望在交易中获胜。定期型和运动型消费者通常都是为网站的内容吸引。定期型消费者常常访问新闻和商务网站,而运动型消费者则喜欢运动和娱乐网站。目前,网络商面临的挑战是如何吸引更多的网民,并努力将网站访问者变为消费者。

根据世界贸易组织的报告,以互联网为基础的贸易以每年翻番的速度增长,网络"钱"景无限。消费心理和消费行为是企业制定经营策略,特别是制定营销策略的起点和基础。面对网络时代这种特殊的消费形式,消费者的消费心理和消费行为表现得更加复杂和微妙,直接影响企业从事网络营销的整体效果和发展空间。深入研究消费心理和消费行为对进一步拓展企业的网络营销具有重要意义。

2) 网络时代消费心理的变化趋势和特征

目前,消费者主导的时代已经来临,面对更为丰富的商品选择,消费者心理与以往相比呈现出新的特点和发展趋势,这些特点和趋势在网络时代中表现得更为突出。

(1) 追求文化品位的消费心理。消费动机的形成受制于一定的文化和社会传统,具有不同文化背景的人选择不同的生活方式与产品。美国著名未来学家约翰·纳斯比特夫妇在《2000年大趋势》一书中提出，人们将来用的是瑞典的宜家家具，吃的是美国的麦当劳汉堡包和日本的寿司，喝的是意大利卡普基诺咖啡，穿的是美国的贝纳通，听的是英国和美国的摇滚乐，开的是韩国的现代牌汽车。尽管这些描写或许一时还不能为所有的人理解和接受，但毫无疑问的是，在互联网时代，文化的全球性和地方性并存，文化的多样性带来消费品位的强烈融合，人们的消费观念受到强烈的冲击，尤其青年人对以文化为导向的产品有着强烈的购买动机，而网络时代恰恰能满足这一需求。

（2）追求个性化的消费心理。消费品市场发展到今天，多数产品无论在数量上还是质量上都极为丰富，消费者能够以个人心理愿望为基础挑选和购买商品或服务。现代消费者往往富有想象力、渴望变化、喜欢创新、有强烈的好奇心，对个性化消费提出了更高的要求。他们所选择的已不仅仅是商品的实用价值，更要与众不同，充分体现个体的自身价值，这已成为他们消费的首要标准。可见，个性化消费已成为现代消费的主流。

（3）追求自主、独立的消费心理。在社会分工日益细分化和专业化的趋势下，消费者购买的风险感随选择的增多而上升，而且对传统的单向的"填鸭式"、"病毒式"营销感到厌倦和不信任。这在购买大件耐用消费品时表现得尤其突出，消费者往往主动通过各种可能的途径获取与商品有关的信息并进行分析比较。他们从中可以获取心理上的平衡以降低风险感，增强对产品的信任和心理满意度。

（4）追求表现自我的消费心理。网上购物是出自个人消费意向的积极的行动，通常会花费较多的时间到网上的虚拟商店浏览、比较和选择。独特的购物环境和与传统交易过程截然不同的购买方式会引起消费者的好奇、超脱和个人情感变化。这样，消费者完全可以按照自己的意愿向商家提出挑战，以自我为中心，根据自己的想法行事，在消费中充分表现自我。

（5）追求便利、快捷的消费心理。对于惜时如金的现代人来说，购物的便利性和快捷性显得更为重要。传统的商品选择过程短则几分钟，长则几小时，消耗了消费者大量的时间、精力，而网上购物弥补了这个缺陷。

（6）追求躲避干扰的消费心理。现代消费者更加注重精神的愉悦、个性的实现、情感的满足等高层次的需要满足，希望在购物中能随便看、随便选，保持心理状态的轻松、自由，最大限度地得到自尊心理的满足。但店铺式购物中商家提供的销售服务却常常对消费者构成干扰和妨碍，有时过于热情的服务甚至吓跑了消费者。

（7）追求物美价廉的消费心理。网上商店比起传统商店来，能使消费者更为直接和直观地了解商品，能够精心挑选和货比三家。网上购物满足了消费者追求物美价廉的心理。

（8）追求时尚商品的消费心理。现代社会新生事物不断涌现，消费心理受这种趋势带动，消费的稳定性降低，在心理转换速度上表现为与社会同步，在消费行为上表现为需要及时了解和购买到最新商品，这就促使产品生命周期不断缩短。产品生命周期的不断缩短反过来又会促使消费者的心理转换速度进一步加快。传统的购物方式已不能满足这种心理需求。

3）制约网络时代发展的心理因素分析

虽然网上购物具有形式方便、信息快捷、节省时间等诸多优势，但是目前消费者对网上消费仍然有一定程度的担忧，主要表现在以下六方面：

（1）传统购物观念受到束缚。长期以来消费者形成的"眼看、手摸、耳听"的传统购物习惯在网上受到束缚;网上消费无法满足消费者的某些特定心理,网上购物很难满足消费者的个人社交动机。

(2) 价格预期心理得不到满足。据统计,消费者对网上商品的价格预期心理比商场便宜20%～30%,而目前网上商品的价格仅比商场便宜4%～10%,加上配送费用,消费者所享受到的价格优惠是有限的。另外,由于电信行业的长期垄断,我国的电信费和网络使用费较高,高额的交易使消费者对网上购物可望而不可即。

(3) 个人隐私权受到威胁。随着电子商务的发展,商家不仅要抢夺已有的客户,还要挖掘潜在的客户,现有技术无法保障网上购物的安全性、保密性。隐私权无法得到保障,使许多消费者不愿参与网上购物。

(4) 对网上支付机制缺乏信任感。目前,电子商务缺乏有效的网上支付手段和信用体系,在支付过程中消费者的个人资料和信用卡密码可能会被窃取盗用,有时还会遇到虚假订单,没有订货却被要求支付货款或返还货款,使消费者望而生畏。

(5) 对虚拟的购物环境缺乏安全感。在电子商务环境下,所有的企业在网上均表现为网址和虚拟环境,网络商店很容易建立,也很容易作假,使消费者心存疑虑。另外,互联网是一个开放和自由的系统,目前仍缺乏适当的法律和其他规范手段,如果发生网上纠纷,消费者的权益无法获得有效的保障。

(6) 对低效配送缺乏保障感。我国现在还缺乏一个高效成熟的社会配送体系,商品配送周期长、费用高、准确率低。我国仓库周转率仅为发达国家的30%,而差错率几乎是发达国家的3倍。低效的物流配送体系与顾客的实际要求相距甚远,影响了电子商务的发展。

1.3.2 网络时代消费者行为特征

1) 消费者行为的主要特征

(1) 冲动式购买大量增加。冲动式购买是指消费者事先没有购买计划,在现场临时决定的购买。在社会分工日益细化和专业化的趋势下,即使在许多日常生活用品的购买中,大多数消费者也缺乏足够的专业知识,无法对产品进行鉴别和评估。随着上网用户的大量增加,依赖于网络了解市场信息的群体日趋增多,网络中出现的一则商品信息就有可能带动一个群体的网络用户在短期内进行冲动式购买,导致对许多商品的购买行为具有极强的冲动性。

(2) 对便利的要求更高。随着人们生活节奏的加快,人们对于日常生活用品的购买不仅要求质量好、价格合理,而且要求方便、快捷,以节省时间。随着现代物流技术的采用,以及运筹学中管理技术的引入,加快了商品的物流速度,消费者通过网络不仅可以更加广泛地了解市场、商品性能及价格信息,还可以确立他们的消费目标,并选择对其自身最为便利的消费方式。

(3) 消费主动性增强。在社会分工日趋细分化和专业化的趋势下,消费者购买的风险感随着商品的选择增多而上升,而且对单向的"填鸭式"营销沟通感到厌倦和不信任。在许多日常生活用品的购买中,尤其在一些大件耐用消费品的购买上,消费者会主动通过各种可能的途径获取与商品有关的信息,并进行分析比较。这些分析也许不够充分和准确,个体消费者却可从中获取心理上的平衡,以减少购买后的后悔感,增加对产品的信任和争取心理上的满足感。消费主动性的增强来源于现代社会不确定性的增加和人类追求心理稳定和平衡的欲望。

（4）追求名牌产品消费。品牌效应早已深入人心，购买名牌产品已成为人们消费的一种时尚。许多产品都积极地通过网络打造自己的品牌。消费者可以通过网络更加广泛地了解名牌产品各方面的信息，或对诸多名牌产品的价格性能进行比较，以确定他们的消费决策。

（5）热衷于上网消费。如今上网查询商品信息、上网购物已不再是单纯赶时髦，而是网络用户日常生活消费方式的一部分。商家通过搭建网络销售平台，为消费者提供了更加便利的网上购物渠道，从而激发了网络用户对网上购物的积极参与，引起了传统营销方式的变革，重新确立了网络时代的消费者行为方式。

（6）消费的个性化日益突出。如今消费者的消费已不再是盲目地跟随潮流，而是向着个性化方向发展。消费者可以通过网络更快、更全面地了解某一商品的市场价格、性能、售后服务等方面的信息。对一些最新出现的个性化商品，他们可以通过网络的便利条件，确定其消费行为，为自身的个性化消费找到决策的依据。许多商家也可以通过网络，更加广泛地传播产品的市场特性，为一些个性化消费品的市场宣传找到更加快捷的传播方式。

2）网络时代影响消费者行为的因素

形成上述消费者行为特征的因素有许多，不仅包括社会经济因素，也包括消费者个人年龄、性别及职业等个人因素。

（1）收入水平的提高为消费者提供了物质基础。消费者收入水平的高低直接影响着消费者的消费行为。根据"恩格尔定律"，当消费者家庭收入增加时，多种消费比例会相应增加，而用于购买食物的比例将会下降。如今，人们的收入水平较之以往任何时候都有所提高，因此，人们的收入总额中可自由支配的部分大量增加，这就为消费者积极购买、追求品牌、个性消费奠定了物质基础。

（2）市场发展为消费者提供了更大的选择空间。市场供应是否充足，直接影响着消费者的消费选择空间，试想一个供应短缺、供求矛盾突出的市场，消费者买到商品都很困难，哪里还敢奢望对商品"挑三拣四"。随着社会经济的发展及科学技术水平的迅速提高，市场上商品的供应数量充足、花色品种繁多，这不仅扩大了消费者对商品的选择范围，而且还可以使消费者在挑选商品的过程中，充分体现消费者的个性、爱好和情感。

（3）保障体系的不断完善为消费者解除了后顾之忧，消费者的收入水平构成其消费的经济基础。然而，要让消费者放心大胆地消费，就必须解除消费者的后顾之忧。以购房为例，人们曾经引用一位"美国老太贷款购房"和一位"中国老太存钱购房"的对比案例，来激发中国消费者的超前消费意识。殊不知，并非中国老太不愿意超前消费，只是迫于其背后就业、医疗、养老"三座大山"的威胁，不敢超前消费罢了。解决这一问题的根本在于社会保障体系的不断完善。如今，随着金融体制改革的不断深入，社会养老保险、就业保险体系的建立和不断完善，消费者的消费后顾之忧也将随之消除，中国的消费者同样也可以潇洒地购物，尽情地享受生活的美好。

（4）"e人类"鲜明的个性成为个性消费的内在动力。"e人类"是对由网络媒体的大众化催生出的新一代消费者的总称。他们的特点是年轻、富有、受过良好教育，并且生长在技术成熟的时代里。他们个性鲜明，永远追求并迅速接受新奇的思想和事物。他们在消费需求上推崇消费者支配货架，希望商品生产者满足他们的每一个要求；在服务时间方面要求快捷；在产品质量方面希望达到自己的要求，而非企业确定的全球最佳质量；他们要求每一件产品都能按照其个人爱好和需要定制生产；他们要求最优的价格以及最优先的服务。

单 元 小 结

本章对网络营销的基本概念与内涵进行了全面的介绍；阐述了网络营销与电子商务的关系；并对网络营销与传统营销进行了比较，说明了如何对网络营销与传统营销进行整合；对网络消费者的行为特征进行了分析。

 **思考题**

1) 网络营销的概念是什么？如何辨别网络营销与网上销售？
2) 网络营销的内涵是什么？
3) 网络营销与电子商务的关系如何？
4) 网络营销的特点有哪些？
5) 如何进行网络营销与传统营销的整合？
6) 区别网络营销与传统营销的异同？
7) 网络时代消费者心理特点和行为特征是怎样的？

 **案例分析**

阅读分析一：玫瑰坊花店——传统花店之网上经营模式

玫瑰坊花店，1998年11月开始筹建，1999年2月开店迎客。在全国十几个城市有连锁店，经营情人及亲人鲜花、婚礼鲜花、生日花篮、开业庆贺花篮及生日蛋糕等订送业务。

1) 小店打大牌

玫瑰坊的主人称自己是中国第一批上网冲浪者。从冲浪到在网上开店，他说这是个很自然的过程，对互联网了解越多，就越能体会到其中蕴藏的商机。至于选择卖花，一是看中鲜花的高利润、大市场；二是花店易操作，且能在最大限度上发挥网络的便利性，体现服务好、价位低的优势。

首先，在店主看准了鲜花市场后，就开始积极地与美国提供网络服务的公司联系，商议租用磁盘空间的事宜。他认为网上花店要想与传统的花店竞争，就要发挥便利的优势，而这个优势对于异地或异国的人来说尤其实用。所以，花店将来营业的一个重要部分是境外客人，故而选择在美国租用磁盘空间。接下来，就是与花商和花卉市场建立联系，铺平进货渠道。这全靠实实在在的跑动，而不是虚拟空间可以解决的。然后，开始了主页制作工作。这份工作是由他本人在1个多月的时间内完成的，一方面他对这方面很熟悉；另一方面也是为了节省资金。

1999年2月，在情人节和春节前夕，玫瑰坊的鲜花悄悄地盛开了。到4月底，玫瑰坊正好赶上了两个鲜花热销时段，一个是情人节，另一个是母亲节。虽然送出去的花并不多，只有22件,营业额约1万元,但实际情况比预期的要好;扣除送花费用、礼品包装成本等,1万元的营业额中没有多少利润,然而这是一种鼓励。网上花店与传统花店相比,低价是优势,而要充分发挥这个优势,做好服务是关键。在经过头1个月的磨合后,现在的做法是:

第一,玫瑰坊每支鲜花的价格与传统花店相比低20%～30%,不收送花费用。每个花束都精心包装,尽量符合花的喻义和收花人的情趣,当然,这是要加收包装费的。之所以这样做,是为了保证每笔交易有一定的利润,而在一般情况下,客人看过鲜花价格后,不会太在乎这点包装费。

第二,玫瑰坊保证在收到客人订单后24小时内送花到位,此外,还采取了一系列配套服务措施,如与凯菲蛋糕房合作,在送花的同时送蛋糕;应客人要求制作各种随花附送的贺卡;提供跟踪服务,使订花人可以随时动态查看鲜花递送情况及款项到位情况;提供亲笔信递送服务,可以将送花或收花人的亲笔信用 E-mail 发给对方或打印出来,制成卡片送到对方面前。

第三,玫瑰坊在全国16个城市建立了连锁店,异地送花也保证在24小时内完成。

仔细看看就会发现,这些服务措施中,只有跟踪服务是利用网络的优势,而传统花店无法完成的。而其他的服务项目,都不是经营工具或经营方式的问题,而是一种经营理念的体现,这种经营理念就是服务顾客至上。实践证明,这种做法引起了人们的关注,也的确带来了一些客人。

2) 跟踪服务——让客户一百个放心

如果说网上花店拼的是服务,那么首要的一点就是要让顾客放心。这个放心包括很多方面,如放心地把送花这件对他(她)很重要的事情交给你做,放心地把对方的喜好告诉你,放心地把自己账户里的钱转到你的名下,并且对你有能力很好地完成他(她)的心愿也很放心等。在这方面,店主总结了传统花店和其他网上花店的一些经营经验后,在自己的网上花店里添加了一套新功能——跟踪服务。在他的跟踪服务记录簿中,有这样一条:

> 美国的 Wei Luo 先生2月15日订了以下的鲜花:
>
> 红玫瑰12朵
>
> 留言:想念你。祝早日康复。全家好
>
> 鲜花送给北京的林小姐
>
> 预计1999年2月15日18时前送达
>
> 款未到

2月15日,花已送到,签单已 E-mail 给您,欢迎您能再次光临!

远在美国的 Wei Luo 先生在发出订单后,可以随时到网站上查询他要送的花什么时间送到,玫瑰坊是否收到了他的钱,林小姐是否真的收到了他送的花,是否有留言。伴随这些信息一条条显示在面前,Wei Luo 先生大可以放心地去做其他事情。

其实,提供跟踪服务并不是玫瑰坊的创举,在传统的商业活动中,精明的商人们为了笼络顾客的心,就已经采用了热线电话提供即时查询的服务。在国外,网上商店业主们利用网络及时、方便的特性,将这一形式进一步完善,提供形式多样、功能齐全的查询服务,也就是这里所说的跟踪服务,做到让每一个客人放心,留住每一个客人。

3) 做大做强——网上连锁店

玫瑰坊不断长大,竟然在网上开起了连锁店。网上连锁经营应该是什么样子、有什么特点呢？玫瑰坊在这方面作了尝试。

举个例子来看看玫瑰坊网上连锁店的经营方式。例如,西安市的一位顾客要给北京的朋友送花,其操作方式是:

(1)在当地的玫瑰坊连锁店(西安网上花店)登录,填写订单。

(2)西安网上花店收到订单后,以 E-mail 的方式或电话方式将订单传送给玫瑰坊。

(3)玫瑰坊确认这笔业务具有可操作性后,发 E-mail 给西安网上花店进行确认,同时与西安客人进行联系,确认送花事宜。

(4)收到客人的购买确认信后,玫瑰坊一方面开始送花工作,另一方面通过 E-mail 通知西安网上花店向客人收费。

(5)在玫瑰坊送花的同时,西安客人可以通过该网站提供的跟踪服务功能,对整个送花过程进行跟踪,以确保整个送花过程不出差错。

(6)收花人在收到玫瑰坊送来的花并签名确认后,其签名及留言将被扫描到玫瑰坊的留言簿中,以确保整个送花过程的完整性。

如果是北京的客人想给外地的朋友送花,其操作过程正好相反,由玫瑰坊提供信息,并收取费用,由送花目的地的连锁店提供送花服务。

对境外客人,玫瑰坊提供信用卡在线支付方式。如果境外客人给北京或外地的朋友送花,其操作除了收取费用一项与上述不同之外,其他方面基本上是一样的运作方式。

与传统的连锁经营相比较而言,玫瑰坊的连锁经营模式大概不能算是真正意义上的连锁形式,因为它不具备连锁经营六统一的经营特点。但是,从经营效果及店面的分布形式上来说,它又具有与连锁经营相同的经营效果,如成本低、运作规模大、店面分布范围广等。对玫瑰坊这样缺乏真正意义上的整体商业运作体系支撑的、小规模的花店来说,采用这种“连锁”形式,应该是一个值得注意的举动。

那么,玫瑰坊的主人是如何想到要做网上连锁花店的? 他又是怎么建立网上连锁花店的呢?

玫瑰坊开门迎客后,第一位顾客是住在瑞典的留学生。他希望在情人节这天给女友送上一束鲜花,以表达自己对她的思念之情。然而,这个女孩子的家不在北京。玫瑰坊曾在网上与女孩子所在地的一家网上花店的主人交流过经验,于是马上与对方联系,希望这束花由对方送去。事情进行得很顺利,花在情人节那天送到了女孩子的手里。令人高兴的是当地的花比北京的便宜,除了支付给对方花店买花费用外,自己还剩了一部分。这件事情启发他,能不能将这种方式推广开来? 于是,他在网上查询其他地区网上花店的资料,与他们取得了联系,并把自己的想法与对方进行交流,结果获得了很多同行的支持。采用这种方式,玫瑰坊在全国 16 个城市建立了连锁花店,并且还在不断扩大连锁规模。希望有一天玫瑰坊的玫瑰能够开遍天涯海角。

分析:玫瑰坊有哪些可取之处? 如果你是玫瑰坊的主人,打算如何更好地经营?

阅读分析二: 大众汽车的网上营销

大众汽车要在网上发布最新两款甲壳虫系列——亮黄和水蓝。总共有 2 000 辆新车出售,而且均在网上销售。公司花了数百万美金在电视和印刷媒体上大做广告,活动的广告语为“只有 2 000,只有在线。”大众汽车 e-business 经理 Tesa Aragones 认为:“大众汽车的用户中有很多人能上网,我们这次市场活动不仅推广了新车型,而且支持了整个在线购车的过程。我们将使之成为一次独特的品牌宣传,大约 60% 的客户通过互联网来购买我们的产品和服务。"

这是大众汽车第一次在自己的网站上销售产品,推广活动从 2003 年 5 月 4 日延续到 6 月 30 日。根据报道,网站采用 Flash 技术来推广两款车型,建立虚拟的网上试用驾车。

产品经理认为,采用 Flash 技术,将动作和声音融入活动中,让用户觉得他们实际上是整个广告的一个部分。用户可以选择网上试用驾车的不同场景,如在城市中,在高速公路上,在乡间田野或其他地方。

网上试用驾车使得网站流量迅速上升,网站的每月平均流量为 100 万人。在推广活动的第一天,就有超过 80 000 的访问量。在整个活动期间,每天独立用户平均为 47 000 个,每个用户花费时间翻一番,达到 19 分钟,每页平均浏览 1.25 分钟。

网上试用驾车同样完成了其主要目标——得到更多的注册用户。注册用户能够在网上建立名为"我的大众"的个人网页。在整个推广期间,超过 9 500 人建立了自己的网页。他们能够更多地了解自己需要的汽车性能,通过大众的销售系统检查汽车的库存情况,选择一个经销商,制定自己的买车计划,安排产品配送时间。

Aragones 说:"用户能够就自己的需要,通过互联网、BBS 或电话与经销商取得联系。一旦交易成功,用户能直接确定新车型的发送时间。"

根据推算,这次推广活动产生了 2 500 份在线订单,其中 60% 的用户选择了水蓝车型。产品经理解释说:"由于水蓝车型有着更多的价格选择,所以它卖得较好。亮黄车型则只有一种型号且比较贵。"

这次推广活动对于美国国内大众汽车经销商来说是成功的。超过 90% 的经销商参与了活动,成交的销量是非常高的。

策划经理说:"这次活动达到了我们的预期目标。我们向消费者证明了在线买车为他们提供了更多的选择余地。活动也向我们的经销商证明了电子商务的力量所在,让他们为汽车行业在线销售的高速增长做好了准备。"

(编辑整理来源于企业管理资源网中的部分资料)

分析:通过该案例你认为网络营销有什么优势? 对传统营销有什么样的冲击?

阅读分析三:亨氏公司的网络营销与传统营销的融合

1)背景介绍

亨氏公司是世界知名的食品生产企业,其主要产品包括婴儿营养食品(营养米粉、奶粉)、调味品(各种色拉酱、调味酱、乳酪)、食品添加剂等。产品销售遍布世界各国,深受消费者的喜爱。

1996 年,电子商务在美国迅速崛起,亨氏公司开始投入大量的人力、物力,建设企业自己的商务网站。经过几年的经营,亨氏公司已经将其网站发展成为英语国家中育龄青年和新生儿父母了解婴幼儿喂养知识必读的网站之一。网站内容丰富,在科普宣传和促进销售方面都起到了很好的作用。

2)亨氏网站所展示的内容

亨氏网站在宣传婴幼儿喂哺知识方面很有影响,如果读者访问亨氏公司的网站 http://www.heinzbaby.com,会惊奇地发现:这个企业建设的电子商务网站自身并不出售任何产品,而且也没有刻意地强调、宣传和推销自己的产品,给人感觉完全是一种科普宣传,像是由政府机构(如我国的卫生部、计划生育委员会等)投资兴建的网站。

网站内容以宣传婴儿科学喂养知识为主。例如,如何为宝宝安排膳食,为健康的一生打下一个很好的基础;科学喂养;均衡饮食;喂哺知识;婴幼儿的生长、发育和营养需求知识;专业健康保健咨询活动等等。

看完该网站的内容后,人们要问:企业建设这样的网站目的何在?

3) 引导消费理念,推广品牌,促进产品销售

亨氏网站这样做的目的是:通过这些类似于科普性的知识宣传来吸引大众。在推动大众了解科学喂哺知识的同时,巧妙地将亨氏公司关于科学喂养的理念植根于消费者的脑海里。一旦消费者接受了这种科学喂养的理念,今后需要时,就会驾车到超市购买这类产品。当消费者到超市的奶制品柜台一看,柜台上琳琅满目地摆满了各种品牌的产品,如强生、雀巢、亨氏……消费者必然会在各种商品中作出选择。在选择时,他们脑海里已经接受的观念必定会主导这个挑选和决策的过程。消费者到商场比较产品时会发现,只有亨氏的产品所强调的营养成分、说明问题的角度、产品的划分等与他们所期望的完全一致,那么他们购买的产品肯定是亨氏。

如果亨氏在线销售产品,那么每卖1袋奶粉,都要给消费者送去,这样必然涉及物流配送、银行支付,以及防盗、防黑客攻击、安全等多方面的问题,而且所获得的效果非常有限。可以设想:如果亨氏网站也像20世纪90年代末期那些一哄而起的购物网站一样,期待着通过网站直接销售出去几袋奶粉。那么,它就不可能取得今天的营销效果。

现在,亨氏公司通过网络来展开营销,而不是直接销售的做法,巧妙地宣传了企业的品牌,引导了公众的消费理念,不经意间带来了本企业产品与其他企业产品之间的差异性。结果是,表面上亨氏公司花巨资经营的商务网站,并没有直接为它创造效益,但在传统市场上,消费者优先挑选了亨氏产品,使其在市场上的销量猛增,订货猛增,最终的受益者当然还是亨氏公司。

4) 配套的营销措施

网站推出后,为了配合营销策略的展示,亨氏公司在传统营销手段上进行了一系列的改变,首先是在产品的包装上,亨氏产品的包装上印刷着该产品使用说明书和科学喂养宣传材料,包装没有太多的图案和画面,仅仅是放大字号的文字说明。亨氏公司这样做的目的非常明确:就是要将产品包装上的说明文字与网站上所强调的经营理念配套起来,使得那些已接受亨氏科学喂养理念的客户,顺其自然地去购买亨氏的产品。

随着网站的推出,亨氏修改了它所有的广告、产品外包装、宣传印刷材料等。在这些宣传材料上都明显地印有亨氏的网络品牌的网址,还有800免费服务热线电话。新产品内设"科学育儿小锦囊"等知识点,如果涉及的问题过于复杂,一时说不清楚,它们会告诉你去看看网站中某一部分的内容,相信看后你一定会得到满意的解答。

这样,亨氏就通过条条途径把客户引到了公司的网站上,只要客户接触过任何一种亨氏的宣传媒体,就很容易找到亨氏公司的商务网站。一旦进入网站,就会被亨氏公司的宣传策略和营销技巧所吸引,记住了亨氏公司的系列产品和产品品牌。当客户决定购买这类商品时,首选的必然是亨氏产品。

(编辑整理来源于网络营销卓越之道中的部分资料)

分析:

1) 亨氏公司网络营销与传统营销是如何进行融合的? 你是如何理解网络营销的?

2) 网络营销是否就是网上销售呢? 为什么?

2 网络营销方法

1) 了解搜索引擎应用基础与排名规则,掌握搜索引擎结果登录的应用技巧,能完成登录操作;

2) 了解搜索引擎竞价排名的意义,掌握搜索引擎竞价排名的含义及应用要点,能进行基本的应用;

3) 了解 E-mail 营销的运作基础,掌握 E-mail 营销的使用技巧,能进行 E-mail 营销;

4) 了解无站点网络营销的含义,掌握其使用范围和操作方法,能开展无站点营销;

5) 掌握病毒性营销的含义,了解病毒性营销的基本要素和方式,能运用其原理开展营销;

6) 了解移动营销的含义,掌握移动营销常用方法与技巧,能应用微信公众平台开展营销。

【本章导入】

春节红包为何成了必争之地

随着移动互联网及移动应用的火爆,大众的生活、工作和娱乐等方式已经被全面改变,甚至很多风俗习惯也悄然发生变化。其中,最明显的变化就是红包发放的形式。自 2014 年微信红包发放以来,"红包"一词就迅速走红,能否发红包和收到红包的数量成为人们比拼的对象。

在 2015 年春节红包大战中,微信红包不再一家独秀,支付宝、新浪微博乃至陌陌都纷纷杀入其中。春节红包成为必争之地的背后,到底隐藏了哪些深层次的缘由?

2014 年 1 月 27 日,微信支付上线红包功能,"抢红包"游戏迅速走红,吸引千万用户绑定银行卡。原本对微信支付不屑一顾的支付宝瞬间慌了手脚,被前者抄了后路。红包也成为微信支付对抗支付宝的不二法门。鉴于红包的重要性,春节的临近"逼迫"着众多互联网巨头开始向红包业务倾斜。

近日,支付宝钱包最新 8.5 版本上线,应用 Logo 上直接出现"亿万红包"字样,再加上应用首页中央显眼的"新春红包"图标,显示出支付宝钱包此次在红包大战上的志在必得。此外,相比微信支付红包,支付宝钱包红包有更多形式:个人红包、接龙红包、群红包及面对面红包等。而微信在近期发布最新版本中,也不断优化红包功能,不管是通过附件栏发微信红包,还是通过摇一摇功能摇到附近商户的卡券、红包,都宣示着自己在红包上的领先优势。

此外,最新版手机 QQ 也加入红包功能,除了好友间互相发放红包,还有明星红包和企业红包两种玩法。新浪微博则推出"粉丝红包",明星可以给粉丝发红包,而粉丝也可以给明星充红包,并且可以和明星发联名红包。甚至就连陌陌都在新版中加入红包功能,进入这场残酷的战争中。

延绵不绝的红包大战,似乎都能以"二战"中的著名战役为代号。此前,微信红包的横空出世,被马云形容为"偷袭珍珠港"。而现在支付宝红包功能的添加,无疑是转折意味的"中途岛战役"。至于多家参战,则有些像血腥的"诺曼底登陆",打算在"绞肉机"般的混乱战场中冲杀出来。

思考:

红包为什么成为电商必争之地? 网络营销有哪些常用方法?

2.1 搜 索 引 擎

2.1.1 搜索引擎结果登录

1) 搜索引擎应用基础

网络营销实际上连接的是客户与网友(消费群体)之间的利益关系。对企业来说,如何使自己的信息被有效呈现,并在最大限度上被广为接受是最重要的事情。所以,网络营销人员有必要了解搜索引擎是如何捕捉网友鼠标的,以及其中运作的一般规律。

搜索引擎结果登录即交纳一定的费用,然后被搜索引擎收录,通常是按被搜索引擎收录的方式和时间来收费的,目前门户网站均可提供这类服务。

搜索引擎结果登录通常包括两种类型的收录:普通型登录和推广型登录。这两种商业模式目前构成了搜索引擎结果登录的主要商业操作手段,但两者对商业客户和网络营销人员存在着很大的应用差异。

(1) 普通型登录。一般来说,普通型登录只能保证收录客户的网站,但是对排名和位置等具体呈现方式则没有确切的结果预期,这对商业用户的价值并不太大。也就是说,你交了钱,它把你的网站放在它的数据库中,但同时在数据库中还有成千上万的其他网站,当网民搜索的时候,你的网站会出现在后面。如果网民有耐心一家一家看下来,就会访问到你的网站。由于推广效果不能保证,所以其收费自然也会便宜些。

(2) 推广型登录。推广型登录受到更多用户的欢迎,如果你希望排名靠前,这是最好的推广模式。它保证你的商业信息被更多的用户接收,从而产生更广大的宣传效果,进而提升网站的商业价值。

由于搜索引擎结果登录花费不多,所以推广型登录无论从成本角度分析还是从宣传效果来看,都是一种适合中小企业的网络推广形式。

2) 搜索结果排名规则

搜索引擎结果登录成为连接商家信息与网络用户的一个平台,作为网络营销人员,只有明白其中的运作手段——搜索结果排名规则，才能根据实际的网络营销目标，合理出色地使用搜索结果登录这一网络营销利器。那么，搜索引擎结果排名规则究竟如何呢？富有特色的应用是：把那些安静地"躺在"纸张里的信息调动起来，给予它们生命，使信息查询变得富有人情味。显然，所谓的人情味是指网络信息在关键词语的引领下顺序排列在网络用户面前，从而使查询与信息呈现在瞬间完成。

搜索结果排名的主要法则是关键词，假如你要求一个图书管理员找一本有关"医疗"的书，他会先去查找那些书名里有"医疗"这两个字的书。搜索引擎也是一样，如果网页的标题含有关键词，那么搜索引擎会将其相关性的级别提高。搜索引擎也会查看网页文本里的关键词情况，如文本内容第一段的标题，或前几行中有没有关键词出现。如果出现了关键词，网页的相关性级别自然又有所提高。在网页中关键词出现的次数越多，网页的相关性级别就越高。实际上，有搜索引擎使用经验的用户很容易理解这一点。因为，通常人们都是用关键词语来作为检索信息的重要手段，而且关键词语的使用技巧也成为搜索引擎使用熟练程度的一个重要标志。

除此以外，搜索引擎还有其他辅助规则来完善对信息的有效检索，方便用户的使用。总之，搜索引擎建立了自己日臻完善的信息检索规则和逻辑处理手段，营销人员要明白其中的一般规律。搜索引擎会根据某些原因大幅提高网页的相关性级别，如 Excite 将网页的知名度作为排名的依据，连到此网页的外部链接越多，就表示本网页的知名度越高，在搜索排名时就会得到更好的照顾。一些混合型的目录类搜索引擎，如果认为某一网站值得复查，并在复查确认后，便会大幅提高网页的相关性级别。

此外，搜索引擎还会"处决"或者排除一些被视为有作弊行为的网页。比如，你如果在网页中过分地重复一个关键词以提高其出现频率，搜索引擎会将其视为作弊而拒绝索引你的网页。

透过以上分析可以发现搜索结果登录的内在规律，实际上网络营销人员最看中的也就是这一点。因为，他们必须在可以预期、可控的范围内投入自己的资金来实现自己的网络宣传效果。但是在实际的网络营销应用中，往往存在许多不可预料的变化，而且随着信息技术的进步，网络营销本身也处在不断成熟与完善中，这需要网络营销人员在现有技术的基础上，探究网络营销的有效实战经验。

3) 搜索结果排名应用

网络搜索结果登录的前面部分，最有利于客户的信息被网络用户获取。在实施网络营销方案的过程中，营销人员必须遵循这一重要原则，并采取有效措施使信息在搜索结果中名列前茅。

(1) 利用网站排名规律。通过上面的分析，我们已经知道了搜索引擎对相关网站间排名的信息呈现原则。一般来说，要让一个含有关键词的网页有很高的排名，此关键词必须出现在网页的 title 卷标、META 卷标(tag)的 keywords 区段、description 区段，当然还必须出现在网页内容里。因为，搜索引擎是看不懂图形的，也就是说，最关键的文字必须出现在 html 内容本身中。

由于搜索引擎结果排列带来了一定的商业价值，所以，越来越多的搜索引擎都将网站链接的受欢迎程度列入排名决定因素。也就是说，如果你的网站成为很多网友链接的对象，而且这些链接里或是链接的附近文句含有一些特定的文字，那这些文字就能让你的网站有较好的搜索排名。就拿那些链接到 www. amazon. com 的网站来说,会有不少的链接本身或邻近的文句含有"书"(Books)。在网上大量利用网站欢迎程度来排名的搜索引擎 Google 搜索"书"(Books),看到排名第一的 www. amazon. com 了吗? 现在你知道原因了。明白了这一点,我们就很容易理解搜索引擎结果登录成为网络营销利器之一的原因了。

(2) 建立网站链接。为了提升网站的受欢迎程度,网络营销人员要善于在网络里建立网站的链接,让其他的网站链接到这一目标网站上,并且请它们用客户所希望的关键词来描述这一网站。当然,网站也可以放其他网站的链接来作为"回馈"。

商业世界中早已形成商业价值链,由于搜索引擎结果登录有自己的商业价值,而一些搜索引擎也利用网站排名来获取自己的利益,所以就出现了一些注册需收费的搜索引擎。从网站设计者或推销网站的角度来看,这是很好的选择,能很简单地让客户的网站名列前茅而不用去考虑 META 或其他的卷标。从使用者的角度来看,这种搜索结果也不完全是不好的,因为通过搜索引擎挑选出来的内容很可能真的还不错。

(3) 设计一个好的网页。一般来说,网络营销人员在一定程度上也担任了网站制作者的角色,这一实践行为可以帮助营销人员更深刻地理解搜索引擎结果登录的必要性及其自身价值的存在意义。此外,网络营销人员站在这一角度,也就更容易理解提升网站排名的技巧和应对策略。所以,从这一角度来看,如果我们的网站排名不太理想,那么就可以重新设计网页,但是通常大多数人并不采用这种方法。换位思考,如果网站就某个相关字搜索的排名很不理想时,网络营销专家建议增加与关键词有关的新网页,这样,通常可以增加些相关的内容,也许会提高排名。实际上,除非发现一直没有人通过这个搜索引擎上站浏览,或是从这个搜索引擎来的浏览数骤降,否则不要主动更新在搜索引擎上的网页,这是对网络营销人员必要的忠告。

如何在搜索结果排名中名列前茅,这是网络营销人员必须关注的一个问题。网络技术信息排列科学的技巧问题需要网络营销人员进行必要的思考与学习。一些网络营销专家提出了这样的忠告,假如你不是网页设计的出色能手,假如你没有针对客户信息传递要领,进行必要的网络用户跟踪调查,请你谨慎自己动手设计网页。对网络营销人员来说,这是必须遵循的一条重要原则,不当的设计会导致较差的搜索结果。一个网站最重要的网页就是首页,如果你有个绚丽花哨的首页,但首页里没有文字内容,title 卷标内不含关键词,没有 META 卷标,那你的确彻底地浪费了搜索引擎给你的免费通行证。把那些太花哨的页面拿掉,增加文字内容而不是图形,你的网站使用者会很感谢你的改变。将你所期望的前 10 个最佳搜索关键词列出之后才开始设计你的网站,然后使用这些字来制作网页,并利用它们来延伸你的内容。网页作为客户信息传递给网络用户的直接平台,其设计的色彩、内容规划与布局都需要科学的原则指导和合理的理念来维持。

4) 消除搜索引擎搜索盲区

每一个在网上登录的人,都是浩如烟海的网络信息中孤单的一员,为了在最短的时间内找到所需的资料,借助于搜索引擎的帮助几乎成为人们上网的必备选择。目前,各大搜索引擎都在不断地改进搜索技术和拓展搜索功能,从而令网络用户使用起来更便捷。尽管如此,网络营销人员还是经常发现有些内容网上明明存在,但是用搜索引擎却搜不到。造成这种情况的原因如下:

(1) 错误使用关键词。熟悉搜索引擎的人都有这样的体验——使用正确的关键词就等于搜索成功了一半。这里提到的错误使用搜索关键词有两重意思：其一是没有充分理解和领会所要搜索的内容，以致错误使用关键词。例如，人们常说"暴殄天物"，但"天物"是什么意思呢？如果不经思考，直接在百度搜索或 Google 中使用"天物是什么意思"作为搜索关键词，则会得到毫无意义的结果，但只要想想，这个问题似乎应该与一些典故有关，再用"暴殄天物出自"进行搜索，则马上就能找到答案了。其二是使用了错别字。如果你所使用的关键字中含有错别字，当然就无法准确地找到想要的结果。同样，如果网页作者使用了错别字，但你使用正确的拼写方法进行搜索，也无法得到令人满意的结果。因此，网络营销人员要对自己的网页内容包括设计进行合理的规划，符合用户认识的一般规律，尽可能贴近大众认知的水平。

（2）选择搜索引擎不当。搜索引擎作为一种信息检索工具，已经呈现出专业化的发展方向。所以，网络营销人员要注意客户网页内容的专业化趋向，尽可能地区分受众群体，并了解他们使用搜索引擎的习惯和个人偏好，从而做到有的放矢。很显然，从用户的角度来看，要快速检索到有用的结果，选用合适的搜索引擎可以事半功倍，少走弯路。

当前的社会分工变得越来越精细，就连搜索引擎也不例外，各类专业和特殊的搜索引擎应运而生。但任何一个搜索引擎都不可能面面俱到，即使是号称无所不能的百度搜索、Google 也会有束手无策的时候。然而，现在不少朋友完全不理会搜索的内容如何，就喜欢直接用百度、Google 搜索，这样碰壁的机会自然就增多了。可以这样说，百度搜索、Google 本身也在不断成长和改进，因为它们在不少领域也是无能为力的。

在这种情况下，网络营销人员首先要对各种与搜索引擎相连接的内容进行科学合理的评估。看看搜索的信息是否比较冷僻，是否需要使用专用的搜索引擎。当使用流行的搜索引擎无法查找到客户网页资料时，就要考虑当前的搜索引擎是否适用，或者自己的网页信息设计是否存在问题等。

（3）网络技术原因导致搜索引擎无法抓取。目前，大部分搜索引擎是通过一种被称为Spider 的搜索机器人在网络上抓取内容，经整理后放入搜索引擎库。当遇到由大量 Flash、Script 等网络语言编写的网页时，搜索机器人就会停止抓取网页，因为这是为了避免一种叫"搜索机器人陷阱"的脚本错误（这种错误会让搜索机器人进行无限循环的抓取，无法退出而浪费大量时间）。如果碰巧你要搜索的网页是由上述网络语言编写的，则会无功而返。所以，网络营销人员要从网络技术的背景来分析营销效果。

综上所述，网络营销的真正价值绝对不只是简单地建立自己的网站，如何借助网络的平台实现有效信息检索、提升自身竞争力才是关键。

2.1.2　搜索引擎竞价排名

1）搜索引擎竞价排名的含义

竞价排名是指由用户为自己的网站或产品网页出资购买关键词排名，通过竞价排名服务提供商将网站或产品网页发布到国内主流搜索引擎前列的服务模式，这是一种按点击计费的服务。通过竞价排名，搜索结果的顺序将根据用户出价的多少由高到低排列，同时奉行不点击不收费的原则。

搜索引擎竞价排名是目前最经典、最常用的网络营销方法之一。因为，利用关键词检索的方式，在搜索结果页面显示广告内容，可实现高级定位投放，用户也可以根据需要更换关键词,这相当于在不同页面轮换投放广告,因而总体营销效果比较显著。

搜索越来越成为淘金者的目标,现在如果某一个门户或自命为门户的. com 公司没有自己的搜索业务,连股民都会对其未来预期大打折扣。几年前,国外门户,如雅虎、MSN,国内门户,如新浪、网易、搜狐等,还不把搜索引擎当回事,因为在当时搜索引擎还不能算一种商业模式。但是,随着 Google 和百度搜索的神奇崛起,一股淘金热潮在各大门户网站勃然兴起。

搜索引擎为什么能够成为众多商家的发展目标,这与搜索引擎竞价排名的商业价值是密不可分的。在浩如烟海的网络信息世界里,搜索引擎是网络用户获得信息的最重要手段。在现实商业世界里,许多企业简单地认为建立网站就是信息化,就可以开展电子商务了,其实这是一种误解。因为建立网站只是表明企业在浩如烟海的网络中有了一席之地,只有知道网站的客户能访问,其他消费者不可能在数以亿计的网络中寻找到你的网站。因此,网站需要推广才有访问量,需要被访问才能带来客户。而搜索引擎无疑是网站推广最廉价、最高效的方式。百度的竞价排名,如图 2-1 所示。

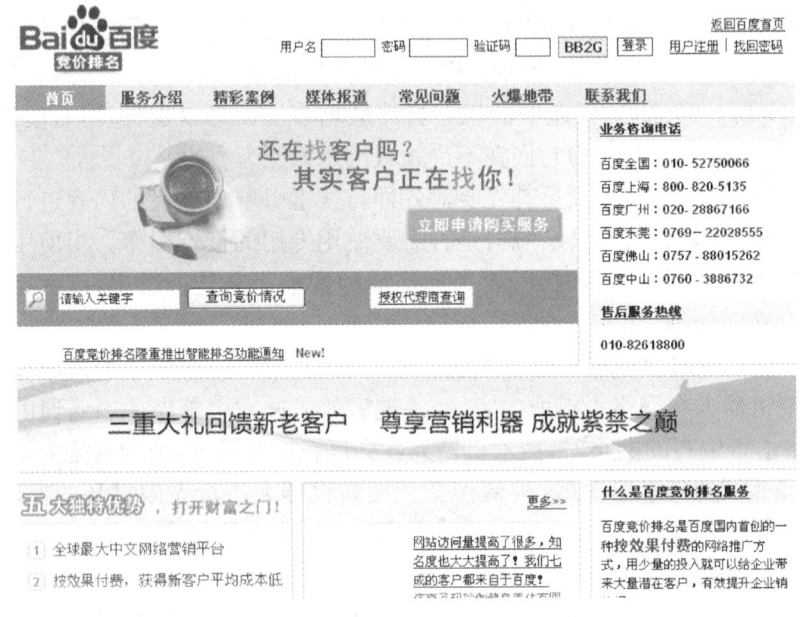

图 2-1 百度的竞价排名(jingjia. baidu. com)

正因如此,搜索引擎的商业价值就凸显出来了。搜索引擎竞价排名成为网络营销的有力武器。从它的发展历程来看,其价值增值过程也是非常迅速的。随着相关网络技术的日益成熟,搜索引擎竞价排名也逐渐成为风靡世界的网络推广服务,它以"提升企业销售额"为直接目标,具有覆盖面广、针对性强、操作灵活、投资回报高等特点。搜索引擎竞价排名有着众多其他类型服务不可替代的优势,使得它逐渐成为网络推广的主流产品。

2) 搜索引擎竞价排名的特色

(1) 广——搜索引擎竞价排名通常是联合众多知名网站,共同提供服务。例如,国内的百度搜索引擎竞价排名服务,包括所有中国的主流门户网站,只要投入极少的资金,用户的网站就会占据中国网站搜索排名结果前列的黄金位置。这些网站不仅包括雅虎、搜狐等人们可以想象到的所有大牌网站,也包括上海热线、21cn 等地方强势网络媒体。

(2)专——搜索引擎竞价排名的服务模式,是让用户注册属于自己的产品关键词(即产品或服务的具体名称),当网民通过搜索引擎寻找相应产品信息时,该网站出现在搜索结果的醒目位置,成为客户的首选。这是真正的广告投放,让商品找到买家,让买家找到自己想买的产品,针对性极强。

(3)全——很多企业提供多种产品或服务,即使是同一种产品,也可能有许多名称,搜索引擎竞价排名不限制用户注册的产品关键词数量,通过注册大量产品关键词,企业的每一种产品都有机会被潜在客户发现,从而最大限度地得到潜在客户的访问,获得最好的推广效果。

(4)活——搜索引擎竞价排名按照为客户带来的访问量付费,任何参加搜索引擎竞价排名的用户都可以灵活地控制自己的成本预算,随时按照自己的监测效果来调整竞价产品关键词的价格。先进的成本控制措施使得用户的每一分钱都会物有所值,真正为用户带来良好的效益。

3)搜索引擎优化的要点

(1)不要采用新的域名,除非你不得不那样做,否则应该尽可能使用现有的域名。

(2)为你的目标受众,而不是为搜索引擎,优化你的网站。优化网站内容,使之能满足受众的需求,这些信息对于后续的网站设计、关键词研究、文案撰写,都至关重要。

(3)深入地研究你的关键词。或许你认为目标市场搜索的关键词并不恰当,那么,你可以利用 Keyword Discovery、Word Tracker 和 Yahoo Search Marketing 的数据,寻找优化的理想关键词,为你的网站编撰一个最相关词语的列表,再为每个页面选择一些不同的关键词,避免随意使用。

(4)在关键词研究的基础上,设计网站的架构和导航。通过对关键词的研究,你或许会发现访问者隐藏的兴趣点,以及产品或服务的分类方式,这些都可以加入网站。

(5)把你的网站编排得"爬虫友好"。搜索引擎不识别表单、Javascript、Flash 等,如果页面里有这些,那么就得提供到每个产品或服务页面的链接、文本或图像等。

(6)标注内部的文本链接,以及可点击图像的 Alt 属性,尽可能清晰详细地描述。

(7)在选定关键词和确定目标市场需求的基础上,在你网站的主要页面,放置引人注目的拷贝,并确保它们能被搜索引擎"看见",这对网站的成功很重要。

(8)把关键词放入每页不同的 title 标记中。搜索引擎对 title 标记都赋予了较大的权重,title 的信息,要准确反映页面内容,还可使用人们搜索你产品的用词。

(9)确保你的网站有"链接价值"。其他网站对你网站的链接,是搜索引擎优化获得成功的关键。主要的搜索引擎都很强调你的网站链接的整体受欢迎程度。交换链接,确信你只为访问者提供最高质量的相关站点。

(10)不要迷信任何关键词或过于担心排名。忘记你在各关键词上的排名,而用流量、销售等的提高来衡量你的成果。

4)搜索引擎竞价排名的组织实施

搜索引擎优化排名服务的组织实施基本上包括以下步骤:

(1)进行预算分析与设计。与网络公司反复谈判,最终达成包年制竞价排名服务,如某企业 1 年投入 4 000 元,网络公司保证该企业有 15 个关键词,在百度竞价排名第一页。其中,由于干燥、干燥设备价格较高,该企业不要求排名,只要求登录,不包括在 15 个关键词内。

（2）科学合理地选择关键词。为了使客户的网站得到较高的搜索引擎排名,首先,要根据顾客的网站和潜在顾客来分析该企业要使用的关键词。通常,使用专业、权威的关键词数据库来分析和顾客的产品或服务相关的关键词。通过关键词分析,可以确定一系列关键词。潜在顾客正是使用这些关键词来搜索顾客所提供的产品或服务的。然后,分析这些关键词在主要的搜索引擎上的竞争激烈程度,并确定能为顾客带来潜在顾客的关键词。最后,根据所要优化的关键词对顾客的网站作出相应的调整。

📖 资料:某干燥设备公司,由于"干燥、干燥设备、干燥机"等关键词的价格现在都比较高,而具体的产品名称关键词,如"喷雾干燥设备"等关键词的价格都比较低。所以,可以采取如下策略——干燥设备是面向制药、化工、食品加工等行业的高科技产品,在这些行业中的潜在顾客完全清楚他需要的干燥类设备的具体名称或型号,他们在通过搜索引擎寻找干燥设备供应商时,会直接输入相关产品的名称关键词,因此在选择关键词时,应该综合考虑关键词的价格和可能带来的效益,以此灵活制定出相应策略。

（3）分析竞争对手。在搜索引擎上,有些关键词的竞争异常激烈。通常需要对顾客的竞争对手网站进行全面分析,主要分析因素包括:网站的主要竞争对手、有哪些网站链接到竞争对手的网站、竞争对手的网站设计、竞争对手的合作伙伴、竞争对手网站的历史、竞争对手网站有多少页面被搜索引擎收录、竞争对手网站链接到了哪些网站、竞争对手拥有的其他域名和网站。

（4）研究分析网站与流量。网络营销以网站或电子商务平台为依托,所以在搜索引擎竞价排名实施的过程中,进行网站设计并对其流量进行科学评估是非常有必要的。通过分析网站,可以确定网站上对搜索引擎推广不利的因素,并提出相应的修改建议。通过分析顾客网站的日志文件,可以确定网站的流量,并可以对关键词进行有效的补充。这种知己知彼的研究分析可以保证后期工作顺利进行,也使前期努力有所收获。

（5）分析与搜索结果相关的目录。对网站推广来讲,搜索引擎和网站目录都是非常重要的。搜索引擎基本上都是通过蜘蛛程序（Spider Robot 或者 Crawler）来检索并收录网页的。通过复杂的算法,搜索引擎给每个收录的网页打分并决定其排名。目录一般都是通过人工筛选并收录网站的。根据其性质,你的网站会被分配到各个子目录中去。一般经过科学的分析研究,可以理性地把握客户搜索结果的可能实现情况,从而在预期的目标指导下进行必要的调节,使搜索结果更加完美。

根据上面的分析和研究,可以发现搜索引擎竞价排名的一般特点,如网站描述任你写,网站标题、内容描述及搜索关键词由广告主自己制定;预付金低;不点击不收费,按网站的实际被点击量计费,搜索排名广告主自己定,企业的网站在搜索引擎的排名位置由广告主自己决定。这些都是让这一商业模式快速发展、受到欢迎的重要原因。

竞价排名是按照带来潜在客户的访问数量计费,而不是按照使用时间长短来计费,企业可以根据需要,灵活控制推广力度和投入。你可以注册大量产品关键词（产品或服务的具体名称）,使介绍你的产品或服务的网页,出现在相应搜索结果最明显的位置,让那些真正对你的产品感兴趣的人直接访问你的网站。正是这样全面的服务,使我们理解搜索引擎竞价排名服务为什么会成为许多企业网站搜索引擎推广的最佳选择内容。

2.2 电子邮件营销

E-mail 营销已经成为企业不可忽视的营销手段。它以快捷、低成本运作及信息披露的透明性成为颇受厂商和网民欢迎的营销方式。而随着 E-mail 功能的不断强化,E-mail 营销也正以其独特的魅力和优势给传统的营销方式带来很大的冲击。根据 CNNIC2005 年 7 月的统计显示:用户经常使用的网络服务或功能中,E-mail 占到 91.3%,而且绝大部分用户拥有两个以上的 E-mail 地址。E-mail 已经成为互联网用户之间最主要的沟通方式。利用 E-mail 工具实施营销,使其在顾客服务、顾客关系建立、产品和网址的推广上发挥作用。

2.2.1 电子邮件营销的内涵

E-mail 营销是以 E-mail 为主要工具的一种网络营销方式,是在用户事先许可的前提下,通过 E-mail 的方式向目标用户传递有价值信息的一种网络营销手段。在此定义中强调了三个基本因素:基于用户许可、通过 E-mail 传递信息、信息对用户是有价值的,三个因素缺少任何一个,都不能称为有效的 E-mail 营销。

2.2.2 电子邮件营销的基本形式

根据许可 E-mail 营销所应用的用户 E-mail 地址资源的所有形式,可以分为内部列表 E-mail 营销和外部列表 E-mail 营销,或简称内部列表和外部列表。内部列表也就是通常所说的邮件列表,是利用网站的注册用户资料开展 E-mail 营销的方式,常见的形式有新闻邮件、会员通信、电子刊物等。外部列表则是利用专业服务商的用户 E-mail 地址来开展 E-mail 营销,也就是以 E-mail 广告的形式向服务商的用户发送信息。这两种形式各有自己的优势,对网络营销比较重视的企业通常都拥有自己的内部列表,但内部列表与外部列表并不矛盾,如果必要,两种方式可同时采用。内部列表包括企业自己拥有的各类用户的注册资料,如免费服务用户、电子刊物用户、现有客户资料等,是企业开展网络营销的长期资源,也是 E-mail 营销的重要内容。外部列表包括各种可以利用的 E-mail 营销资源,常见的形式是专业服务商,如专业 E-mail 营销服务商、免费邮件服务商、专业网站的会员资料等。

自行经营的内部列表不仅需要自行建立或者选用第三方的邮件列表发行系统,还需要对邮件列表进行维护管理,如用户资料管理、退信管理、用户反馈跟踪等,对营销人员的要求比较高,在初期用户资料比较少的情况下,费用相对较高,随着用户数量的增加,内部列表营销的边际成本逐渐降低,其优势才能逐渐表现出来。这两种 E-mail 营销方式属于资源的不同应用和转化方式,内部列表以少量、连续的资源投入获得长期、稳定的营销资源,外部列表则是用资金换取临时性的营销资源。内部列表在顾客关系和顾客服务方面的功能比较显著,外部列表由于比较灵活,可以根据需要选择投放不同类型的潜在用户,因而在短期内即可获得明显的效果。

2.2.3 电子邮件营销的优点

1) 促进传统商业模式进入新的变革时代

E-mail 营销促进传统商业模式进入新的变革时代,并对组织的品牌策略制定产生微妙的影响。调查企业品牌营销的一项调查表明,56%的被调查者认为,高质量的许可E-mail营销活动对于企业品牌有正面影响;67%的被调查者反映,他们对于自己信任的企业开展E-mail营销活动有良好印象;58%的用户表示,经常打开这些企业发来的E-mail;54%的用户对于这些企业的信任要高于其竞争者。

2)E-mail营销降低企业的销售成本

E-mail营销既降低企业的销售成本,又使网民为购买产品耗费在了解产品信息上的成本得到不同程度的降低。在E-mail营销活动中,厂商与网民的直接接触使传统的中间商的作用大大减弱,甚至出现中间商遭到排除的现象,从而使得营销成本直线降低。而利用E-mail沟通顾客关系并让顾客保持满意,对增加销售有直接的促进作用。许可E-mail信息的长期接收者经常会点击邮件中的信息,并且实现在线购买,这说明邮件列表对于企业的品牌认知产生了积极的效果。

3)E-mail营销提高了营销效率

E-mail营销提高了营销效率,带动了市场营销行业整体水平的提高。在轻轻点击的操作中,E-mail营销把互联网传播速度快的特点发挥得淋漓尽致。厂商通过E-mail营销,把产品信息传递给网民,缩短了流通时间。在E-mail营销活动中,不仅厂商产品信息向网民传输的速度加快,网民向厂商发出购买意向的时间也大大缩短,最终使得厂商和网民实现各自的交易目的。

2.2.4　电子邮件营销的基础条件

E-mail营销与其他营销方式一样,必然存在自己运作的基础。

1)E-mail营销的内容

营销信息是通过E-mail向用户发送的,只有邮件的内容对用户有价值,才能引起用户的关注,有效的内容设计是E-mail营销发挥作用的基本前提。

2)用户的E-mail地址资源

在用户自愿加入邮件列表的前提下,获得足够多的用户E-mail地址资源,是E-mail营销发挥作用的必要条件。

3)E-mail营销的技术基础

从技术上保证用户加入、退出邮件列表,并实现对用户资料的管理,以及邮件发送和效果跟踪等功能。

2.2.5　电子邮件营销的一般过程

开展E-mail营销的过程,也就是将有关营销信息通过E-mail的方式传递给用户的过程。为了将信息发送到目标用户的电子邮箱,首先应该明确向哪些用户发送这些信息,发送什么信息,以及如何发送信息。开展E-mail营销一般要经历以下步骤:

(1)制定E-mail营销计划,分析目前所拥有的E-mail营销资源,如果企业本身拥有用户的E-mail地址资源,首先应利用内部资源。

(2)决定是否利用外部列表投放E-mail广告,并且要选择合适的外部列表服务商。

(3)针对内部和外部邮件列表分别设计邮件内容。

(4)根据计划向潜在用户发送E-mail信息。

（5）对 E-mail 营销活动的效果进行分析总结。

上述是进行 E-mail 营销要经历的一般步骤，但并非每次活动都要经过这些步骤，并且不同的企业在不同的阶段 E-mail 营销的内容和方法也都有所区别。一般说来，内部列表 E-mail 营销是一项长期性工作，通常在企业网站的策划建设阶段就已经纳入了计划，内部列表的建立需要相当长时间的资源积累，而外部列表 E-mail 营销可以灵活地采用，因此这两种 E-mail 营销的过程有很大差别。

2.2.6　内部列表电子邮件营销的基本方法

如前所述，内部列表 E-mail 营销需要三个基础条件。因此，内部列表 E-mail 营销有三个基本方法。

1）建立/选择邮件列表发行平台

在经营邮件列表所面临的基本问题中，发送邮件列表的技术保证是基础。无论哪种形式的邮件列表，首先要解决的问题是，如何用技术手段来实现用户加入、退出以及发送邮件、管理用户地址等基本功能，具有这些功能的系统称为"邮件列表发行平台"。发行平台是邮件列表营销的技术基础。经营邮件列表，可以自己建立邮件列表发行系统，也可以根据需要选择专业服务商提供的邮件列表发行平台服务，实际运用中具体采用哪种形式，取决于企业的资源和经营者个人偏好等因素。

（1）建立邮件列表发行系统。不同类型的邮件列表其经营方式也有一定差别，但在基本原理上是相近的，下面以建立一份电子刊物为例来介绍建立邮件列表的主要问题。经营一份电子刊物需要的最基本的功能应该包括用户订阅（包括确认程序）、退出、邮件发送等，一个完善的电子刊物订阅发行系统则包含更多的功能，如邮件地址的管理（增减）、不同格式邮件的选择、地址列表备份、发送邮件内容前的预览、用户加入/退出时的自动回复邮件、已发送邮件记录、退信管理等，这些都需要后台技术的支持。随着用户数量的增加和邮件列表应用的深入，还会出现更多的功能需求，这都需要后台技术的不断完善。

技术问题的实现一般有两种方式：一是，如果自己的企业网站具备必要的条件，可以完全建立在自己的 Web 服务器上，实现自主管理；二是，如果订户人数比较多，对邮件列表的功能要求很高，这时最好的方式，是与邮件列表专业服务商合作，利用专业的邮件发行平台来进行。此外，作为一种特殊情形，如果邮件列表规模很小，用户数量只有几百人甚至更少，那么发送邮件内容并不需要考虑太复杂的技术问题，利用一般的邮件发送方式即可完成，当然也可以采用邮件群发程序来进行。严格来讲，这种群发邮件的方式并不是真正意义上的邮件列表，可以在邮件列表营销的初期试用，或者作为一种过渡手段。

用户加入/退出邮件列表通常有两种方式：一是，通过设置在网页上的"订阅/退出"框，用户输入自己的邮件地址并点击相应按钮即可；二是，以发送 E-mail 方式加入/退出。这两种方式可以同时存在，不过后者更适合于在没有网站的情况下经营邮件列表，前者的应用更加普遍。与邮件列表的加入/退出一样，邮件内容的发送也有基于 Web 的方式和基于 E-mail 的方式两种。基于 Web 的发行方式，是将邮件内容粘贴到通过浏览器界面显示的邮件列表内容发行区域中，检查无误后点击"发送"按钮即可。基于 E-mail 的发行方式非常简单（通常是利用专业邮件列表发行商的服务），只需将内容和格式设置好的 E-mail 发送到一个指定的电子邮箱中，然后，发行系统会自动将邮件分发到列表中各个用户的邮箱中。

（2）选择第三方的邮件列表发行平台。一般来说，邮件列表专业服务商的发行平台无论从功能上还是在技术保证上都会优于一般企业自行开发的邮件列表程序，并且可以很快投入应用，大大缩短了自行开发所需要的时间。因此，与专业邮件列表服务商合作，采用专业的邮件列表发行服务是常用的手段。一方面，当企业互联网应用水平比较低，邮件列表规模不是很大，并不需要每天发送大量 E-mail 时，没有必要自行建立一套完善的发行系统。另一方面，如果用户数量比较大时，企业自行发送邮件往往对系统有较高要求，并且大量发送的邮件可能被其他 E-mail 服务商视为垃圾邮件而遭到屏蔽，这时，专业邮件列表服务的优势更为明显。国外一些发行量比较大的邮件列表，很多也都是通过第三方专业发行平台进行的，如网络营销相关的电子刊物 AIM Ezine、Ezine-tips 等。但出于对用户资料保密的考虑，一些电子商务网站因为要发送大量的电子邮件，通常需要利用自己的邮件系统发行。

（3）选择专业发行平台需要考虑的问题。专业邮件列表发行平台是一种通用的邮件列表发行和管理程序，同一个平台可能有上千个邮件列表用户。一些第三方邮件列表发行系统存在各种各样的问题，因此，在选择邮件列表发行服务商时需要慎重，同时考虑到将来可能会转换服务商，要了解是否可以无缝移植用户资料，而且还要考察服务商的信用和实力，以确保不会泄露自己邮件列表用户资料，并保证相对稳定的服务。选择邮件列表专业发行平台时需要对邮件列表发行平台的基本功能，如用户地址管理、注册用户资料备份、邮件内容预览、退回邮件管理、邮件格式选择等，进行必要的考察，以满足自己的期望指标。

根据不同的 E-mail 营销目的和手段，如果还有其他特殊需要，则应和服务商取得联系，以获得专业的服务。各邮件列表服务商提供的发行平台在功能上会有一定的差别，可根据自己的需要进行比较选择。

此外，当邮件列表规模比较小或者要求不高时，免费邮件列表资源也可以作为一种选择，主要用于个人学习和研究，或者小型企业建立邮件列表初期的一种过渡方式。不过，随着免费网络服务的减少，可用的免费邮件列表资源也越来越少了，并且免费服务总有各种各样的功能限制，或者在邮件列表中插入服务商的广告内容。因此，作为商业网站，建议最好不要采用这种免费服务。

2）获得用户邮件资源

当邮件列表发行的技术基础解决之后，作为内部列表 E-mail 营销的重要环节之一，就是尽可能引导用户加入，获得尽可能多的 E-mail 地址。E-mail 地址的积累贯穿于整个 E-mail 营销活动之中，是 E-mail 营销最重要的内容之一。在获取用户 E-mail 地址的过程中，如果对邮件列表进行相应的推广、完善订阅流程，并从个人信息保护等方面多做文章，将增加用户加入的成功率，并且增强邮件列表的总体有效性。建立邮件列表的资源有：

（1）现有客户。这是可充分利用的最好的资源。对于所有生意来说，最困难的事情就是寻找新顾客，因为这不仅代价昂贵、花费时间，而且要争取其信任。但是，向对企业感到满意的顾客再次销售就容易得多，因为他们已经认识企业而且"喜欢"企业。只要企业的产品质量高，或信誉好、价格公道，企业的客户就会继续信任企业，并且向企业购买其产品或服务，忠诚的顾客是企业最好的朋友。

（2）其他相关行业的客户。通过合作人担保的邮件、通过其他相关的或非竞争性的业务发送个人化的 E-mail 也是一种很好的办法，通过互惠的交换，在其他公司向其顾客发送的邮件中加入介绍企业的产品或服务的信息。在前期企业应该放弃部分利润，买主会变为企业的顾客,一旦成为忠诚的顾客,以后企业可以反复向他们销售,因此,从长期来讲,合作方式可以为企业带来丰厚利润。

(3) 网站的访问者。通过网站上的表单建立潜在顾客列表是最有效的手段,有三种主要策略鼓励访问者自愿加入企业的邮件列表,即以邀请人们订阅新闻邮件;提供免费的、无版权问题的咨询;请求访问者把网站推荐给他们的朋友和同事。也可利用其他方法与网上浏览者发生互相影响,即以向回应者提供免费报告、创建新闻邮件、提供免费软件或共享软件的免费下载作为报答。通常,可以询问访问者的 E-mail 地址,给出适当的理由吸引人们留下联系方式以便和他们保持联系,向他们发送新的产品或服务信息。

(4) 广告。投放在线广告或者非在线广告,都要留下企业的 E-mail 地址,以鼓励人们通过 E-mail 与企业联系。因为,企业的目标是把顾客和潜在顾客的 E-mail 地址搜集到自己的邮箱中,这样,企业便可以建立一个可通过 E-mail 联系的可靠的潜在顾客列表。把企业的 E-mail 地址印在名片、文具、发票、传真、印刷品上,即使是在广播电视广告上也应留下 E-mail 地址,这样,便于顾客通过 E-mail 和企业联系,这种 E-mail“关系”使得企业能够通过 E-mail 向顾客介绍最新的产品或服务。

(5) 在报刊上发布新闻。报纸杂志提供的新闻具有较高的有效性,企业可以利用下面的方法建立自己的 E-mail 列表:企业可以在报刊上刊登人们必须通过 E-mail 才可以接收到的免费报告,通过 E-mail 发送产品信息,或者讨论一些能引起读者共鸣的话题,在读者回应的过程中搜集其姓名和 E-mail 地址。

(6) 推荐。当潜在顾客与企业联系索取免费报告时,请求他向认为可能感兴趣的朋友推荐这份报告。这有点类似于上面第(2)条所列举的担保性邮件。当有被推荐的人加入时,发一封个人化的邮件向其解释:顾客是由他的朋友(给出名字)推荐来的,其朋友请求给你发一份免费报告。为保证他们不介意将其加入邮件列表,可在邮件结尾加上这样的信息:“为证实这封邮件已经发给收信人,请回复这封 E-mail,并在主题栏写上‘THANKS’,以让我们确信这份报告已经发到了正确的邮箱,我们已经履行了对(朋友的名字)的许诺。”如果收件人没有对这份报告给予回复,那么,为了不引起反感,假定他们以后对企业的信息没有兴趣,不要再继续给他们发送邮件。

(7) 租用 E-mail 地址列表。这可能要花费较大的代价,但如果邮件列表非常适合企业的目标受众,付出也是值得的。根据企业要求的邮件数量、目标定位方式以及搜集名字的方式不同,每个 E-mail 地址的价格会有所不同,每个地址的价格在 0.05～0.4 美元之间。最好利用著名在线公司的邮件列表,并且要非常细心,绝不能使用包含数以百万计的 CD-ROM 地址列表,因为他们都不愿意收到企业的信息,而且其中大部分地址是无效的。同时,企业可以利用 E-mail 直邮服务,把企业的邮件发送给一批自愿加入列表的目标受众。应该确认提供该服务的公司的确把信息发送到了自愿加入列表的目标受众,而且在付出任何费用之前,确认列表上的名字是最有可能的潜在客户。

(8) 直接回应邮件。给潜在客户邮寄企业的 E-mail 地址,对利用 E-mail 回应企业的邮件者给予额外的奖励,告诉他们订单很快就会处理完毕。企业的目的是把昂贵的潜在顾客的邮寄费用转化为廉价的 E-mail 地址列表,企业利用 E-mail 可以联系到的人越多,企业的费用就减少得越多(利润就越高)。

(9) 会员组织。为了共同目的在一起工作的人们是最好的潜在顾客的 E-mail 列表,如果潜在顾客是因为具有某种共同兴趣或原因而形成的一个群体(属于一个协会、网络、校友会、俱乐部、学校或者其他组织),可向他们提供产品或服务的折扣优惠。通过会员组织的新闻或公告宣传对会员的特别优惠,为会员提供服务,这种措施肯定是有价值的。

开发上述 9 种资源可以建立自己的邮件列表,建议企业尽快开始——好的邮件列表是在线生意成功的基础。网站的访问者是邮件列表用户的主要来源,因此,网站的推广效果与邮件列表订户数量有密切关系。在通常情况下,用户加入邮件列表的主要渠道是通过网站上的"订阅"框自愿加入,只有用户首先光临网站,才有可能成为邮件列表用户,如果一个网站访问量比较小,每天可能只有几十人,那么经营一个邮件列表将是比较困难的事情,需要长时间积累用户资源。尽管如此,也并不是说只能被动地等待用户的加入,可以采取一些推广措施来吸引用户的注意和加入。

获取用户资源是 E-mail 营销中最为基础的工作内容,也是一项长期工作,但在实际工作中往往被忽视,以至于一些邮件列表建立了很久,加入的用户数量却仍然很少,E-mail 营销的优势也难以发挥出来,一些网站的 E-mail 营销甚至会因此半途而废。可见,在获取邮件列表用户资源过程中,只有利用各种有效的方法和技巧,才能真正做到专业的 E-mail 营销。

3) 内部列表 E-mail 营销的内容策略

E-mail 营销的技术基础得以保证,并且拥有一定数量用户资源的时候,就需要向用户发送 E-mail 了,对于已经加入列表的用户来说,E-mail 营销是否对他产生影响是从接收邮件开始的。用户并不需要了解邮件列表采用什么技术平台,也不用关心列表中有多少数量的用户,用户最关注的是邮件内容是否有价值。如果内容和自己无关,即使加入了邮件列表,迟早也会退出,或者根本不会阅读 E-mail 的内容,这种状况显然不是营销人员所希望看到的。

除了不需要印刷、运输外,一份邮件列表的内容编辑与纸质杂志没有实质性的差别,都需要先经过选题、内容编辑、版式设计、配图(如果需要的话)、样刊校对等环节,然后才能向订户发行。但是电子刊物(特别是免费电子刊物)与纸质刊物还有一个重大区别,那就是电子刊物不仅仅是为了向读者传达刊物本身的内容,同时还是一项营销工具,肩负着网络营销的使命,这些都需要通过内容策略体现出来。

在 E-mail 营销的三大基础中,邮件内容与 E-mail 营销最终效果的关系更为直接,影响也更明显,邮件的内容策略所涉及的范围最广,灵活性最大,E-mail 内容设计是营销人员要经常面对的问题,相对于用户 E-mail 资源的获取,E-mail 内容设计制作的任务显得压力更大,因为没有合适的内容,即使有再好的邮件列表技术平台,邮件列表中有再多的用户,仍然无法向用户传递有效的信息。

E-mail 营销的具体形式多种多样,如电子刊物 E-mail 营销、会员通讯、第三方 E-mail 广告等,即使是同样的 E-mail 营销形式,在不同的阶段,或者不同的环境下,邮件的内容模式也会发生变化。

2.2.7　外部邮件列表营销的基本方法

尽管很多网站都开始有各种类型的邮件列表,但由于用户资源、管理等方面的限制,内部列表并不一定能够完全满足开展 E-mail 营销的需要,尤其是对于许多中小网站来说,企业用户资源积累时间比较长,潜在用户数量比较少,不利于迅速扩大宣传。同时,由于缺乏专业人员以及投入的资源限制,即使建立了列表,使用列表的效率仍然比较低,因此为了某些特定的营销目的,通常还需要专业服务商的服务。而对于没有建立自己内部列表的企业,与专业服务商合作则是最好的选择。

专业的 E-mail 营销服务商拥有大量的用户资源,可以根据要求选择定位程度比较高的用户群体,有专业的发送和跟踪技术,有丰富的操作经验和较高的可信度,因而营销效果也有其独到之处。从国内目前的 E-mail 广告市场来看,可供选择的外部列表 E-mail 营销资源主要有免费电子邮箱提供商、专业邮件列表服务商、专业 E-mail 营销服务商、电子刊物和新闻邮件服务商、专业网站的注册会员资料等。这些服务商及其 E-mail 营销形式各有特点,可根据具体需要进行选择。

1) 选择 E-mail 营销服务商的基本参考因素

由于外部列表 E-mail 营销资源大都掌握在各网站或者专业服务商的手中,要利用外部列表资源开展 E-mail 营销,首先要选择合适的服务商。在选择 E-mail 营销服务商时,除了比较价格水平之外,还应该对服务商的资信和专业水准进行认真考察,以确保自己的投入可以换取满意的回报。

选择 E-mail 营销服务商,需要对服务商的可信任程度、用户数量和质量、用户定位程度、服务的专业性、合理的费用和收费模式等进行重点考察。而服务商是否值得信任是最基本的条件之一,可以通过了解其品牌形象和用户口碑等外在标准来评价,同时至少还需要确认两项基本要素:

(1) 用户 E-mail 地址来源必须是合法的,即经过用户许可的(如注册用户的 E-mail 邮箱和采用 Double opt-in 方式加入的用户),那些采用自行搜集、购买、租用用户 E-mail 地址的公司是不可信任的。

(2) 服务商自觉维护许可 E-mail 营销的行业准则,决不发送垃圾邮件。

📖 资料:2002 年 11 月 17 日,美国交互广告署(IAB)E-mail 委员会宣布了第一套关于 E-mail 营销的建议——"伦理 E-mail 保证"作为 IAB 的会员单位在获取和使用邮件列表时的指导方针。该建议明确要求广告主和代理商以合理的方式获得邮件列表用户资源,并且遵循与用户达成的服务承诺,如果邮件列表提供者违背了任何一条保证,他们应无条件退还收取的所有费用。IAB 这些条款强调了一些利用邮件列表开展 E-mail 营销时的基本问题,如用户邮件地址资源的获取应事先获得用户的许可,用户同意接收来自第三方的信息,允许用户退出列表;邮件列表提供者应完全公开所有 E-mail 地址的来源,包括用什么许可方法获得,并接受广告用户和邮件接收者的质询;通过 E-mail 发送的信息应该有一定的规范;E-mail 营销应该保护广告主和邮件接收者的合法利益等。

从 IAB 制定的行业规范中可以看到,正规的 E-mail 营销服务商正是通过遵守基本的行业规范与那些非正规的或者是发送垃圾邮件的公司加以区别的。因此,一家注重公司品牌形象的企业不应贪图便宜而被垃圾邮件发送者损坏了名声,事实上,通过信誉卓著的服务商发送的 E-mail 营销信息更能引起用户的关注和信任。不选择发送垃圾邮件的公司,还有一个最为根本的原因:事实证明发送垃圾邮件是无效的,虽然直接投入的费用可能并不高,但利用垃圾邮件进行宣传有时还会有意外的损失。

2) 外部列表 E-mail 营销内容

在选择了合适的 E-mail 服务商之后,主要的任务就是 E-mail 营销内容的设计。与内部列表 E-mail 营销不同,由于利用外部列表开展 E-mail 营销活动通常是临时性或是一次性的,因此不需要对 E-mail 内容进行长期的规划,一般只需针对活动当时的营销目的进行内容设计(见表 2-1)。

表 2-1 内部列表 E-mail 营销和外部列表 E-mail 营销的比较(1)

主要功能和特点	内部列表 E-mail 营销	外部列表 E-mail 营销
主要功能	顾客关系、顾客服务、品牌形象、产品推广、在线调查、资源合作	品牌形象、产品推广、在线调查
投入费用	相对固定,取决于日常经营和维护费用,与邮件发送数量无关,用户数量越多,平均费用越低	没有日常维护费用,营销费用由邮件发送数量、定位程度等决定,发送数量越多,费用越高
用户信任程度	用户主动加入,对邮件内容信任程度高	邮件为第三方发送,用户对邮件的信任程度取决于服务商的信用、企业自身的品牌、邮件内容等因素
用户定位程度	高	取决于服务商邮件列表的质量
获得新用户的能力	用户相对固定,对获得新用户效果不显著	可针对新领域的用户进行推广,吸引新用户能力强
用户资源规模	需要逐步积累,一般内部目标用户数量比较少,无法在很短的时间内向大量用户发送信息	在预算许可的情况下,可同时向大量用户发送邮件,信息传播覆盖面广
邮件列表维护和内容设计	需要企业人员操作,无法获得外部人士的建议	服务商专业人员负责,可对邮件发送、内容设计等提出建议
E-mail 营销效果分析	由于是长期活动,较难准确评价每次邮件发送的效果,需要长期跟踪分析	由服务商提供专业分析报告,可快速了解每次活动的效果

资料来源:冯英健著:《E-mail 营销》,机械工业出版社 2003 年版。

与一般的邮件列表内容一样,专业服务商投放的 E-mail 广告也需要具备 E-mail 的基本要素,即发件人、邮件主题、邮件正文、附件等。其中,邮件主题和邮件正文是 E-mail 营销的核心内容,但发件人和附件对广告内容也发挥了重要的作用,有助于加强用户对邮件正文的信任。因为收件人正是通过这些信息,才知道该广告邮件来自何处,属于垃圾邮件还是正规的 E-mail 营销。

E-mail 广告并没有固定的形式,可以是电子刊物中的赞助商、专家或者其他用户的推荐信,也可以是专门的广告内容;在表现形式上,也有多种可选择的方式,如文本格式、图片格式、html 格式、Banner 或者其他规格的网络广告、媒体广告等,只要邮件内容设计合理、用户可以正常接收的,都可以作为 E-mail 广告。

内部列表和外部列表由于在是否拥有用户资源方面有根本的区别,因此,开展 E-mail 营销的内容和方法也有很大差别。由表 2-2 可以看出,自行经营的内部列表不仅需要自行建立或者选用第三方的邮件列表发行系统,还需要对邮件列表进行维护管理,如用户资料管理、退信管理、用户反馈跟踪等,对营销人员的要求比较高。在初期用户资料比较少的情况下,费用相对较高,随着用户数量的增加,内部列表营销的边际成本逐渐降低。这两种 E-mail 营销方式属于资源的不同应用和转化方式,内部列表以少量、连续的资源投入获得长期、稳定的营销资源;外部列表则是以资金换取临时性的营销资源。内部列表在顾客关系和顾客服务方面的功能比较显著;外部列表由于比较灵活,可以根据需要选择投放不同类型的潜在用户,因而在短期内即可获得明显的效果。

表 2-2　内部列表 E-mail 营销和外部列表 E-mail 营销的比较(2)

E-mail 营销的主要阶段	内部列表 E-mail 营销	外部列表 E-mail 营销
确定 E-mail 营销目的	需要在网站规划阶段制定,主要包括邮件列表的类型、目标用户、功能等内容	在营销策略需要时确定营销活动目的、期望目标。每次 E-mail 营销活动的目的、内容、形式、规模等可能各不相同
建设或者选择邮件列表技术平台	邮件列表的主要功能需要在网站建设阶段完成,或者在必要的时候为网站增加邮件列表功能,也可以选择第三方的邮件列表发行平台	不需要自己的邮件发行系统
获取用户 E-mail 地址资源	通过各种推广手段,吸引尽可能多的用户加入列表。邮件列表用户 E-mail 地址属于自己的营销资源,发送邮件不需要支付费用	不需要自己建立用户资源,而是通过选择 E-mail 营销服务商,在服务商的用户资源中按照一定条件选择潜在用户列表。一般来说,每次发送邮件均需要向服务商支付费用
E-mail 营销的内容设计	在总体方针的指导下设计每期邮件的内容,一般为营销人员的长期工作	根据每次 E-mail 营销活动需要制作邮件内容,或者委托专业服务商制作
邮件发送	利用自己的邮件发送系统(或者第三方发行系统)根据设定的邮件列表发行周期按时发送	由服务商根据服务协议发送邮件
E-mail 营销效果跟踪评价	自行跟踪分析 E-mail 营销的效果,可定期进行	由服务商提供专门的分析报告,邮件发送后实时在线查询,或者一次活动结束后统一提供检测报告

资料来源:冯英健著:《E-mail 营销》,机械工业出版社 2003 年版。

由表 2-2 可以看出,由于外部列表 E-mail 营销相当于通过媒体投放广告,其过程相对简单一些,并且是与专业服务商合作,因此可以得到一些专业人士的建议,在营销活动中并不会觉得十分困难;而内部列表 E-mail 营销的每一个步骤都比较复杂,并且是依靠企业内部的营销人员自己来进行,由于企业资源状况、企业各部门之间的配合、营销人员知识和经验等因素的影响,在执行过程中,会遇到大量新问题,实施过程也比外部列表E-mail营销复杂得多,但由于内部列表拥有巨大的长期价值,因此建立和维护内部列表成为 E-mail 营销中最重要的内容。

2.2.8 保持客户对网站邮件的点击率的技巧

虽然 E-mail 存在自身的优势和特点,但是网络营销人员更应注意它实际的营销效果如何。其中一个非常重要的问题是,如何增加网民对 E-mail 的点击率。很显然,假如用户没有点击你的邮件信息,那么这就是一次失败的营销。从更深的层面来分析,还有更多的问题有待网络营销人员去面对和解决。

1) 提高用户点击率的一般技巧

(1) 邮件主题要吸引收件人的眼球。用户的收件箱里会有许多营销邮件的身影,那么如何让你的邮件脱颖而出呢? 这就涉及邮件标题。与一般 E-mail 一样,E-mail 营销邮件的标题非常重要,一个醒目并且具有价值的标题不仅能让用户将 E-mail 与垃圾邮件区别开来,而且还能促使用户打开并阅读邮件内容。不同类型的邮件主题对于用户的阅读决策有不同的影响,而且用户的性别差异也比较明显。

(2) 提升发信人的可信度。信任是沟通交流的前提和重要基础。假如用户对发信人产生怀疑,那么就无法形成良好的沟通。研究表明,在第一次发送邮件,或者发件人信息并不固定的情形下,由发件人信息产生的影响甚至会超过邮件主题。Double Click 的研究表明,60%的被调查者认为在打开邮件时,更关注发件人信息,关注邮件主题的占 35%。一般来说,发件人应该如实地设置并显示发件人地址,给用户提供真实的信息。这样,一方面,即使用户不打开邮件也可以在一定程度上起到宣传的效果;另一方面,用户也可以根据发信人是否和自己有关来判断要不要阅读邮件内容。

(3) 邮件内容对产品的描述要有创意。收件人看了邮件主题和发信人信息之后决定不打开邮件,无论多么有价值的邮件也与垃圾邮件无异,很快就会从用户的电脑上消失。但是,邮件预览区中的内容,可能使用户回心转意。你对产品的长、宽、高、颜色和种种技术参数和术语要能提起准客户的兴趣。

此外,为使用户能认真看完邮件的全部内容,尤其是邮件内容比较复杂时,邮件预览区中的内容就显得更为重要。因为,用户很可能从中获得对他有价值的信息,如企业LOGO、新产品信息、优惠措施、内容提要、收件人姓名等。E-mail 营销者要尽量避免对 E-mail 营销内容和形式的曲解,因为这会造成难以估量的损失。用 E-mail 增强顾客忠诚度所能够带来的巨大利益将长期隐藏在 E-mail 广告的冰山下面,垃圾邮件所能带来的回应率是极低的,有效的回应率更少,最后能够达成交易的回应更是寥寥无几。

总之,网络营销人员必须从细微之处来审慎对待,提高 E-mail 营销的各种技巧。

2) 发送电子邮件应注意的问题

从网络营销人员的角度来看,企业发送 E-mail 应该注意如下问题:

(1) E-mail 的内容要个性化。企业要能够根据顾客过去的购买情况或合作情况,将其发送的 E-mail 的内容个性化。同时,顾客也更乐于接受个性化的信息。电脑书店亚马逊的站点通过顾客的购物历史纪录向那些愿意接受建议的顾客发送 E-mail,并提出一些建议,从而赢得了许多忠诚的客户。IBM 公司的“聚焦于你的新闻文摘”站点将有选择的信息直接发送到顾客的 E-mail 信箱中,那些同意接收新闻信件的顾客可以从一个有兴趣的话题清单中选择他们所需的内容。

(2) 发送 E-mail 要建立在顾客消费研究的基础上。E-mail 并非单纯的广告告知,有些企业把新近促销的商品或者新增加的服务一股脑儿地塞到 E-mail 里面寄给顾客,却完全没有考虑顾客是否需要这些东西。事实上,怎么样针对顾客的不同偏好来发送 E-mail 是有讲究的。很显然,只有利用分析的结果进行市场细分和定位,对不同类型的顾客发送相应的信息,才可以做到真正的个性化营销,从而提高顾客的满意度和忠诚度。

(3) 正确把握会员制营销的技巧。会员制度是为了更方便地保持客户关系,为顾客创造良好的体验。在这种情形下,网络营销人员要注意向用户提供实际的内容,不要把用户当作忽悠的对象。一般在没有更好的服务提供的前提下,可以为他们提供直接链接到网站的快捷方式,以查询更有深度的信息,绝对不能敷衍了事。

(4) 以个性化服务满足个性化需求。个性化策略适用于 E-mail 营销,也就是说,网络营销人员要注意为顾客提供一些他在直接邮寄邮件中得不到的东西。例如,网络上的一个旅游站点不断向顾客发送被称为票款手表的 E-mail,它提供最后一分钟的廉价机票。

(5) 及时用 E-mail 与顾客沟通,并建立良好的信任关系。当顾客首次在你的网站注册,并购买了你的商品后,只要顾客同意,要及时发送一封确认购买的 E-mail,感谢顾客的光临,并且询问产品的使用情况,是否有需要解决的问题等。海尔的"真诚到永远"给顾客提供真实的超值体验,使顾客享受全程服务,甚至于当安装人员刚刚调试好产品走出家门时,其客服中心就会热情地打电话给顾客询问使用情况,这种经验完全可以移植到网络营销的服务中。

2.2.9 营销邮件不被当成垃圾邮件的技巧

究竟什么是垃圾邮件呢?垃圾邮件就是相同的信息,在互联网中被复制了无数遍,并且一直试图强加给那些不乐意接受它们的人群。大部分垃圾邮件是商业广告,包括一些不太可信的产品信息。发送垃圾邮件会引起收件者的不满,是一种极其危险的市场策略。很显然,垃圾邮件一般具有批量发送的特征。其内容包括赚钱信息、成人广告、商业或个人网站广告、电子杂志、连环信等。

垃圾邮件可以分为良性垃圾邮件和恶性垃圾邮件。良性垃圾邮件是指对收件人影响不大的 E-mail。恶性垃圾邮件是指具有破坏性的 E-mail。

E-mail 的泛滥与一些打着网络营销旗号的"网络营销软件"、"分类邮件地址"等密切相关,也与一些企业对规范的 E-mail 营销缺乏必要的了解有关。多数垃圾邮件发送者以"定向发布信息"、"搜集潜在客户"、"邮件群发是最好的网络营销手段"等口号混淆垃圾邮件与许可 E-mail 营销的概念,使得一些企业和个人在对正规的 E-mail 营销缺乏了解的情况下发送垃圾邮件,或者委托垃圾邮件发送者发送广告信息。

实际上,垃圾邮件与真正的 E-mail 营销是背道而驰的。因为我们通常所说的 E-mail 营销是"许可营销",是在事先得到用户许可的前提下,向用户发送的有价值的信息。Internet. com公司的创始人 Raisch 在 1994 年撰写的一篇论文"未经许可的电子邮件"中,对 E-mail 营销进行了比较系统的研究,在互联网领域产生了重要影响。文中将两位律师"成功地将信息以低廉的费用传送给数千万消费者"的方法称为"用户付费的促销"。因为,信息发送者将互联网作为直接的促销渠道向用户传递信息,却不考虑用户的意愿和为此付出的费用,与现实世界中广告商承担所有信息传递费用的方式不同,这对于用户是不公平的。

从目前的现状来看,尽管 E-mail 营销受垃圾邮件盛行、营销系统不完善等不利因素的制约,但 E-mail 营销的发展势不可挡。因此,网络营销人员必须采取有效的策略来应对这种趋势,否则网络营销将成为麻烦的代名词。

1)努力提升 E-mail 信息传递技巧

通过 E-mail 发送产品信息的厂商面临着一条既利润可观又充满风险的道路,任何错误,如把 E-mail 发送给一个不需要该产品的顾客,都可能会在一夜之间毁了企业的声誉。然而,如果企业将 E-mail 使用得恰到好处的话,却会带来丰厚的报酬。所以,厂商必须设计人性化的邮件来吸引网民。很显然,设计出一封好的营销邮件,会对营销的效果有很大帮助。在设计时,应注意邮件的格式。作为一封商业函件,至少应该参考普通商务信件的格式,包括对收件人的称呼、邮件正文的内容等。E-mail 应力求内容简洁,用最简单的语言表达出你的诉求点。如有必要,可给出一个关于详细内容的链接,收件人如果有兴趣,会主动点击查看你链接的内容。

2)使用"信息反馈"来代替邮件

使用"信息反馈"来代替邮件,是避免垃圾邮件非常好的方法。管理员的电子邮箱地址就像电话号码一样,只告诉有联系的朋友,不要在任何网页上、网络上发布,这可以最大限度地远离垃圾邮件的困扰。

3)做好技术层面的危机化解工作

从网络信息技术的角度分析,打造完善的配给系统也成为 E-mail 营销持续发展刻不容缓的举措。E-mail 营销不仅需要把产品信息迅速、顺畅地传递给互联网用户,而且还要在交易双方达成交易契约后,能够把商品快捷地传达到对方指定地点。E-mail 营销要采用优秀的邮件发送工具,具有邮件退订功能,以便营销者及时去除不相关邮件地址,提高邮件列表质量(采用 E-mail 营销的朋友至少应选用具有邮件地址退订的群发软件)。以外,系统的测试和跟踪也必不可少,在向目标对象大量发送营销邮件之前,必须在小范围内测试营销邮件的功效,跟踪营销结果。

4)避免邮件地址出现在网站页面

发布垃圾邮件者的邮件地址资源,可能是通过购买邮件地址或通过搜索引擎查找等途径收集而成的。如果你把 webmaster@……这样的邮件地址写在每一个网页上,且你的网站很多页面排名比较靠前的话,这个邮箱将会收到非常多的垃圾邮件。因此,你的邮件地址最好不要发布在网站页面中。

从另一个角度来分析,就是要有高质量的邮件地址列表。只有知道顾客的邮件地址,你才能给他们发 E-mail,所以 E-mail 营销的第一步是搜集潜在顾客的邮件地址。无论在网上还是网下,在你所使用的顾客信息登记表上都要为 E-mail 地址安排一个显著的位置。要提高邮件地址列表的质量,主要方法有:采用邮件地址整理软件,去除无效和重复邮件地址;及时验证邮件地址,去除失效邮件地址;检测邮件地址的所有者跟自己业务的相关性,及时去除不相关客户,当然这一步比较难做,但很有必要。

5)避免营销 E-mail 成为垃圾邮件

垃圾邮件的传播给互联网用户带来了极大的麻烦,已经引起了公愤,世界各国正采取积极的措施以抵制垃圾邮件的传播。由于营销 E-mail 与垃圾邮件界限模糊,所以,当务之急就是要分清营销 E-mail 与垃圾邮件发送的界限,尽量避免发送垃圾邮件。很显然,设置好发送邮件的服务器、发送信箱和回复信箱等信息是非常重要的。E-mail 营销要取得好的效果,当然应能够及时收到客户的回复,否则,将前功尽弃。

对网络营销人员来说,监视退回邮件也是重要功课之一。当一个特殊的邮件多次被退回时,你可以亲自联系接收人,并请他们将你的地址加入他们的白名单。如果你得不到他们的响应,就要从你的数据库中将这些 E-mail 地址删除。如果你使用的是 E-mail 管理软件,找出无效的邮件地址并删除它们。

6) 要设置好 E-mail 营销的服务器

E-mail 营销要取得好的效果,当然要能够及时收到客户的回复,否则,仍将前功尽弃。在这方面,为了提高发送的速度,选择一个好的 DNS 服务器十分重要,另外,一般不要设置过高的线程数,除非你的电脑网速足够快。在发送信箱和回复信箱方面,建议采用发送邮箱设置一个不常用的信箱,回复信箱设置自己的有效信箱收取客户的回复,这样的效果比较好。

评价 E-mail 营销成效的标志之一是顾客反应率。有客户回应,当然是件好事,理应及时回复发件人。当你接到业务问询时,应及时作出回复(最好在 24 小时以内),你时间拖得越长,对你的形象损害越大。注意养成每天查收邮件数次的习惯,并做到及时回复。这样,不仅表示你重视顾客的询问,也显示出你的工作高效,显示出你对顾客服务的重视。

然而,并非每个公司都能做到。可以想象,当一个潜在客户给你发出了一封关于产品的询问时,他一定在急切地等待回音,如果等了两天还没有结果,他一定不会再有耐心等待下去,说不定就成了你的竞争对手的客户。

浏览者在你的网站上订阅时,请他们将你的地址加入他们的白名单。同样,你也可以向使用垃圾邮件过滤器的用户提出一个要求,请他们将你的 E-mail 地址或域名添加进他们的"安全发件人"列表。

7) 监视你的退回邮件

监视退回邮件的方法是:在 E-mail 中要含有"退订"的超级链接。订阅者可能要求你将他的邮件地址从你的数据库中删除。此时,马上执行,并将处理的结果通知该订阅者。响应他们的要求有助于避免潜在的垃圾邮件抱怨,避免他们将你列入 ISP(因特网服务提供商)的黑名单中。同时在你的邮件"签名"文件中,含有隐私政策和退订。这样可以让你的浏览者不必担心由此引起其他的垃圾邮件,并可随时退订不喜欢的邮件。这些信息不仅能够增加你的订阅率,而且你的公司万一被垃圾邮件抱怨调查时,它可以证明你是一个许可营销邮件公司,而不是垃圾邮件的制造者。

提高 E-mail 营销效果的因素很多,但是,在发送之前,多花点时间设计一下内容是绝对必要的。

2.3 无站点网络营销方法

2.3.1 无站点网络营销的含义

由于在不同条件下或者在企业网上经营活动的不同阶段,网络营销的具体形式和手段会有所不同,所起到的作用也有差别。另外,不同的行业之间,尤其是传统和新兴的互联网企业之间,由于企业基本条件有很大差别,网络营销的手段可能大不相同。

无站点网络营销通常包括两种情形:一种是企业暂时没有或者认为没有必要建立网站;另一种是不需要拥有网站即可达到网络营销的目的,如临时性、阶段性的网络营销活动,或者因为向用户传递的营销信息量比较小,无需通过企业网站即可实现网络营销的信息传递。无站点网络营销就是企业没有建立自己的网站或基于第三方平台而利用互联网上的资源,开展初步的网络营销活动。无站点网络营销运用得当,同样可以取得满意的效果。从理论上讲,只要具备了接入互联网的基本条件,就具备了企业开展无站点网络营销的条件。

2.3.2　无站点网络营销的方法

无站点网络营销的方法包括发布供求信息、发布网络广告,如分类广告和电子书广告、E-mail 营销,或者利用网上商店、网上拍卖等形式开展在线销售。当然,这些方法对于在有网站的基础上开展的网络营销同样有效。

1) 信息发布

信息发布是网络营销的基本职能。在拥有企业网站的情况下,可以将信息发布在自己的网站上;在无站点的情况下,只能利用其他网站提供的信息发布机会来发布信息。发布企业营销信息既有免费方式,也有付费方式。付费方式有作为会员缴纳年度费用、按发布的信息数量付费、根据信息被点击情况付费等多种模式。

可供信息发布的渠道有供求信息平台、网络分类广告、在线黄页服务和网络社区等。

(1) 供求信息平台。在互联网上,有一些网站专门为企业提供供求信息发布,如 B2S 网站、部分 B2B 网站等。这些供求信息平台往往有大量的供求信息,不仅可以通过浏览相关企业的信息获得商机,也可以将本企业产品信息等发布在这些网站上。

此外,加入专业信息网和行业信息网也是一种信息发布方式。这种方式在某些方面类似于在供求信息平台发布供求信息,但专业信息网还可以提供更多的服务。例如,有些网站可以提供固定的网址,用户还可以制作简单的网页。专业分类的信息网的吸引力在于为客户查询商业信息提供了较大的方便。

行业信息网汇集了整个行业的资源,为供应商和客户了解行业信息提供了巨大方便,形成了网上虚拟的专业市场,如中国机电贸易网、中国粮油贸易网等。如果你所在的行业已经建立了这样的专业信息网,加入行业信息网是网络营销的必要手段,即使已经建立了自己的网站,仍有必要加入行业信息网。专业信息网和行业信息网有时需要缴纳一定的费用,只要可以带来潜在收益,这些投入都是值得的。

(2) 网络分类广告。网络分类广告是网络广告中一种常见的形式,分类广告具有形式简单、低廉、发布快捷、信息集中、便于查询等优点。分类广告站点有两类:一类是专业的分类网站;一类是综合性网站开设的频道和栏目,如搜狐分类信息(sca. sohu. com)。另外一些经贸信息网和 B2B 信息发布平台除了允许发布企业基本信息之外,也具有产品信息功能,可以作为发布分类广告的场所。

(3) 在线黄页服务。这种黄页服务的名称来源于电话号码黄页,简单来说就是企业名录,通常具有一个网页(也有的提供几个网页),企业可以用来发布企业的基本信息,如产品介绍、企业新闻、联系方式,也可以发布一定数量的文字和图片信息。当大量的企业黄页集中于一个网站时,便形成了一个可以按行业、产品分类的企业信息数据库,这就是在线黄页的形式。与电话黄页相比,在线黄页有更多的优越性,如企业信息可以随时更新,便于用户检索等。典型的黄页服务,如新浪企业黄页(yp. sina. net)、3721 的企业名片服务(corp. 3721. com)、网易黄页(114. 163. com)、中国黄页在线(www. yp. com. cn)等。

(4)网络社区。网络社区是指包括 BBS、讨论组、聊天室、博客等形式在内的网络交流空间,同一主题的网络社区集中了具有共同兴趣的访问者,由于有众多用户的参与,不仅具备交流的功能,实际上也成为一种营销场所。早期的网络社区,如 BBS 和讨论组等是网络的主要场所,营销人员通过发布广告信息等方式达到宣传的目的,但随着网络社区逐步走向规范,往往不欢迎发布广告信息,即使有专门的广告发布区,浏览者通常也较少,依靠网络社区营销的成功率很低,因此逐渐失去了网络营销价值。值得关注的是,从 2002 年开始,一种新的网络交流方式"博客"(BLOG)迅速发展并获得了广泛关注,其营销价值正日益体现出来。博客已经成为 2004 年最热门的互联网词汇之一,也是网络社区的一种表现形式,利用博客开展网络营销称为博客营销。

2)在线销售

无论是否拥有企业网站,都可以利用网上商店与网上拍卖等方式开展网上销售工作,让互联网成为企业新型的销售渠道。网上商店与网上拍卖都是实现在线销售的比较简单的手段,这种网络营销方法需要建立在专业服务商提供的电子商务平台之上。

(1)网上拍卖。网上拍卖是网络营销领域比较成功的一种商业模式。这种方式简便易行,按照提示,只要在网站上进行注册,然后就可以发布自己买卖产品的信息了。国外一些知名网站,如 Ebay(www. ebay. com)等已经取得了很好的经营业绩,在国内也已经有几家具有一定规模的网上拍卖网站,如淘宝、易趣等。

早期的拍卖以二手商品交易为主,并且仅限于个人对个人的交易,通常只能按照拍卖的形式来进行,即出价高者获得购买权。现在的一些在线拍卖网站,如易趣等实际上已经不仅仅是个人物品拍卖这一种形式,也包括固定价格模式,还可以开设网上商店。这些都比较适用于小企业的产品在线销售,其方法与网上商店类似。

(2)网上商店。网上商店是建立在第三方提供的电子商务平台上的,由商家自行开展电子商务的一种形式。如同在大型商场中租用场地开设商家的专卖店一样。

2.3.3 网上商店

1)网上商店的建立方式

网上开店就是经营者在互联网上注册一个虚拟的网上商店(以下简称网店),将商品的信息发布到网页上,对商品感兴趣的浏览者通过网上或网下的支付方式向经营者付费,经营者通过邮寄等方式,将商品发送给购买者的销售方式。

网上开店是一种在互联网时代的背景下诞生的新的销售方式,有别于网下的传统商业模式。与大规模的网上商城及零星的个人物品网上拍卖相比,网上开店投入不大、经营方式灵活,可以为经营者提供不错的利润空间,成为许多人的创业途径。

目前,网上开店主要有三种方式:

(1)在专业的大型网站(第三方提供的电子商务平台)上注册会员,开设个人的网店。例如,易趣、淘宝、易购、一拍等许多大型专业网站都向个人提供网上开店服务,你只要支付少量相应的费用,就可以拥有个人的网店,开展网上销售。

这种方式的网上开店相当于在网下去一些大的商场里租用一个店铺或柜台,借助大商场的影响与人气做生意,我们目前所看到的网上开店基本都是采用这种方式。

(2)自立门户型的网上开店。经营者亲自动手或者委托他人进行网店的设计,网店的经营与大型的购物类网站没有关系,完全依靠经营者个人的宣传吸引浏览者。

自立门户型的网店的建设方式有两种:一是完全根据商品销售的需要进行个性化设计,经过注册域名、租用空间、网页设计、程序开发等一系列工作,个性化较强,费用较高;二是向网络公司购买自助式网站模块,操作简单,费用较低,但是缺乏个性化。

自立门户型网店的缺点是建设费用较高,同时还需要投入足够的时间与金钱进行网站宣传;优点是网店内容不需要像第一种方式那样受到固定格式的限制,也不必缴纳诸如商品交易费之类的费用。这类网店相当于路边的小店,完全依靠经营者自己的推广吸引浏览者进入网店。

(3)前两种方式的结合,既在大型网站上开设网店,又有独立的商品销售网站。这种方式集合了前两者的优点,不足之处是投入相对较高。

许多网下的商店经营者认识到网络的作用,开始通过互联网销售商品,而一些网上开店取得不错收益的经营者也会考虑在网下开一个实体店,两者相结合,销售效果相当不错。

在无站点网络营销一系列方法中,网店主要是指以第一种方式建立的网店。除前文提及以外,对于个人经营者或中小企业来说,网店还有另外的一些优势。

2)第三方平台建立网上商店的优点

(1)开店成本极低。网上开店与网下开店相比综合成本较低:① 许多大型购物网站提供租金极低的网店,有的甚至免费提供,只收取少量商品上架费与交易费;② 网店可以根据顾客的订单再去进货,不会因为积货占用大量资金;③ 网店经营主要是通过网络进行,基本不需要水、电等管理费的支出;④ 网店不需要专人时时看守,节省了人力方面的投资。

(2)经营方式灵活。网店借助互联网进行经营,经营者可以全职经营,也可以兼职经营;网店不需要由专人时时看守,营业时间比较灵活,只要及时对浏览者的咨询给予回复就不会影响经营。网上开店不需要经过严格的注册登记手续,网店在商品销售之前甚至不需要存货或者只需要少量存货,因此可以随时转而经营其他商品,进退自如,没有包袱。

(3)网上开店基本不受营业时间、营业地点、营业面积这些传统因素的限制。只要服务器不出问题,网店可以1天24小时、1年365天不停地运作,无论刮风下雨,无论白天晚上,无需专人值班看店,都可照常营业,消费者可以在任何时间登录网站进行购物。

网上开店基本不受经营地点的限制,网店的客流量来自网上,因此即使网店的经营者在一个小胡同里也不会影响到网店的经营。网店的商品数量也不会像网下商店那样,生意大小常常受店面大小的限制,只要经营者愿意,网店可以陈列成千上万种商品。

(4)网店的顾客范围极为广泛。网店开在互联网上,只要是上网的人群都有可能成为商品的浏览者与购买者,这个范围可以是全国的网民,甚至是全球的网民。只要网店的商品有特色、宣传得当、价格合理、经营得法,网店每天都会有不错的访问流量,大大增加销售机会,取得良好的销售收入。

3)网上商店经营中的问题及对策

现在各种形式的电子商务平台不断出现,许多大型网站也都开展了网上商城的业务,供应商开办网上商店,以较少的投入和比较简单的技术要求开展网上销售业务,为推进电子商务应用发挥了积极作用,一些企业和个人也利用这种方式取得了一定收益。但开设网上商店并不像一些网站宣传的那么简单,冯英健在《网络营销基础与实践》第二版中指出,网上开店难的问题主要表现在三个方面,即选择电子商务平台难、网上商店建设难、网店业务推广难。

(1)关于网上商店平台的选择。网上开店不仅依托网上商店平台(网上商城)的基本功能和服务,而且顾客主要也来自该网上商城的访问者。因此,平台的选择非常重要,但用户在无站点网络营销选择网上商店平台时往往存在一定的决策风险。尤其是初次在网上开店,由于经验不足以及对网上商店平台了解比较少等原因而带有很大的盲目性。

不同网店平台的功能、服务、操作方式和管理水平相差较大,理想的电子商务平台应具备的基本特征有良好的品牌形象、简单快捷的申请手续、稳定的后台技术、快速周到的顾客服务、完善的支付体系、必要的配送服务,以及售后服务保证措施等,当然,还需要尽可能高的访问量、具备完善的网店维护和管理、订单管理等基本功能,并且能提供一些高级服务,如对网店的推广、网店访问流量分析等。此外,收费模式和费用水平也是重要的影响因素之一。不同的企业可能对网上销售有不同的特殊要求,选择适合本企业产品特性的电子商务平台需要花费不少精力,完成对电子商务平台的选择确认过程大概需要几小时甚至几天的时间。但是,这点前期调研的时间投入是值得的,可以最大可能地减小盲目性,增加成功的可能性。

(2)关于网上商店建设的问题。一般的专业网店平台具有强大的功能和简单的操作界面,通过模板式的操作即可完成网店的建设,但由于不同的网站所采用的系统具有很大的差异,有些只需要直接上传产品图片和文字说明,有些则需要对店面进行高级管理。据对国内部分电子商务平台的试用和了解,一个普遍存在的现象是,对建立和经营网店的说明不足,尤其是建店前应准备哪些资料、对这些资料的格式和标准有什么要求等比较欠缺,用户不得不自己反复摸索,甚至不得不放弃。因此,即使具有很完善的功能,对于不了解这个系统特性的用户来说,网店建设仍然是复杂的。此外,由于网店平台采用模板式的结构,对于部分用户的个性化要求就有很大限制,有些必要的需求无法通过现有功能得到满足,这也是让用户觉得网店建设并不简单的原因之一。

(3)关于网上商店业务推广的问题。网店并不像一些网站宣传的那么简单,在"5分钟开展电子商务"的背后,是无数用户在探索网上开店过程中遇到的形形色色的难题。这种状况在很大程度上影响了网上商城业务的发展。

由于网店建设和经营具有一定的难度,需要经验的积累,所以在初次建立网店时,最好进行多方调研,选择适合自己产品特点和经营者个人爱好,又具有较高访问量的电子商务平台,在资源许可的情况下,在几个网站上同时开设网店。

2.4　病毒性营销

2.4.1　病毒性营销的含义

病毒性营销并非真的以传播病毒的方式开展营销,而是通过用户的口碑宣传,使信息像病毒一样传播和扩散,并利用快速复制的方式将信息传向数以千计、数以百万计的受众。在互联网上,每个人都可以是信息的发布者和传播者,网上的信息传播比传统渠道要方便得多,病毒性营销充分利用了互联网信息发布和传播功能,是一种充分利用各种资源传递信息的网络营销。需要指出的是,病毒性营销的基本思想只是借鉴病毒传播的方式,而传播的并不是病毒,不具有任何破坏性,相反还能为传播者以及病毒性营销的实施者带来好处,因此病毒性营销与病毒之间并没有任何直接的联系。在互联网之外,病毒性营销一直被称作"口碑营销"、"媒体杠杆"等。

但在病毒性营销的实际操作中,如果没有认识到病毒性营销的本质是为用户提供免费的服务,那么就可能成为传播病毒了。尤其利用一些技术手段来实现的营销模式,如自动为用户电脑安装插件(称为"流氓软件")、在 QQ 等聊天工具中自动插入推广信息(称为"QQ 尾巴")等,这些其实都不能称之为病毒性营销了。

📖 资料:病毒性营销的经典范例是 Hotmail. com。1996 年,微软公司的 Hotmail 采用了被称为"病毒性营销"的营销方式来为免费邮件做推广。尽管如今看来是"病毒性营销"成就了 Hotmail,然而在当时,Hotmail 提出的病毒性营销方法是颇具争议性的。

为了给自己的免费邮件做推广,Hotmail 在邮件的结尾处附上:"P. S. Get your free E-mail at Hotmail",因为这种自动附加的信息也许会影响用户的个人邮件信息,后来 Hotmail 将"P. S."去掉,将强行插入的具有广告含义的文字去掉,但邮件接收者仍然可以看出发件人是 Hotmail 的用户,每一个用户都成了 Hotmail 的推广者,于是这种信息迅速在网络用户中自然扩散。这样,Hotmail 在创建之后的一年半时间里,就吸引了 1 200 万注册用户,而且还在以每天超过 15 万新用户的速度发展。令人不可思议的是,在网站创建的12 个月内,Hotmail 只花费很少的营销费用(还不到其直接竞争者的 3%)。Hotmail 之所以爆炸式地发展,就是利用了"病毒性营销"的巨大效力。尽管受语言因素的限制,Hotmail 的用户仍然分布在全球 220 多个国家和地区,如在瑞典和印度,Hotmail 是最大的电子邮件服务提供商,Hotmail 取得了惊人的"雪球效应"。

这就是病毒性营销的经典范例,从中我们能够看出 Hotmail 营销手段的基本程序:

(1) 提供免费 E-mail 邮箱和服务。

(2) 在每一封免费发出的信息底部附加一个简单标签:"Get your free E-mail at Hotmail"。

(3) 人们利用免费 E-mail 向朋友或同事发送信息。

(4) 接收人将看到邮件底部的信息。

(5) 接收人加入使用免费 E-mail 服务的行列。

(6) Hotmail 提供免费 E-mail 的信息将在更大的范围内扩散。

病毒性营销描述的是一种信息传递战略,包括通过任何刺激个体将营销信息向他人传递、为信息的爆炸和影响的指数级增长创造潜力的各种方式。这种营销战略像病毒一样,利用快速复制的方式将信息传向数以千计、百万计的受众。

2.4.2 病毒性营销的基本要素

美国的电子商务专家将一个有效的病毒性营销战略归纳为六项基本要素(并非一个病毒性营销战略必须包含所有要素,但包含的要素越多,营销效果可能越好)。

1）提供有价值的产品或服务

在市场营销人员的字典中，"免费"一直是最有效的词语，大多数病毒性营销计划通过提供有价值的免费产品或服务来引起用户的注意，如免费的 E-mail 服务、免费信息、免费"酷"按钮、具有强大功能的免费软件（可能不如"正版"强大）。病毒性营销战略虽然无法立刻从所提供的服务中赢利，但是通过这种方式能获得大量潜在的用户，这些用户成为有价值的营销资源，从而获得用户对其他服务的需求信息。

2）提供便利信息传递方式

病毒只在易于传染的情况下才会传播，因此，携带营销信息的媒体必须易于传递和复制。从营销的观点来看，必须把营销信息简单化，使信息容易传输。病毒性营销在互联网上得以极好地发挥作用是因为即时通信变得容易而且廉价，数字格式使得复制更加简单。

3）病毒性模型必须是可扩充的

为了让信息在用户之间不断扩散，信息传输方法必须从小到大迅速改变，Hotmail 模式的弱点在于免费 E-mail 服务需要用自己的邮件服务器来传送信息，如果这种战略非常成功，就必须迅速增加邮件服务器，否则将抑制需求的快速增加。如果病毒的复制在扩散之前就扼杀了主体，就什么目的也不能实现了，只要你提前对增加邮件服务器制订计划，就没有问题。所以，病毒性模型必须是可扩充的。

4）利用公众的积极性和行为

巧妙的病毒性营销计划利用公众的积极性。是什么原因在网络的早期使得"Netscape Now"按钮需求数目激增？是由于人们渴望"酷"的原因，贪食是人们的驱动力，同样，饥饿、爱和理解也是驱动力。通信需求的驱动产生了数以百万计的网站与数以十亿计的 E-mail 信息。为了传输而建立在公众积极性和行为基础之上的营销战略将会取得成功。

5）利用现有的通信网络

大多数人都是社会性的。例如，一个服务员在一星期里可能定时与数百位顾客联系。网络营销人员早已认识到这些人类网络的重要作用，无论是坚固的、亲密的网络还是松散的网络关系。互联网上的人们同样也发展关系网络，他们搜集 E-mail 地址以及喜欢的网站地址，会员程序开发这种网络作为建立允许的邮件列表。学会把自己的信息置于人们现有通信网络之中，将会迅速地把信息扩散出去。

6）利用别人的资源

最具创造性的病毒性营销计划利用别人的资源达到自己的目的。例如会员制计划，在别人的网站设立自己的文本或图片链接，提供免费文章的作者，试图确定他的文章在别人网页上的位置，一则发表的新闻可能被数以百计的期刊引用，成为数十万读者目读的文章的基础。别的印刷新闻或网页转发你的营销信息，耗用的是别人的而不是你自己的资源。

2.4.3　实施病毒性营销的基本方式

病毒性营销是目前所使用的最成功的网络营销手段之一，常见的方式有三种。

1）口头告知

最普遍的口头传递病毒性营销方式是"告诉一个朋友"或"推荐给朋友"，这也是大部分网站使用的方法。对于这种方法，各种网站的使用率是不一样的。对于一些娱乐网站，"告诉一个朋友"的使用率可能会高一些。但对于其他大型内容网站，仅仅使用这种方法是不够的。"告诉一个朋友"的使用率主要取决于所推荐内容的类型和用户群的特点。但这种病毒性营销方式可以降低成本并快速执行,其效果还可以通过引入竞赛和幸运抽签得以增强。

2) 相互转发

对大部分 E-mail 用户来说,这是一种很受欢迎的方式。每当我们收到有趣的图片或很酷的 Flash 游戏的附件时,通常会把它发给朋友。而他们也顺次把该附件发给他们的联系者。这种"滚雪球"效果可以轻松创建起一个分销渠道,在很短的时间内发送给成百上千的 E-mail 用户。

3) 免费服务

最成功的以服务为基础的病毒营销先驱是 Hotmail。一开始 Hotmail 很少有促销活动,但在它发出的每封邮件底端都使用一个收尾线,该收尾线包括一个短小的玩笑及其网址,企业由此获得显著发展。

例如,BraveNet 网络服务商。BraveNet 为用户提供一些诸如访客登记、论坛在线调查和 E-mail 表格的工具。当人们在一个会员网站上使用 BraveNet 的访客登记时,能看见 BraveNet 的广告,邀请他们注册 BraveNet,并获得服务。

如果你拥有一个以服务为基础的网站,你要认真考虑运用病毒性营销来发展你的网站,开发独创性的点子。

2.5 移 动 营 销

说到新型的移动营销,想必大家都会想到 APP。智能手机和平板电脑的增长,带来了移动应用快速和多样化的发展。随着新媒体技术的发展,手机成为人们生活中重要的信息传递工具,成了人类的"影子媒体"。其传递信息的快捷、便利、准确超越了以往的任何媒体,并实现了精确的分众化传播——到达每个受众点,同时每个受众都可以成为信息的传递者。在新媒体的研究中,受众研究处于中心位置。移动服务就必须能够满足消费者个人的媒体目标,也就是满足个人在使用移动设备时对所追求目标的认知需求。

📖 资料:2013 年 10 月下旬,阿里巴巴集团董事局主席马云发出了一份内部邮件,号召阿里人"把企鹅赶回南极去",并提出"到人家家里去打架,该砸的就砸,该摔的就狠狠地摔",甚至要求"每一个阿里人都要参与这场战争,因为这是阿里人在无线时代争取生存权利的努力"。在微信 5.0 出现之前,所有人都以为微信只是一个简简单单的即时通信工具,就连阿里巴巴似乎也尚未察觉。2013 年 8 月 5 日,微信 5.0 版本以"天空一声巨响,老子闪亮登场"之势强势发布,除了风靡一时的"打飞机"游戏,传了将近 1 年之久的"微信+支付"功能也华丽登场了。淘宝封杀二维码、微信过年发红包……这一系列的疯狂举措,让人们都看出来阿里巴巴和腾讯正式开战了。两位"五百年前是一家人"的互联网巨头,显然已开始"相煎"了,而如此激烈的明争暗斗,最终结果如何,且听他人分解。我们当前关注的是,传统的 PC 电商已经越来越不能满足用户需求,下一个爆发点就是移动电商、移动营销。

2.5.1 移动营销的概念

移动营销(Mobile Marketing)是指利用移动终端(手机/平板电脑)为主要渠道,在移动网络环境(2G/3G/WiFi)下直接向分众目标定向和精确地传递个性化即时信息,通过与消费者的信息互动达到市场沟通目标的行为。移动终端或者移动通信终端是指可以在移动中使用的计算机设备,广义地讲包括手机、笔记本、POS 机甚至包括车载电脑。大多数时候,移动终端=手机+平板电脑。移动营销早期称作手机互动营销或无线营销。移动营销是在强大的云端服务支持下,利用移动终端获取云端营销内容,实现把个性化即时信息精确有效地传递给消费者个人,达到"一对一"的互动营销目的。移动营销是互联网营销的一部分,它融合了现代网络经济中的"网络营销"(Online Marketing)和"数据库营销"(Database Marketing)理论,亦为经典市场营销的派生,为各种营销方法中最具潜力的部分。移动营销是整体解决方案,包括多种形式,如 Banner 广告、插屏广告、全屏广告、短信回执、HTML5 互动广告、彩信、声讯、二维码、流媒体等。移动营销是基于定量的市场调研、深入地研究目标消费者,全面地制定营销战略,运用和整合多种营销手段,来实现企业产品在市场上的营销目标。移动营销可以增大品牌知名度;收集客户资料数据库;增大客户参加活动或者拜访店面的机会;改进客户信任度和增加企业收入。

📖 资料:移动营销的发展得益于网线带宽与智能手机的普及、移动应用的丰富等因素。智能手机(Smart Phone)是指"像个人电脑一样,具有独立的操作系统,可以由用户自行安装软件、游戏等第三方服务商提供的程序,通过此类程序来不断对手机的功能进行扩充,并可以通过移动通讯网络来实现无线网络接入的这样一类手机的总称"。以 Android、IOS 等为操作系统,可提供非常好的体验。智能手机功能强大,扩展性能强,增长趋势明显,用户群体增长较快,为移动营销奠定了良好的基础。移动应用是指移动操作系统上可以执行的程序,也包括移动终端(手机/平板电脑)平台和环境下的应用程序。从表现形式上,分为两大类:客户端形式——需要在手机上安装完毕后才能使用,未来主要 iOS/Android 系统上;浏览器形式——通过手机自带浏览器或者第三方浏览器访问,叫作 Web App。从内容功能上,根据苹果 App Store 分类标准包括报纸杂志、财务、参考、导航、工具、健康、教育、旅行、美食、娱乐、商业、商品、社交、摄影、生活、体育、天气、图书、效率、新闻、医疗、音乐、游戏等应用。

2.5.2 移动营销的类型

MMS 短信中 MMS 为 Multimedia Messaging Service 的缩写,中文译为多媒体短信服务。中国移动公司把它定名为"彩信",可以用于传送文字、图片、动画、音频和视频等多媒体信息。

早期小屏幕移动设备网页通常也被称为 WAP 页或 WAP 站,原因是这类网页起源于一个叫 WAP 的无线协议,支持 WAP 技术的手机能浏览由 WML 描述的 Internet 内容。如今的小屏幕移动设备,比如手机已经具备访问 WWW 的能力,考虑移动设备的特点,开发适应移动设备使用的 WAP 站,可以更方便地将

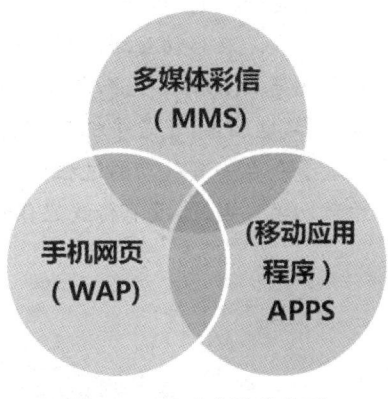

图 2-2 移动营销的类型

传统的通过计算机浏览器的网站功能直接通过手机等移动设备来实现,甚至还进行了适当的拓展。

APPS多指手机软件上的应用程序,也有应用服务的意思。功能完善的手机应用程序能够更好地实现移动终端的各种应用功能。

2.5.3 微信营销

📖 资料:2011年1月21日,腾讯推出即时通讯应用微信,可以群聊、支持发送语音短信、视频、图片和文字。与以往那些大获成功的互联网产品不同的是,微信用户全部为手机用户,并且大多为智能移动终端用户。未来世界,方寸之间,智能手机将影响世界格局。计算机互联网的出现带来了人类历史上第三次工业革命,而移动互联网的兴起将让人类科技革命整体格局再度巨变。如此宏伟的移动互联网革命,带来了3G网络以及WiFi的普及,带来了智能手机的普及,带来了基于移动设备开发的各种实用好玩的移动互联网应用,而随着这一切的就绪,人类步入了移动互联网时代。

微信营销是网络经济时代企业或个人营销模式的一种,是伴随着微信的火热而兴起的一种网络营销方式。微信不存在距离的限制,用户注册微信后,可与周围同样注册的"朋友"形成一种联系,订阅自己所需的信息,商家通过提供用户需要的信息,推广自己的产品,从而实现点对点的营销。商家通过微信公众平台,结合转介率微信会员管理系统展示商家微官网、微会员、微推送、微支付、微活动,已经形成了一种主流的线上线下微信互动营销方式。企业可以在微信上完成从市场调研到客户管理、客户服务、销售支付、老客户维护和新客户挖掘等的所有工作。微信营销的真正价值就在于"信",而微信营销的核心是如何让顾客产生对企业的依赖。

微信公众平台是腾讯公司在微信的基础上新增的功能模块,通过这一平台,个人和企业都可以打造一个微信公众账号,实现与特定群体进行文字、图片、语音等的全方位沟通与互动。目前,微信公众平台支持PC端及移动端,并可以绑定私人账号进行信息群发。很多企业客户已经在自己的微信公众平台上进行了自定义接口功能,这个接口可以接入任何公司的CRM系统。公众账号背后的企业将能够通过这个接口为用户提供更个性化的服务。目前微信上的公众账号已经从单一的以推送信息和做客服为主,向深化自定义回复、第三方接口等功能发展。有了这个第三方接口之后,这些公众账号能够实现的功能就有了无限的想象空间。

📖 资料:移动营销的未来,就是没有移动营销,因为所有营销都是移动的。我们有个说法:"数字是一定的,移动是必需的,互动是本质的。"事实上,移动营销本质在于"营销",移动是介质和形式。在移动互联网行业中,目前大家在探讨未来时讲得最多的是"云管端"或者"一云多屏",就是头上有云存储,所有内容性数据全部在云上,通过运营商的数据网络传输,而下面是电视屏、电脑屏,还是手机屏,甚至是户外公共屏,已经不重要,只是个显示终端而已。而用户或者受众在一直移动的过程中,在多个屏幕间无缝平滑过渡,内容自然连接,广告自然延续和适配切换。因此,没有传统媒体和新媒体,没有传统营销和移动营销,最终是融合的。

单 元 小 结

搜索引擎结果登录是指企业先缴纳一定的费用,然后被搜索引擎收录,通常是按被搜索引擎收录的方式和时间来收费的,目前门户网站均可提供这类服务。搜索引擎结果登录通常包括两种类型的收录:普通型登录和推广型登录。

搜索引擎竞价排名是目前最经典最常用的网络营销方法之一。因为利用关键词检索的方式,在搜索结果页面显示广告内容,可实现高级定位投放,用户也可以根据需要更换关键词,相当于在不同页面轮换投放广告,因而总体营销效果比较显著。

E-mail营销以快捷、低成本运作及信息披露的透明性成为颇受厂商和网民欢迎的营销方式。掌握E-mail营销的基本原理及使用技巧是网络营销人员的必修课之一。

企业无站点网络营销运用得当,同样可以取得满意的效果,这是许多中小企业最初接触网络的好方式,也是许多大企业网络营销的有效工具。

病毒性营销的基本思想是借鉴病毒传播的方式,开展网络营销,因此病毒性营销与病毒之间并没有任何直接的联系。在互联网之外,病毒性营销一直被称作"口碑营销""媒体杠杆"等。

智能手机与平板电脑的增长导致移动营销成为新宠,研究并实施移动营销成为现代企业的必修课。

思考题

1) 什么是搜索引擎登录? 其形式有哪些?

2) 什么是搜索引擎竞价排名? 其特点是什么?

3) 搜索引擎竞价排名有哪些常见规则? 如何应用? 如何消除搜索引擎的盲区?

4) 搜索引擎优化有哪些要点?

5) 什么是E-mail营销? 其基本形式有哪些? 其优点是什么?

6) 试简述内部列表及外部列表邮件营销的方法。

7) 如何保持客户对邮件的点击率? 如何避免商业邮件被误认为垃圾邮件?

8) 什么是无站点营销? 其常见方法有哪些?

9) 什么是病毒性营销? 其基本要素有哪些? 其基本方式有哪些?

10) 什么是移动营销? 如何利用微信平台进行移动营销?

阅读分析一: 企业搜索引擎营销之策略选择

1) 让自己的网站出现在搜索引擎搜索结果的前10名,是获得良好效果的关键

市场调查显示,85%的访问者会在搜索引擎的第一页(前10名)选择自己所需要的网站,而当企业的网站出现在搜索结果的第三页(前30名)之后,被访问的机会不超过4%。这也正是众多企业虽然建立了网站,并且在各大搜索引擎进行了登记,但依然没有获得收益的最根本原因。所以,不管企业选择哪一个搜索引擎进行推广,取胜的关键是:一定要让自己的网站出现在该搜索引擎搜索结果的前10名。

2) 搜索引擎的选择

不同的搜索引擎,无论是市场占有率还是企业的推广投入,都有很大的差别,如果企业的推广资金有限或者希望在前期尝试后再进一步大规模投入,那么选择具有最高投资收益比的搜索引擎就尤为重要。

(1)各大搜索引擎市场占有率(意味着推广效果)比较,如表2-3所示。

表2-3　各大搜索引擎市场占有率比较

(2004年2月6日调查,共5 776人参加此次调查)

问题选项	百分比	‰	票数
答案1:Google中文搜索引擎		40.131580	2318
答案2:百度搜索引擎		39.802631	2299
答案3:搜狐搜索引擎		5.678670	328
答案4:Yahoo雅虎中国搜索引擎		5.401662	312
答案5:新浪搜索引擎		5.193906	300
答案6:网易搜索引擎		3.791551	219

此调查结果从一定程度上显示出目前中文搜索引擎的人气。更旺的人气意味着更多的访问者,这是评价搜索引擎投放效果的主要指标,该指标对于搜索引擎的意义与发行量对于报纸、收视率对于电视的意义一样重要。

(2)三大搜索引擎推广投资收益比较:

第一,Google。

推广形式:Google目前最主流的推广形式是通过搜索引擎优化,使企业网站获得Google正式搜索前10名,从而具有近乎100%的机会被访问者点击。

预算:9 000元(按照企业指定关键词优化难易程度略有波动)。

效果:市场占有率40.13%,也就是说企业只要在Google一个搜索引擎获得前10名的排名,就有几乎100%的机会使40.13%的目标客户访问自己的网站。

第二,百度。

推广形式:竞价排名,即按照单次点击价格预付费,单次点击价格较高者排在前列。

预算:市场占有率39.80%,投入资金不确定,但部分案例显示投资高于Google的3倍,单次点击价格至少0.3元,此价格会因为同行竞价而显著提高。而恶意点击的问题,也使得投入金额具有更高的不确定性。

第三,新浪。

推广形式:购买固定排名,根据关键词热度不同,购买搜索结果首页第一名、第二名、第三名所需费用也分别有所不同。以开关行业为例,获得前3名的排名,为12 000元/年。

鉴于新浪搜索引擎在中国搜索引擎市场占有率仅为5.19%,由此得出,企业投资新浪搜索引擎的投资收益率远不如Google,投资收益率仅为Google的9.6%。

上述分析显示,在目前几种主要的搜索引擎推广模式中,通过搜索引擎优化获得Google搜索引擎搜索结果前10名的排名,在支出同等的推广预算的情况下,可以取得更好的推广效果。这是企业在网络时代实现低成本高收益推广的最佳选择。

分析：

（1）试具体了解某家企业，深入分析其推广策略。

（2）试结合你身边某家企业，具体分析其如何进行网站推广。（可由老师指定）

（3）试写一份网络推广建议书。

阅读分析二：雅哈咖啡综合推广

网易有一个客户叫作雅哈咖啡，它是由国际知名品牌统一生产制造的。虽然统一在茶饮料和方便面两个市场具有非常高的知名度，但作为咖啡市场的后来者，短时间内雅哈咖啡的品牌知名度和市场认知度都无法和统一的强势产品相媲美。另外，由于咖啡市场上，早已存在众所周知的行业霸主和其他一些先入品牌，市场竞争的激烈程度相当高。那么，如何在有限的市场空间内迅速提升雅哈咖啡的品牌知名度，从而带动市场份额的增长，缩小与行业领头羊之间的差距？

经过与雅哈咖啡的深入探讨，网易的工作人员发现，雅哈咖啡的目标销售人群以年轻人居多，他们具有乐于尝试新鲜事物，乐于接受时尚、亲近时尚的特点，这与网易的用户群基础是十分吻合的。对于这个乐于接受时尚的用户群来说，传统形式的广告效果不一定好，但能够吸引他们加入，成为品牌一部分的互动参与式广告的品牌信息送达率则是最高的。当时恰逢网易首页改版，就与雅哈咖啡共同设计了一个十分新颖的联合市场活动：全国摘星大行动。

摘星大行动的整个周期贯穿 2004 年春节前后，从 2004 年 1 月 7 日到 2004 年 2 月 8 日，进行全国初赛；2 月份，开始在北京、上海和广州进行分赛区复赛；3 月中旬，集中入选者在北京接受决赛前的明星训练营培训；3 月下旬，通过电视转播全国总决赛。在此期间，无论是网上报名、上传个人照片，还是网民投票初评都充分调动了网民的参与度，就连雅哈咖啡的产品网站中，也提供了丰富的背景资料和精美的动画短片，提高参与的愉悦程度。

作为中国最早的互联网公司之一，网易对于网站推广的经验更是丰富。他们设计了从硬广告到内文的全站式推广，调动了网易首页和其他页面的优秀广告资源，并针对年轻人的性格和消费特征进行广告创意，通过各种友好的广告形式来实现这些想法，并把关注摘星大行动的用户流量进一步引入到雅哈咖啡的产品网站，达到最大限度宣传产品信息的目的。这种结合有效地把年轻人在网站上积累的对于摘星大行动、对于雅哈咖啡的初步认识很快地转化成看得见、摸得着，并且和自己有关的品牌形象。

显然，在长达 2 个多月的周期里，热点被不断制造，每一阶段都由于悬念的揭晓而吸引无数网民，网民在参与过程中表达的对于雅哈咖啡的态度和感受，对雅哈咖啡来说也非常珍贵。数据是最好的证明，摘星大行动期间，投票数为 394 194 人次，网站浏览人数更达 759 494 人次。

现代网络营销理念早已公认：网络推广是网络营销的核心工作。但网络整合营销并不仅仅只有线上的部分。在雅哈咖啡这个案例中，线下的部分也得到了充分的体现和具体的发挥。

利用网易在媒体中广泛的知名度，通过召开新闻发布会、组织路演等活动来传播摘星大行动，一方面达到了吸引更多参与者的目的；另一方面起到了传播雅哈咖啡品牌的作用。

调查数据显示,咖啡在大学生的生活中几乎是不可或缺的,而大学生又乐于尝试新鲜事物,这两点很好地满足了雅哈咖啡推广的市场要求。于是,在大专院校以及周边的咖啡屋、小酒吧等高素质时尚年轻人聚集的地方,组织人员派发宣传资料和张贴大幅海报,并随印刷品赠送雅哈咖啡试用装,活动范围相对较小的学生,通过口口相传的方式很快就把雅哈品牌送达校园的每一个角落。摘星大行动复赛期间,很多年轻人到现场观看就是因为前期的面对面推广激发了他们对产品的兴趣和对赛事最终结果的关注。

这次合作有效地利用了网易作为主流门户本身强大的号召力和用户的特点,通过整合营销,将产品成功地推向市场。针对雅哈咖啡这一品牌,明确它的品牌定位,明确以客户的需求为导向,然后设计以互联网为核心的营销战略,综合支配各种资源,使网易各部门的力量与不同的营销功能和销售力量得到整合应用,帮助雅哈咖啡这一品牌实现从认知到购买的飞跃性提升。

对于本次合作,雅哈咖啡作了十分客观的评价,市场部的负责人认为:在此之前,与门户网站的合作主要是停留在硬性广告的层面上。通过这次合作,我们认识到,较之传统媒体而言,互联网媒体的特点在于其全能性及在打造品牌和营销方面的力量,这使得互联网广告的地位得以不断提升。中国互联网市场的规模在2003年已经达到了10.8亿元,比上年同期增长120%。正如互联网站既是文化产品又是技术产品一样,进入整合营销时代的网络广告也是综合上述变化之后的复合产物。理解并有效地执行整合营销策略的关键是对网络资源的全局把握和在广阔视野下的推广战略。网络广告市场的格局也许会因此而改变。

分析:试从整合营销角度具体分析本案例。

阅读分析三:什么是流氓软件

近日,一些"流氓软件"引起了软件用户和媒体的强烈关注。流氓软件采用特殊手段频繁弹出广告窗口、危及用户隐私,严重干扰用户的日常工作、数据安全和个人隐私。

1) 什么是流氓软件

流氓软件是介于病毒和正规软件之间的软件。

计算机病毒是指自身具有或使其他程序具有破坏系统功能、危害用户数据或其他恶意行为的一类程序。这类程序往往影响计算机的使用,并能够自我复制。

正规软件是指为方便用户使用计算机进行工作、娱乐而开发的面向社会公开发布的软件。

流氓软件是指具有一定的实用价值,但具备电脑病毒和黑客软件的部分特征的软件,它处在合法软件和电脑病毒之间的灰色地带,同时具备正常功能(下载、媒体播放等)和恶意行为(弹广告、开后门),极大地侵害着软件用户的权益。

2) 流氓软件的分类

根据不同的特征和危害,困扰广大软件用户的流氓软件主要有如下五类。

(1) 广告软件(Adware)。广告软件是指未经用户允许,下载并安装在用户电脑上;或与其他软件捆绑,通过弹出式广告等形式谋取商业利益的程序。此类软件往往会强制安装并无法卸载;在后台搜集用户信息谋利,危及用户隐私;频繁弹出广告,消耗系统资源,使其运行变慢等。

例如,用户安装了某下载软件后,电脑会一直弹出带有广告内容的窗口,干扰其正常使用。还有一些软件安装后,会在 IE 浏览器的工具栏位置添加与其功能不相干的广告图标,普通用户很难清除。

(2) 间谍软件(Spyware)。间谍软件是指能够在用户不知情的情况下,在其电脑上安装后门、搜集用户信息的软件。此类软件会使用户的隐私数据和重要信息被"后门程序"捕获,并被发送给黑客、商业公司等。这些"后门程序"甚至能使用户的电脑被远程操纵,组成庞大的"僵尸网络",这是目前威胁网络安全的重要隐患之一。

例如,某些软件会获取用户的软硬件配置方面的信息,并发送出去用于商业目的。

(3) 浏览器劫持软件。浏览器劫持软件是一种恶意程序,通过浏览器插件、BHO(浏览器辅助对象)、Winsock LSP 等形式对用户的浏览器进行篡改,使用户的浏览器配置不正常,被强行引导到商业网站。此类软件会在用户浏览网站时强行安装此类插件,普通用户根本无法将其卸载。一旦被劫持后,用户只要上网就会被强行引导到其指定的网站,严重影响正常上网浏览。

例如,一些不良站点会频繁弹出安装窗口,迫使用户安装某浏览器插件,甚至根本不征求用户意见,利用系统漏洞在后台强制安装到用户电脑中。这种插件还采用了不规范的软件编写技术(通常被病毒使用)来逃避用户卸载,会造成浏览器错误、系统异常重启等情况。

(4) 行为记录软件(Track Ware)。行为记录软件是指未经用户许可,窃取并分析用户隐私数据,记录用户电脑使用习惯、网络浏览习惯等个人行为的软件。此类软件会危及用户隐私,可能被黑客利用来进行网络诈骗。

例如,一些软件会在后台记录用户访问过的网站并加以分析,有的甚至会发送给专门的商业公司或机构,而此类机构会据此窥测用户的爱好,并进行相应的广告推广或商业活动。

(5) 恶意共享软件(Malicious Shareware)。恶意共享软件是指某些共享软件为了获取利益,采用诱骗手段、试用陷阱等方式强迫用户注册,或在软件体内捆绑各类恶意插件,未经允许即将其安装到用户电脑里的软件。此类软件使用"试用陷阱"强迫用户进行注册,否则用户可能会丢失个人资料等数据。软件集成的插件可能会造成用户浏览器被劫持、隐私被窃取等情况。

例如,用户安装某款媒体播放软件后,会被强迫安装与播放功能毫不相干的软件(搜索插件、下载软件)而不给出明确提示;并且用户卸载播放软件时无法自动卸载这些附加安装的软件。

又如,某加密软件的试用期过后,所有被加密的资料都会丢失,只有交费购买该软件后才能找回丢失的数据。

随着网络的发展,"流氓软件"的分类也越来越细,一些新种类的流氓软件在不断出现,分类标准必然会随之调整。

3) 流氓软件的抵制措施

不久前,北京网络行业协会发起了一次关于流氓软件的网络调查,大量网友踊跃参加,并得出抵制流氓软件的几项措施,即通常我们可采取如下方法抵制流氓软件:不要随便下载不熟悉的软件、谨慎使用共享软件、不登录不良网站、安装软件时应仔细阅读软件附带的用户协议及使用说明、使用 IE 插件屏蔽等屏蔽软件、采用其他专用软件。

在用户抵制预防的同时,更重要的是必须从源头上来整治。各软件、网站厂商应该尊重用户的安全和权益,遵守起码的职业道德,遵守软件编写规范,阻止软件产品的不规范发布和传播,只有这样才能取得用户的信任与好评。

分析:

(1) 流氓软件是病毒性营销吗? 为什么?

(2) 如何使病毒性营销更有效?

应 用 篇

3　网上调研

1）掌握网络市场调研的含义和特点；

2）掌握网络市场调研的内容，能针对具体调研项目拟定调研内容；

3）重点掌握网络信息资源的利用技巧和网络信息检索技术，能运用相应技巧完成信息的检索；

4）重点掌握网络市场调查的方法和技术，能针对具体项目选用合适的方法完成市场调研。

【本章导入】

思科公司的调研

思科公司是全球领先的互联网解决方案供应商，是美国最成功的公司之一。今天，网络作为一个平台成为了商业、教育、政府和家庭通信不可或缺的一部分，思科的互联网技术正是这些网络的基础。思科曾经做过一次网站访问者调研，在思科的问卷中，思科公司主要向访问者询问了以下内容：

（1）多长时间访问一次 Cisco.com（思科官网）。

（2）您是如何得知 Cisco.com 的？[比如 Internet 搜索引擎，思科合作伙伴，在线广告，报纸，社交网站（如 Facebook、Blogs、Twitter）]

（3）今天访问 Cisco.com 的主要目的是什么？（比如了解思科的产品或服务，购买思科的产品或服务，查找思科合作伙伴，寻求客户支持，了解培训或活动，管理我的 Cisco.com 个人资料）

（4）客户如何描述其在 Cisco.com 上查找具体信息的体验？

（5）评价思科网站的设计和外观、信息的数量、信息的质量、信息的覆盖面、信息的条理性、导航的便利性、良好的访问者支持和内容的时效性等。

（6）思科还通过网络问卷向访客询问了访客通常通过哪种途径访问 cisco.com，您是否出于休闲或工作目的使用一些社交网站，访问他们的频率，访客经常访问的其他高科技网站，以及喜欢那些网站的原因。

思考：

思科本次调研的目的是什么？如何做好网上调研？

3.1 网上调研概述

互联网已成为 21 世纪市场营销信息获取的主流方式之一。网络市场调研对于开展网络营销来说是必不可少的,它能促使企业生产适销对路的产品,及时地调整营销策略;能够引导企业推出打动人心的广告,制定出适宜的市场促销方案。

3.1.1 网上调研的概念

网络市场调研是指企业在互联网上利用信息技术开展网络市场调查,搜集网络商务信息,并将搜集到的网络商务信息进行整理和研究,发布网络市场调研报告的活动。与传统的调查方式相比,网络市场调研在组织实施、信息采集、信息处理、调查效果等方面具有明显的优势,这些优势正是网络市场调研方式产生、运用、发展的内在原因。

网络市场调研有两种方式:一种方式是利用互联网直接进行问卷调查搜集一手资料,即网上直接调查;另一种方式是利用互联网的媒体功能,从互联网搜集二手资料。由于互联网的迅速普及,许多传统报纸、杂志、电台媒体等,甚至政府机构、企事业单位等纷纷上网,使网络信息的储藏量极为丰富,这使得网络调研的关键变成如何发现和挖掘有价值的信息。通常将第二种方式称为网上间接调查。

在网络上可实现基于顾客和基于竞争者的两类市场调研,可以展示尚未试制的虚拟产品(不像传统调研中需要特制一小批样品),从而减少了新产品样品开发的费用和风险;还可以利用互动的特性让顾客自己设计他所需要的产品外观、结构等;另外,网络上的相关网络论坛、邮件清单、新闻组等场所是获得消费者对公司及竞争者评价的丰富的信息来源。网上丰富的市场调研信息还是进行数据库营销的基础。

网络市场调研主要涉及以下几个方面的问题:市场可行性研究、分析不同地区的销售机会和潜力、探索影响销售的各种因素、竞争力分析、产品研究、包装测试、价格研究、分析特定市场的特征、消费者研究、品牌形象研究、市场性质变化的动态研究、广告监测、广告效果研究等。

3.1.2 网上调研的特点

利用互联网进行市场调查是一种非常有效的方式。与传统的调查项目相比,网上调查具有以下特点。

1) 及时性和可靠性

由于互联网可以全天 24 小时持续运行,所以网络调研与传统的调研方式有着很大的不同。

2) 周期短、调研结果较为客观

由于网络上信息的传输速度很快,能够快速地传送给连接上网的网络用户,而这些对企业产品感兴趣的企业网络站点的访问者们,往往是对企业市场调研的内容作了认真的思考之后才进行回复的,因此网络市场调研的结果是比较客观真实的,并且调研周期短且针对性比较强,能够反映消费者的真实要求和市场发展的趋势。

3）调研费用低廉

在网络上进行调研,无论是调查者还是被调查者,只需拥有一台能上网的计算机就可以进行沟通和交流。调查者在企业站点上发出电子问卷,提供相关信息或者及时修改、充实相关信息,以及利用计算机对访问者反馈回来的信息进行整理和分析等,不仅十分便捷、时间周期较短,而且会大大减少企业市场调研的人力和物力的耗费。

4）具有互动性

无论传统营销还是现代网络营销,必须实行全程营销,必须在产品的设计阶段就开始充分考虑如何满足消费者的需求。实际操作中,由于缺乏适当的沟通渠道或受沟通成本的影响,消费者一般只能针对现有产品提出建议或意见,而对未来产品难以左右。此外,中小企业由于受资源的有限性和营销手段的限制,只能从自身能力或市场领导者的策略出发进行产品开发,忽略消费者的根本需求点,从而陷入被动的销售困境。在网络环境下,即使是中小企业也可通过电子公告栏、线上讨论广场和 E-mail 等方式,以极低的成本在营销的全过程中搜集消费者的有关信息,与消费者就从产品设计到定价和服务等一系列问题进行互动和沟通,使企业的营销决策有的放矢,从根本上提高消费者的满意度。

5）网络调研具有可检验性和可控制性

利用互联网进行网络调研,可以有效地对采集信息的质量实施系统的检测和控制。

（1）网络市场调查问卷可以附加全面规范的指标解释,有利于消费者消除因对指标不理解或调查员口径不一而造成的调查偏差。

（2）问卷的复核检验由计算机依据设定的检验条件和控制措施自动实施,可以有效地保证对调查问卷的 100% 的复核检验,保证检验与控制的客观公正性。

（3）通过对被调查者的身份验证技术可以有效地防止信息采集过程中的舞弊行为。

3.1.3 网上调研的内容

网络市场营销调研所涉及的范围相当广泛,凡能直接或间接作用于企业市场营销活动的各因素均应涵盖在此范围。综合看来应包括六个方面。

1）市场环境

市场环境包括外部宏观环境和内部微观环境两部分,主要涉及自然环境、政治法律环境、经济技术环境、人口环境、社会文化环境等外部环境,以及企业供应商、营销中介、竞争对手等内部因素。

2）市场需求

市场需求特指产品在特定营销环境中的现时购买总量,企业只有在适当时机把握市场需求,运用适当的营销组合策略,方能满足需求、实现赢利。它包括市场需求总量和企业可能销售量两个方面。

3）市场需求总量

市场需求总量受到地理区域大小、顾客人口总数、销售时限、产品、营销组合运用等因素的影响。

4）企业可能销售量

企业可能销售量应为市场需求总量与企业的市场占有率的乘积。用公式表示为:

$$Q_i = QS_i$$

式中　Q_i——企业可能销售量；

　　　　S_i——企业的市场占有率；

　　　　Q——市场需求总量。

5) 竞争对手状况

简而言之,竞争对手状况分析应包括产品本身和企业分析。

(1) 针对竞争对手的同质产品,尤其是无差异竞争产品,应对其使用价值、性能用途、规格设计、包装款式、价格变化、售后服务等尽可能作详尽的调查,以掌握最新资料。

(2) 企业调查分析竞争企业数量、企业生产能力、生产方式、技术水平、产品市场占有率及销售量、产品销售地区、销售方式及销售渠道、企业所处地域环境和资源禀赋状况、企业对外贸易状况、新产品开发能力与企业特长等。

6) 企业营销策略组合

市场营销调研与预测,就是要关注企业产品、价格、分销渠道、促销这四个重要支柱要素的调研与预测。

3.2　网上调研的方法和步骤

科学而周密的网络市场营销调研步骤和方法,能够有效帮助调研人员提高工作效率,实现调查目标。

3.2.1　网上调研的方法

1) 网络市场直接调研

网络市场直接调研是指为当前特定的目的在互联网上搜集一手资料或原始信息的过程。网络直接调研的方法有四种:在线问卷法、观察法、专题讨论法和实验法。

(1) 在线问卷法。在线问卷法是指调研员(除邮寄问卷调查外)通过与被调查者的交互过程获得事实、观点和态度等方面信息的方法。问卷是获取数据的一种有序的、结构化的方法。访谈可以委托专业公司在被访者家中、购物中心或企业进行。

(2) 观察法。观察法是指在不直接干预的条件下监视被调查者行为的方法。观察式调研中发展最快的形式是使用交款处的扫描仪。扫描仪可以通过条形码识别所购商品,其未来将无可限量。

(3) 专题讨论法。专题讨论法是指通过互联网上的 Usenet 新闻组、BBS 或邮件列表讨论组进行调研的方式。其步骤如下:① 确定要调查的目标市场;② 识别目标市场中要加以调查的讨论组;③ 确定可以讨论或准备讨论的具体话题;④ 登录相应的讨论组,通过过滤系统发现有用的信息,或创建新的话题,请大家讨论,从而获得有用的信息。

(4) 实验法。控制可能影响因变量的那些因素的一种方法是实验室实验。也就是说,在实验室内而不是在自然环境中进行实验。有时,调研人员创造出模拟超市环境,给消费者提供一些便条(即代金券),然后请他们像平常那样来购物。例如,通过几次改变包装设计或颜色,调研人员可以确定哪一种包装最可能刺激销售额。尽管实验室技术能提供有价值的信息,但是必须认识到,这时消费者不是在自然环境而是在实验室中。人们在实验室中的行为与实际购物情形可能是不同的。

实际实验法是调研人员用来搜集数据的又一种方法。在实验中,调研人员选择某测试地区,可以通过改变一个或多个变量,如价格、包装、设计、广告主题或广告费用,来观测这些变化对另外一个变量(通常是销售额)的影响。实验的目的是检测因果关系。最好的实验是,除那些操纵的变量外,保持其他所有因素不变。这样,调研人员可以相当肯定地进行推断。例如,销售额的变化是由于广告投入的改变引起的。

在外部环境中,要保持所有其他因素不变也是非常艰巨和花费高昂的任务。例如,各市场中竞争者的行动、气候和经济状况等因素均超出了调研人员所能控制的范围。

2)网络市场间接调研

网络市场间接调研指的是网络二手资料的搜集。二手资料的来源有很多。其中,很多单位和机构都已在互联网上建立了自己的网站,各种各样的信息都可通过访问其网站获得。再加上众多综合型ICP(互联网内容提供商)、专业型ICP,以及成千上万个搜索引擎网站,使得互联网的二手资料的搜集非常方便。

(1)网络市场间接调研的信息源。这些信息源主要有:

第一,本国政府机构网站。政府有关部门、国际贸易研究机构、设在国外的办事机构、本国的对外贸易公司、外贸咨询公司等可以提供较为详细、系统、专门化的国际市场信息资料。

第二,外国政府网站。世界各国政府都有相应的部门搜集国际市场资料,每个国家的统计机关都定期发布各种系统的统计数字,一些国家的海关甚至可以提供比公布的数字更为详尽的市场贸易和营销方面的资料。

第三,图书馆。公共图书馆和大学图书馆等,至少可以提供市场背景资料的文件和研究报告。而来自附属于对外贸易部门的图书馆则起码能提供各种贸易统计数字、有关市场的产品、价格情况,以及国际市场分销渠道和中间商的基本的市场信息资料。

第四,国际组织。与国际市场信息有关的国际组织主要有:联合国(United Nations,www.un.org),出版有关国际的和国别的贸易、工业和其他经济方面的统计资料,以及与市场发展问题有关的资料;国际贸易中心(International Trade Center,www.itc.org),提供特种产品的研究、各国市场介绍资料,还设有答复咨询的服务机构,专门提供由电子计算机处理的国际市场贸易方面的全面、完整、系统的资料;国际货币基金组织(International Monetary Fund,www.imf.org),出版有关各国和国际市场的外汇管理、贸易关系、贸易壁垒、各国对外贸易和财政经济发展情况等资料;世界银行(World Bank,www.worldbank.org);世界贸易组织(World Trade Organization,www.wto.org)。此外,一些国际性和地方性组织提供的信息资料,对了解特定地区或国际经济集团的经济贸易、市场发展、国际市场营销环境也非常有用。

第五,银行。国际性大银行免费发行的期刊上一般有全国性的经济调查、商品评论以及相关资料。

第六,商情调研机构。这些机构除委托人完成研究和咨询工作外,还定期发表市场报告和专题研究论文。

第七,相关企业。参与市场经营的各类企业是市场信息的重要来源之一。市场调研人员可通过这些企业的外联部门提供的商品目录、产品资料、价目表、经销商、批发商和经纪人一览表、年度报告，以及有关竞争者资料等，了解竞争的全貌和竞争环境。

（2）网上间接调查方法。网上间接调查方法主要是指利用互联网搜集与企业营销有关的市场、竞争者、消费者以及宏观环境等方面信息的调查方法。一般是通过搜索引擎检索有关站点的网址，然后访问想要查找信息的网站或网页。在提供信息服务和查询的网站中，网站一般都提供有信息检索和查询的功能。企业用得最多的是网上间接调查方法，因为它的信息能广泛满足企业管理决策的需要，而网上直接调查一般只适合于针对特定问题进行的专项调查。网上间接调查渠道主要有 Web、Usenet、BBS、E-mail，其中 Web 是最主要的信息来源，Web 涵盖信息包罗万象、无所不有。

（3）二手数据资料的搜集与整理。由于二手资料具有易于获得、价格便宜、能够辅助第一手资料的搜集等特点，所以研究人员在采集数据时首先考虑到的就是二手资料。尽管每一个项目均需要第一手资料的采集，但掌握丰富的二手资料对顺利、准确地采集一手资料具有重大的指导意义。研究人员可以借助于二手资料来了解他所研究的产业中通用的术语、数据和概念，这对一手资料的搜集是十分有用的。

二手数据的应用在实际中还存在一些问题，如数据的时效性、数据与研究对象的适应性、数据分类的差异性、数据来源的可信度等。鉴于统计渠道的限制，统计数据可能是抽样进行的，建议研究人员就二手资料的采集方法和采集过程中的质量进行控制，如采访二手资料的发布单位，这将更好地、更灵活地运用所采集的数据资料。

二手资料主要通过搜集一些公开的出版物、报纸、杂志、政府和有关行业提供的统计资料，了解有关产品及市场信息。这些资料的整理分析，有助于了解整个市场的宏观信息，对企业了解市场的整体情况帮助很大。获得的具体渠道有：国家各级统计机构、贸易协会、行业协会和其他工业团体及其出版物；国际组织、商务领事馆、图书馆、网络；各种媒体报道、广告资料；专业研究机构；专业的贸易出版物、金融和商务出版社、著名出版商；主要制造商、分销商发布的报告；股票市场的有关报告；公司名录簿、电话号码簿、贸易协会成员清单。

当确定市场中的主要制造商时，研究人员应搜集所有公开的资料，如公司年度报告、公司的财务平衡报表、营销策略、产品介绍、出版物、贸易出版物的封面、金融和主要出版物的封面等。

企业借助调查可以获得较为广泛的数据，并且这些数据对许多问题的研究都具有实用性。通过调查可以搜集的信息包括社会经济特征，如消费者的态度、意见、动机以及公开行为等。在市场营销调研中，调查研究是搜集有关产品特征、广告文稿、广告媒介、促销及分销渠道等信息的有效方法。整个调查研究过程由四个主要步骤组成，即确定研究目的、制定研究战略、搜集数据、分析数据。

当企业没有充足的时间来进行一项严谨的科学抽样调查，或者即使用科学研究方法也无法搜集到适当的数据时，采取专家主观估计的数据也不失为一种好办法。市场营销人员需要从专家那里搜集市场规模估计、某一事件的不确定性、对某些变数的评分或赋予的权数等。

在搜集了大量的数据之后，市场营销人员还必须借助多变量统计技术将数据中潜在的各种关系揭示出来。采用多变量统计技术包括分析两个或两个以上变量间关系的各种技术进行分析的方法,可分为两大类:一类是综合评价服务的方法,即分析某一事物的特性以及各种特性间的相互关系,将有关数据归纳为少数几个综合特征值的方法,包括因素分析、多维尺度分析等;另一类是为预测服务的方法,即将列举出的特性区分为说明变量和基础变量,根据从说明变量得出的结论来预测基础变量的方法,包括多元回归分析、方差分析等。

3.2.2 网上调研的步骤

有效的网络市场营销调研通常包括八个步骤,如图 3-1 所示。

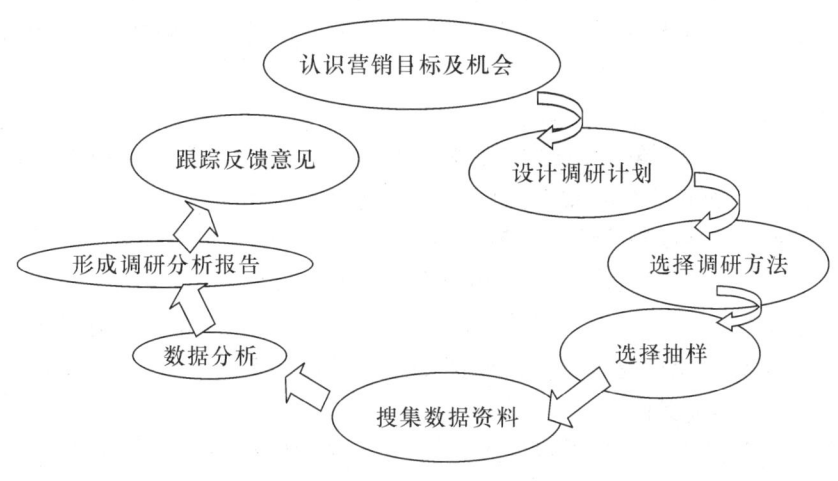

图 3-1 网上市场调研步骤

1) 认识营销目标及机会

市场调研过程始于对营销目标及机会的认识和界定。随着企业内外部环境的不断变化,企业会面临这样一些问题:"我们应该改变现行的营销策略吗?""如果需要改变,如何改变?"……通用汽车公司(GE)总裁杰克·韦尔奇就曾对无视"危机到来了"黄牌警告的做法和态度感到忍无可忍。因为他坚信,企业要想在这个快速变迁的环境中生存,就必须有新的眼光和新的策略。市场调研可以用来评估产品、促销、分销或定价。另外,也可以用于发现和评估新的市场机会。

营销调研的目标是提供有用的决策信息,需要回答与营销调研问题有关的一些具体信息。管理者必须将这些信息同自己的经验和其他信息相结合,才能作出正确的决策。而营销调研的问题必须非常具体,范围不能太宽,可以根据需要同时进行几项调研来完成同一复杂问题。

营销调研问题的正确界定将为整个调研过程提供保证和方向。良好的开端是成功的一半,而在此阶段需要细致入微的洞察力和无所畏惧的创造力。

2) 设计调研计划

营销调研人员需要建立一个回答具体调研问题及机会的框架结构。营销调研设计是指实现调研目标或检验调研假设所要实施的计划。营销调研人员需要在众多各具优缺点的调研选择中进行权衡,选取营销调研成本和决策信息质量的最优组合,当然还要兼顾调研的类型和时间限制。

（1）描述性研究。描述性研究试图回答,如谁（Who）、什么（What）、何时（When）、何地（Where）和怎样（How）的问题。它可以说明两个变量如广告和销售情况间的某种联系,但是无法提供足够的证据证明较高的广告投入会导致较高的销售额。

（2）因果性研究。因果性研究中,调研人员可以用实验法来检测一个变量是否导致或决定另一个变量的值。

3）选择调研方法

此阶段是为了确定搜集数据的方法和手段。有三种调研的基本方法:调查法、观察法、实验法。调查通常是描述性的,也有因果性的。实验几乎总是因果性的,而观察通常是描述性的。

4）选择抽样

决定抽样计划的因素包括抽样对象、样本的大小和抽样的程序。由于抽样误差的存在,抽样的统计方法准确率虽然很高,但不能完全保证其置信度。

抽取样本实际上是调研设计的一部分,但在调研过程中是一个独立的步骤。样本是总体中的一个子集。在制定抽样计划前,必须先界定所涉及的总体,也就是将要从中抽取样本的群体。它应该包括所有观点、行为、偏好、态度等能够产生有助于回答调研问题的信息的人。例如,所有每天至少吃一次中式快餐的人。总体界定后,下一个需要回答的问题是使用随机样本还是非随机样本。

随机样本总体中,每个个体的概率大于零,采用这种样本,调研人员可以估计研究中的抽样误差。非随机样本是指随机样本之外的所有类型的样本,具体来说,任何没有试图完全代表总体各部分的样本都是非随机样本。调研人员无法利用统计方法计算非随机样本的置信度。也就是说,无法确定预计的抽样误差。因此,请注意:市场调研不可能百分之百可靠,需要辅之以多种方法共同完成。

5）搜集数据资料

此阶段是花费最高也是最容易出错的阶段。在现代电信和电子技术的影响下,数据搜集方法正迅速发生变化:有的企业使用免费电话开展社会调查来取代上门访问,超市配置光学扫描器和电子收银机,有部分企业安装当地的中心终端网络或交互式终端以完成采访。

6）数据分析

数据分析的目的是要对所搜集的大量数据进行整理,使用多变量技术分析,最终完成营销报告和营销决策。在营销分析系统中,研究人员应努力采用一些先进的统计技术和决策模型,以期找到更多更好的调查结果。

7）形成调研分析报告

数据分析完成后,营销人员还必须与管理决策人员进行沟通和建议,真正达到进行市场营销调研的目的,真正对决策有实际意义,尽量减少误差。

8）跟踪反馈意见

在完成上面一系列市场营销调研过程后,关键是实施管理与控制。尽快解决部门、人员间的冲突是跟踪反馈的积极后果。

3.3 网上调研的策略

3.3.1 网上调研的技巧

互联网上大量的信息为调研人员的调查提供了极大的方便,但如何找到自己真正需要的信息还应具备一定的技巧和能力。

1) 利用搜索引擎查找资料

搜索引擎并不真正搜索互联网,它搜索的实际上是预先整理好的网页索引数据库。真正意义上的搜索引擎,通常指的是搜集了互联网上几千万到几十亿个网页并对网页中的每一个词(即关键词)进行索引,建立索引数据库的全文搜索引擎。当用户查找某个关键词的时候,所有在页面内容中包含了该关键词的网页都将作为搜索结果被搜出来。再经过复杂的计算方法进行排序后,这些结果将按照与搜索关键词的相关度高低,依次排序。搜索引擎的工作原理如下:

(1) 从互联网上搜集网页。利用能够从互联网上自动搜集网页的 Spider 系统程序,自动访问互联网,并沿着任何网页中的所有 URL"爬到"其他网页,重复这一过程,并把"爬过"的所有网页搜集回来。

(2) 建立索引数据库。利用索引系统程序对搜集回来的网页进行分析,提取相关网页信息(包括网页所在 URL、编码类型、页面内容包含的关键词、关键词位置、生成时间、大小、与其他网页的链接关系等),根据一定的相关度算法进行大量复杂的计算,得到每一个网页针对页面内容以及超链接中每一个关键词的相关度(或重要性),然后用这些相关信息建立网页索引数据库。

(3) 在索引中搜索排序。当用户输入关键词搜索后,由搜索系统程序从网页索引数据库中找到符合该关键词的所有相关网页。因为所有相关网页针对该关键词的相关度早已算好,所以只需按照现成的相关度数值排序,相关度越高,排名越靠前。

(4) 由页面生成系统将搜索结果的链接地址和页面内容摘要等内容组织起来返回给用户。

2) 利用相关的网络数据库查找资料

网络数据库有付费和免费两种。国外市场调查用的数据库一般都是付费的,我国近几年出现了几个 Web 版的数据库,但都是文献信息型的数据库。以下为目前国际上影响较大的七个主要商情数据库检索系统:

(1) DIALOG 系统。该系统是目前国际上最大的国际联机情报检索系统之一,中心设在美国加利福尼亚州,经济与商业方面的数据库文档有 149 个。网址是 www.dialog.com。

(2) ESA-IRS 系统。该系统隶属于欧洲空间组织情报检索服务中心,主要向 ESA 各成员国提供信息。到 1986 年,已有文档 80 个,其中有 28 个文档与 Dialog 系统的 35 个文档相同,网址是 www.eins.org。

(3) FIZ Technik 系统。该系统隶属于德国 FIZ Technik 专业情报中心,总部设在法兰克福,专门从事工程技术管理等方面的情报服务。在目前使用的 60 个数据库中,经济与商业方面的数据库有 21 个。网址是 www. fiz-technik. de/en。

(4) DATA-STAR 系统。该系统隶属于瑞士无线电有限公司,1992 年共有数据库 250 余个,其中经济与商业数据库近 150 个,提供商业新闻、金融信息、市场研究、贸易统计、商业分析等方面的信息。网址是 www. datastarweb. com。

(5) DUN&BRASTREET 系统。该系统隶属于邓伯氏集团,是世界上最大的国际联机检索系统之一,也是专门的商业与经济信息检索系统。它通过一个全球性的网络将各国的商业数据库链接起来,共存储有 1 600 多万家公司企业的档案数据。网址是 www. dundb. co. il。

(6) STN 系统。该系统由德国、日本、美国于 1983 年 10 月联合建成,1984 年开始提供联机服务,有远程通信网络连接着三国的计算机设备。至 1992 年年底,共有 72 个数据库,其中涉及经济与商业信息的数据库有 13 个。网址是 www. stn. com。

(7) DJN/RS 系统。DJN/RS(Dow Jones Nens/Retrieval Service)即道·琼斯新闻/检索服务系统,是美国应用最广泛的大众信息服务系统之一,由道·琼斯公司开发。DJN/RS 提供的信息服务范围十分广泛,侧重于商业和金融财经信息。网址是 www. dowjones. com。

3) 利用 BBS 搜集资料

BBS 就是在网上提供公开“场地”,任何人都可以在上面留言,回答问题或发表意见,也可以查看其他人的留言,好比在一个公共场所进行讨论一样,访问者可以随意参加也可以随意离开。

目前,许多 ICP 都提供免费的 BBS,只需申请使用即可。BBS 软件系统有两大类:一类是基于 Telnet 的文本方式,查阅不是很方便,在早期使用较多;另一类是现在使用较多的基于 WWW 的方式,它是通过 Web 加上程序(如 Java Script)实现,这种方式界面友好、受欢迎,使用方法如同浏览 WWW 网页。利用 BBS 搜集资料主要是到与主题相关的 BBS 网站上去了解情况。

4) 利用新闻组搜集资料

新闻组就是一个基于网络的计算机组合,这些计算机可以交换以一个或多个可识别标签标识的文章(或称之为消息),一般称作 Usenet 或 Newsgroup。由于新闻组使用方便,内容广泛,并且可以精确地对使用者进行分类(按兴趣爱好及类别),其中包含的各种不同类别的主题已经涵盖了人类社会所能涉及的所有内容,如科学技术、人文社会、地理历史、休闲娱乐等。使用新闻组的人主要是为了从中获得免费的信息,或相互交换免费的信息。

5) 利用 E-mail 搜集资料

E-mail 是互联网使用最广的通信方式,它不但费用低廉,而且使用方便快捷,最受用户欢迎,许多用户上网主要是为了收发 E-mail。目前,许多 ICP、传统媒体以及一些企业都利用 E-mail 发布信息。一些传统的媒体公司和企业,为保持与用户的沟通,也定期给公司用户发送 E-mail,发布公司的最新动态和有关产品服务信息。因此,通过 E-mail 搜集信息是最快捷有效的方式,搜集资料时只需要到有关网站进行注册,以后等着接收 E-mail 就可以了。

3.3.2 网上调研的几个问题

尽管网络的优势十分明显,但其缺陷也很突出,主要表现在三个方面。

1) 在线调查本身的问题

我们常常可以看到许多的网站上都设置了在线调查表,用以搜集用户反馈信息。实际上,在线调查可广泛用于产品调查、消费者行为调查、顾客意见调查、品牌形象调查等,是获得第一手调研资料的有效工具。但是,在线调查也存在种种局限,尤其在企业网站上访问量比较小、客户资料还不够丰富的情况下,获得的有效问卷数量较少,调查结果有时会出现较大的误差。为克服上述不足,在线调查设计要注意以下几点:

(1) 调查问题应该力求简明扼要。可有可无的问题或无实际价值的资料应删去,因为现代人并没有太大的耐心去回答一些无关紧要的问题,何况是在互联网上填写在线调查表。

(2) 调查问题应该容易回答。好的调查表应像好的网站一样实用,制作调查表时应试着从被调查者的角度考虑问题。

(3) 调查应让被调查者有参与某项重要活动的感觉。填写调查表应对调查者有所帮助,并激发被调查者的主动性。

(4) 调查问题不应有偏见或误导,避免使用晦涩、纯商业、幽默等容易引起人们误解或有歧义的语言。同时,不要同时提出过多问题,使回答者无法作答。

(5) 调查问题的设计应在便于回答者给予精确的答案。网络调查是一个蓬勃发展的新生事物,我们会频繁地遇到,只有设计正确的调查表,才能得到正确的反馈信息。

2) 在线调查可能存在的问题

(1) 参与调查群体的代表性。网民的构成决定了预定的被调查者是否构成群体规模,如果被调查者规模不够大,就意味着不适合在网络上进行调查。因此,网络调查要看具体的调查项目和被调查者群体的反应。

(2) 被调查者的参与性。在相对轻松和从容的网络环境中,网民可以在不与调查者会面的情况下作答,从而达到面对面提问无法比拟的效果。但如果调查表的内容比较多,被调查者可能因不愿意回答问卷或对问题不感兴趣而不填写问卷。

(3) 调查结果的可靠性。如果调查结果涉及利益或情感冲突,调查的客观性将难以得到保证。

(4) 要遵循网络行为规范和文化准则。在线调查不能采用轰炸式的邮件调查方式,因为不经受众允许就发给调查表是一种侵犯隐私权的冒犯行为。此外,网络是一种非正式的场合,问卷应制作得轻松诙谐一些,以增加调查的趣味性。

3) 随机抽取样本的数量和质量

由于网络调查的对象仅局限于上网的用户,到目前为止,还没有权威的统计资料说明有多大比例的访问者愿意参与在线调查。即使在上网用户中,网民结构也有明显的差异。如果一个网站中有 25% 的访问者愿意参与在线调查,这已经是比较理想的状况了,实际情况可能还要低一些。由于这些原因的影响,从网民中随机抽样取得的调查结果可能与消费者总体之间有一定的误差。因此,网络调查的随机抽样范围有一定的局限,抽取的样本有时甚至可能无法正确反映总体的状况,这些问题需要引起充分的重视。

单 元 小 结

本章主要介绍了网络市场营销调研的特点和概念、步骤与方法、调研策略,企业如合理运用网上调研,可以最大限度地降低营销成本,提高营销效率。

 思考题

1) 什么是网上调研? 它有哪些特点? 它包含哪些内容?
2) 结合实例论述市场营销调研的方法和步骤。
3) 网上调研有哪些技巧及注意点?

 案例分析

如何让传统调研方法在网络调研中发挥作用

1) 问卷的设计

电子网络最让人烦恼的一个问题就是你无法真正了解究竟是谁在访问你的网站,他究竟是年轻还是年迈,是男性还是女性,是贫穷还是富有,这一切都无从知晓。而市场调研却要求针对一定的目标群体来搜集资料,两者之间便产生了一定矛盾。为解决这一矛盾,就需要在正式调研前做一些准备工作,并在调研过程中运用一些技巧来分辨来访者。网络文化的最大特点是保护个人隐私,所以调研人员想获得关于网站访问者自身情况的信息是比较困难的,特别是当其意识到自己是在放弃其他娱乐活动并且花费钱财上网时,这一切会变得更加困难。要解决这个问题需要一个渐进的过程,无法一蹴而就。

对用户的基本情况进行了解,要视具体情况具体对待。若一种产品正处于市场开拓期,调研的目的一般是了解目标市场是否有潜力,而网上被调查者的年龄、性别都无法知道,即使知道,也会因为目标市场中有一些人不能上网而降低信息的可信度,所以这时的网上调研可能过于盲目,在网络还未完全普及的情况下不太适用。

对于已占有一定市场份额的产品来说,情况则不同。虽然所获信息仍不是很全面,但此时调研的重点是顾客对产品的满意度,产品需要进行哪些方面的改进等。此时,网站的访问者一般是对产品充满兴趣的,他们比较愿意回答一些私人问题。所以,可以在网页上设计一张登记表,由其填写后才可进行信息的浏览。需要注意的是,在获得这些情况后,一定要给每个访问者发一封 E-mail,以便让其感觉到自己受到了重视,必要时也可进行小小的奖励,如折扣、纪念品等,以便激起其再次访问的欲望。这样,如此往复多次后,便可邀请网站访问者在某一时间上网与公司的重要人物或研究人员进行直接交谈,开始正式的"直接"交流和调研。在交谈过程中要尽量提一些比较简单的问题,而且要学会聆听,让顾客时刻感觉到自己是上帝,那么他所提出的建议就会更加客观和真实。同时要注意,所提问题数目不宜过多。

传统的邮寄方法是通过邮电系统往返传递问卷来搜集第一手资料。将传统的邮寄方

法与电子网络技术结合,就是利用 E-mail 将问卷寄给用户,由其填写完毕后寄回网站。但要发送 E-mail,就需通过前导性调研获知用户的 E-mail 地址。具体方法可以效仿直接访问调研法中所谈的技巧进行诱导,以获得其地址,也可以设法获得"集团"E-mail 地址,如 Hotmail 集团地址。

解决了这个问题后,最重要的便是问卷的问题设计,即如何才能使用户不感到厌烦而且有动力将其寄回。任何人面对长达两页的问卷都会感到厌烦,此时有两个选择:一是,将问卷设计得简单,对用户进行小小的奖励;二是,提供丰厚的奖品而用户必须回答较多繁琐的问题。设计简短问卷最好的方法就是每个问题都只有两种选择:"是/否",用户只需轻轻点击鼠标即可完成,而且还可得到一定的奖赏。对于冗长的问卷则需要付出一定成本,提供一些实质性的奖赏,如奖金、赠送产品等。这种激励一般都能取得较好效果。另外,为了方便用户,在每份问卷上都应设置 Mailto,以提高问卷的回收率。同时,还需要警惕一些回答非常完整的问卷,过于完美的回收问卷很有可能包含一些虚假信息。

以上两种方法在网上调查中的应用,在为企业和研究者带来便利的同时,也引发了一些问题。首先,是上网费用的负担问题,如何向信息提供者支付费用,按什么标准支付? 其次,是信息真实性比传统的询问法缺少保障,问卷回答者也不能确认。传统的直接面谈访问有一定灵活性,可以察言观色,使被访问者保持一定兴趣,保证一定的真实性。而网上调研就无法随机应变,且有些问题还可能引起被访问者的不满;他会为一定利益完成这次访问,但准确性会下降。最后,传统的直接访问可以确定被访问者的身份,问题的回答具有一定代表性,而网上"直接"访问则不一定。

2) 专家调研法在网上调查中的应用

传统的专家调研法主要有两种,即"头脑风暴法"和"德尔菲法"。将传统的头脑风暴法应用于网上调查,就是邀请专家在同一时间上网,对某一问题进行讨论,以便获得建设性意见。在运用这种方法时,首先要做的是,向每一位专家发出邀请信,此时要尊重专家,尽量提供方便,就上网时间达成一致。届时,各位专家聚集到网站上,进入一个诸如聊天室的空间,由会议主持人说明调查主题并发送尽可能多的历史资料,使专家有一段思考的时间,然后由各位专家发表自己的看法。会议主持人应尽量创造一种自由、活跃、民主的气氛,支持和鼓励不同意见,激发其参与讨论的积极性,讨论的时间要适中,一般以 60 分钟为宜。这种方法在网上运用,由于各位专家都不知道对方是谁,从而减少由于权威性所带来的压力以及由于地位和名誉的考虑而不愿意发表一些意见等问题的出现。但是,应该注意的是,这一点同时也是一个缺点,因为无法确认对方是否为真正的专家。此时,最好用一些专业性很强的问题穿插在交谈中进行检验。同时,为了保证效果,应该在讨论前进行规定,不允许对别人的设想表示肯定与否定,只发表自己的想法,防止成为辩论会。另外,在讨论过程中,需要通过网络来传递各位专家的意见,可能出现由于网络阻塞而耽误时间,引起一定损失的现象;而且信息的传递有时会出现错误,导致意见的失真。

传统的德尔菲法,是一种背对背的征询专家意见的调研方法。其操作方法是通过往返邮寄匿名调查表,最终获取专家意见信息等第一手资料。因此,该种方法最适用于使用电子网络技术的网上调查。德尔菲法在网上调查中的应用与传统意义上的方法区别不大,只是应注意合理解决费用的负担问题。传统的德尔菲法中邮费可由调研方承担,而应用于网上时的上网费由谁负担呢? 此时,调研机构可专门为专家建立一个系统,并设计一种可存钱的上网卡,分发给专家;每隔一定时间存一次钱,并对上网卡的使用作一定的限制。此种方法也可用于头脑风暴法。

3) 实验调研法在网上的应用

传统的实验调研法主要用于市场销售实验,可分为实地实验法和实验室实验法两种。前者是指在自然市场环境下的实验调研;后者是指在模拟的市场环境下的实验调研。网络是一个虚拟的空间,但随着电子商务的日益普及,网上交易变得频繁起来,为实验调研法的网上推广提供了很好的环境条件。电子商务借助计算机技术、网络技术和现代通讯技术,使得交易各方当事人可通过电子方式联系、摒弃传统的纸面介质来传输数据,实现整个商务过程的电子化、数字化、网络化。这也就意味着顾客可以在网上的虚拟商店中购买到自己所需的商品,商品交易的达成可以在互联网上完成,而实际产品和劳务的物流仍通过传统的方式完成。在这种情况下,实验调研法就有了应用的可能性。

分析:试结合市场营销学中的调查实例,考虑如果采用网上调查方法则应如何操作?有哪些注意点?

4 网 站 策 略

学习目的

1) 了解企业建立网站的意义、形式,掌握企业网站的功能,能针对具体企业提出功能建设方案;

2) 掌握企业网站结构设计、内容设计、功能设计、服务设计、优化设计策略,能针对企业特点提出设计建设方案;

3) 了解域名的基本常识,掌握域名的获得、使用及管理方法,重点掌握域名的选择策略,能根据需要提出域名策略;

4) 了解企业建立网站的步骤,掌握企业建立网站的标准,重点掌握企业网站的多域名策略、设计总体原则,掌握企业网站维护的含义和内容,能进行网站内容的维护;

5) 掌握网站资源合作的含义及具体策略,重点掌握交换链接,能完成资源合作的相关工作。

【本章导入】

您的网站适于访问么

我很为国内一些中小型企业抱不平,因为一些非专业的网络公司似乎愚弄了它们。在我看来企业的网站建设是一件很谨慎的事情,应该严肃认真对待,而这些网络公司帮助企业建立的网站往往是很不适于访问的。

一些企业客户经常找到我咨询,希望我能帮助它们找到其网站的问题并为其开展在线业务提供帮助。我看了很多咨询者企业的网站,发现了很多问题。对此,我有四方面看法。

1) 不要考验访问者的耐性

很多企业网站的首页都是一个大的企业宣传FLASH,这种做法好么? 根据国内的网络现状,一个这样大的 FLASH 全部下载完毕一般需要 10 秒钟的时间,有时候甚至会需要更多的时间。罗宾曾经对一些互联网用户的访问行为进行了调查,他们一般能忍受的网页打开时间为 8 秒钟以内,当然如果该网页的信息十分重要,他们会愿意花多一些时间来等待网页完全打开。一个 FLASH 下载的时间等于或大于 10 秒钟,而大部分访问者所能容忍的等待时间是小于或等于 8 秒钟,我想企业客户应该很清楚访问者会作出何种选择。

另外说明一下,FLASH 影片中的信息搜索引擎是很难抓取的,这会对网站开展搜索引擎优化带来很大的不便。

2）漠视网站活跃度

一个网站做好了，可能几个月或几年不会有信息更新，这是我所看到的企业网站所存在的现象。每个企业都期望有很多的访问者去访问其网站，并且经常回访，但是一个长期不更新的网站如何赢得访问者的关注？网络公司在给企业做网站策划时就应该考虑到这个问题，应该帮助他们开辟一个能让访问者了解行业最新发展和获取知识的一个栏目。记住，每个访问者都是极具好奇心的，如果能抓住他们的好奇心，网站的活跃度一定会很高，这对促成访问者的购买率有相当大的帮助。

3）缺乏在线互动

你如果访问了很多中小型企业的网站，就会发现客户通过网站能与企业联系的渠道无非是三种：电话、E-mail 和留言本。而很多企业都采用了电话和 E-mail 联系的方式，只有很少数的企业才启用留言本来和咨询者互动。在线互动，直接明了而没有很多繁琐的操作，这对于互动的双方来说都极大地降低了成本，何乐而不为？

4）不利于营销拓展

很多企业客户正在逐渐意识到搜索引擎营销的重要性，尤其是搜索引擎优化。但是，当我对他们的站点进行诊断分析的时候却发现很多不合理的规划为搜索引擎优化策略的执行设置了障碍，如大量 FLASH 的运用和对动态程序的盲目热衷等。

作为企业网站的负责人，你应该很清楚地明白建设网站的目的是什么。企业发布网站是想通过网络对其品牌进行宣传而推动其在线销售，但是很多企业尤为看重网站的美工设计和动画效果。如何评价一个网站是否成功？那就要看这个网站有没有人访问，并且有没有人通过网站购买企业的产品或服务。

（作者：罗宾　原载：点石互动搜索引擎优化团队博客）

思考：

随机搜索几个企业网站，试分析它们适于访问吗？

4.1　企业网站概述

4.1.1　企业网站的意义

企业网站就是将企业的有关情况（如企业概况、产品名称、图片、规格、技术参数等）制作成有机地组合的各信息模块，将文字、图像、动画、视频等各种形式的媒体进行有机组合，从而生动、形象地表达企业的产品、服务、形象等内容，以作为企业网上商务的一个窗口。企业网站是一个综合性的网络营销工具，不仅与其他营销方法具有直接的关系，也构成了开展网络营销的基础。整个网络营销方法可分为无站点网络营销和基于企业网站的网络营销，后者在网络营销中居于支配地位，这也是在网络营销体系中不能脱离企业网站的根本原因。它的作用是使企业在互联网上建立一套完整的系统，使企业可以足不出户地完成产品销售，健全和完善企业的售后服务机制，提升企业品牌含量。

目前,网络营销逐渐成为企业的主要营销手段,企业网站作为企业信息的载体,是网络营销的基础,通过网站能让客户找到所需产品和服务,能吸引客户、留住客户。

3.1.2 企业网站的形式

一个企业网站应该具备什么样的功能,以及采取什么样的表现形式,并没有统一的模式。一个最简单的企业网站也许只需要千元左右就可以运转,而一个功能完善的电子商务网站花费几百万元也不足为奇。一般来说,企业网站建设和企业的经营战略、产品特性、财务预算以及当时的建站目的等因素有着直接关系。

尽管每个企业网站规模不同,表现形式各有特色,但从经营的实质来说,不外乎信息发布型、产品销售型、综合电子商务型三种基本形式。一个综合性电子商务网站实际上包含了前两种基本形式的内容。不同形式的网站的表现形式、实现功能、经营方式、建站方式、投资规模也各不相同。资金雄厚的企业可能直接建立一个具备开展电子商务功能的综合性网站,而一般的企业第一步也许只是将网站作为企业信息发布的窗口。

1) 信息发布型企业网站

信息发布型企业网站属于初级形态的企业网站,不需要太复杂的技术,而是将网站作为一种信息载体,主要功能定位于企业信息发布,包括公司新闻、产品信息、采购信息等用户、销售商和供应商所关心的内容,多用于品牌推广以及沟通,网站本身并不具备完善的网上订单跟踪处理功能。其实,这些内容也是所有网站所必需的基本内容,即使是一个功能完善的电子商务网站一般也离不开这些基本信息。这种类型的网站由于建设和维护比较简单,资金投入也很少,初步解决了企业上网的需要。因此,这是中小企业网站的主流形式。即使对于一些大型网站,在企业 e 化进程中也并非都一步到位,在真正开展电子商务之前,网站的内容通常也是以信息发布为主。因此,这类网站有广泛的代表性。

2) 产品销售型企业网站

在发布企业产品信息的基础上,增加网上接受订单和支付的功能,就具备了网上销售的条件。产品销售型企业网站的价值在于企业基于网站直接面向用户提供产品销售或服务,改变传统的分销渠道,减少中间流通环节,从而降低总成本,增强竞争力。此类网站通常适用于销售消费类产品或办公用品等,网上直销是企业开展电子商务的一种方式,但并不是每个企业都可以做到这一点,此方法也不一定适合所有类型的企业。

首创了具有革命性"直线订购模式"的戴尔计算机公司在 1994 年就建立了自己的企业网站 www.dell.com,并在 1996 年加入了电子商务功能,现在该网站包括 80 个国家的站点。

3) 综合电子商务型企业网站

网上销售是企业销售方式的电子化,但还远不是企业电子商务的全部内容,企业网站的高级形态,不仅仅是将企业信息发布到互联网上,也不仅仅是用来销售公司的产品,而是集成了包括供应链管理在内的整个企业流程一体化的信息处理系统。在这方面,海尔集团网站带给我们很大的启示。

📖 海尔集团于 2000 年 3 月 10 日投资成立海尔电子商务有限公司,首开国内家电行业成立电子商务公司的先河。2000 年 4 月,海尔集团电子商务系统开始运行。海尔集团网站也成了名副其实的电子商务网站,除了具备一般信息发布型网站的基本内容之外,在顾客服务、顾客关系(海尔俱乐部)方面都比较完善,还建立了完善的网上零售(B2C)体系,可以快速地满足用户的个性化需求,同时,面对供应商的企业间电子商务平台(B2B)也在展示着一个现代企业的风采。

无论海尔还是戴尔,在电子商务的进程中,无疑都是领路者和成功者。支撑一个庞大的电子商务体系依赖于企业的实力,但很多企业并不具有这样的实力,所以通常只能从企业上网的初级形态开始逐步发展。

4.1.3 企业网站的功能

建设一个企业网站,不是为了赶时髦,也不是为了标榜自己的实力,而是在于让网站真正发挥作用,使网站成为有效的网络营销工具和网上销售渠道。一个企业网站应该具备什么样的功能,以及采取什么样的表现形式,并没有统一的模式,一个最简单的企业网站也许只是几个网页的介绍资料,而一个功能完善的企业网站可能整合了从供应链、产品管理、销售管理到客户管理系统的整个流程。一般来说,企业网站建设和企业的经营战略、产品特性、财务预算以及当时的建站目的等因素有着直接关系。

1) 树立企业形象,增进企业的竞争力

互联网初始层面的作用就是展示企业形象,就像利用各种传统媒体发布的企业形象宣传广告,所不同的是网络费用低廉、有效时间长、速度快、更新便捷。企业应认真考虑其竞争优势,尤其是核心竞争力在哪里,如企业产品的突出优点、客户服务的优势等,企业要仔细分析自己的竞争优势,多准备一些相关的资料,并且要了解为什么访问者会浏览本企业的站点而非竞争者的站点。企业应该对竞争者的站点进行比较细致的分析,看看其网站上都提供了什么样的内容,针对的访问对象和企业网站内容的不同,就能更加清楚自己的优点和不足,从而做到扬长避短。实际上,对竞争者站点的分析应该贯穿于整个企业站点的建设过程之中,通过全面的分析从而吸取它们的长处,避免它们的短处。因此,不能仅考虑"我的品牌与竞争者的差异",还必须问一问自己:"我的网站与竞争者有哪些差异?"努力搜集本企业的相关资料,将之投放到互联网,于无形中塑造企业形象,提高企业知名度,一定能为企业赢得更多的客户和潜在客户。

2) 发布信息,增进与客户沟通

组建企业营销网站,可以把企业信息和产品信息放到网上,以获取更多的商业机会并提升企业市场竞争力,这是企业走近电子商务的第一步。企业在搜集网站资料以及以后的网站维护中要注意,这是一个拓展企业营销渠道的方式。企业可以利用互联网最经济、最有效地向外界提供企业的相关信息,以服务顾客。通过互联网,及时提供企业的最新消息,如新产品研发、价格调整、市场业绩、促销信息等。企业还可以将互联网作为销售辅助工具,随时随地为处于第一线的销售人员提供各种即时性的企业信息,以支援销售活动并与销售人员随时保持沟通联系,避免市场失误,降低市场损失。

另外,在搜集企业信息时要确定企业的目标访问者,要清楚访问者访问企业网站的原因,也就是要考虑这些目标访问者的需求问题,只有有针对性地提供网站信息内容,才能更好地吸引访问者。如果访问者关心售后服务甚于产品价格,网站上就应该更多强调售后服务的内容;如果访问者更关心个性化需求能否得到满足,网站上就应该努力提供定制化的内容。通过网站,企业可以即时得到客户对企业产品的意见和对企业的建议,并迅速反应,然后通过网站反馈给客户,这是企业与客户交流的桥梁。准备一些日常需要客户填写的表格,将它转化为电子表格并发布在网站上,并通过一系列促销活动,搜集大量客户信息,组建自己的潜在客户数据库,并在网上或网下追踪,可能会开发许多新的客户。企业可以充分利用网站为客户提供定制化的产品。

3) 开拓市场,推销新品

在目前竞争激烈的市场中,企业要不断挖掘并展示自身的优势,中小企业在与大企业竞争过程中存在着明显的劣势。而互联网最大的特点就是它的开放性和跨地域性,开放性决定了互联网信息的共享,这一特点为中小企业赢得了与大企业相抗衡的可能性。通过互联网的信息资源共享,中小企业可以获得对现代企业至关重要而以常规方式又无力搜集的市场信息。跨地域性使企业营销突破了传统市场的地域限制和市场规模,因此,互联网使中小企业得以与大企业在同一起跑线上竞技。

互联网是与顾客沟通的重要工具,同时也是推销新产品的重要渠道。通过互联网可以从各方面介绍被推销的新产品。企业可以利用网络进行新产品市场试销,测试新产品的市场反应,并得到即时的反馈。在商业活动中一张照片可以胜过千言万语,企业可以通过互联网提供企业照片、声音及图片档案等多媒体信息来服务顾客。

4) 提供客户服务

互联网最大的优势就是可以一天 24 小时为企业和企业的客户服务。企业在营销过程中,经常会遇到客户提出的各种问题,而其中有很多问题是重复的,因此,企业可以将客户最关心的问题进行汇总,公布在网站上,并给出答案,也就是我们常说的 FAQ,而不必再为重复答复这些问题耗费太多的资源,从而使企业的工作更具效率。

客户服务的重要性已经被众多企业认识到,目前市场竞争的激烈性导致产品的差异迅速缩小,售前、售后服务的个性化日益突出,很多企业都在着力加强这方面的宣传力度,网站是一个交互性极强、反应迅速的媒体,通过网站搜集消费者的反馈信息,有助于提高客户服务的质量,从而为企业赢得更多的客户,创造更多的效益。如果企业的经营重点侧重于服务,企业应该根据自己的特点为自己的服务设计一种网络营销风格,并在网站建设中努力营造这种风格;如果企业确实能够做到保障客户的利益,好好整理一下这方面的资料,将各种措施展示出来,它会给顾客在互联网这个虚拟的空间留下一个好印象,通过提供良好的客户服务来提升企业的竞争力。

"先付出,再索取",这是网络营销的一个很实用的方法,面对不计其数的企业网站,如果企业无法为消费者提供任何利益,消费者是不可能想到企业的。因此,企业要明确能够为消费者带来什么样的利益,准备一切有利于消费者的资料,筹划各种有利于消费者的活动,通过网站进行宣传,同时配合网下运作。例如,可以在网上发布信息后配合在网下举行促销活动,或为注册用户提供礼品,企业应尽可能多地为其客户或消费者提供好处。

5) 刺激需求

在社会财富极其丰富的当今社会,存在着庞大的潜在需求,但顾客往往意识不到自己的需求是什么,而在对各种商品信息的浏览过程中,潜在需求以某种形式被激发出来,从而形成消费。现代广告及市场营销的一个重点即如何激发、释放这种潜在需求。在网站营销方面,企业同样可以利用网络的优势,其关键是在相关信息资源的整合方面多下工夫,给访问者一个增进各方面相关知识的空间,并合理地将产品信息结合在其他信息之中,从而巧妙地刺激访问者的潜在需求。

企业网站是否具备上述功能,也就是判断网站是否具有网络营销价值的指标之一。同时,在建设企业网站时要考虑网站推广的需要,做到既要符合用户的需求特点,又要适合搜索引擎的检索,让更多的用户通过搜索引擎等网络工具发现网站,从而最终成为产品或服务的用户。

4.2　营销导向型网站设计策略

4.2.1　网站结构设计

网站结构的设计包括网站布局、栏目设置等内容。网站栏目设置是一个网站结构的基础,也是网站导航的基础,应做到设置合理、层次分明。一般来说,一个企业网站的一级栏目不应超过 8 个,而栏目层次以 3 级以内比较合适,过多的栏目数量和栏目层次都会给浏览者带来麻烦。栏目围绕主题设置,这样的网站显得专业、主题突出,容易给人留下深刻印象。

网页布局是指当网站栏目结果确定之后,为了满足栏目设置的要求需要进行的网页模板规划。网页布局主要包括网页结构定位方式、网站菜单和导航设置、网页信息的排放位置和网站首页设计等。

1) 网页结构定位方式

网页结构定位通常有表格定位和框架结构两种方式。由于框架结构将一个页面划分为多个窗口时,破坏了网页的基本用户界面,很容易发生一些意想不到的情况,如容易产生链接错误、不能为用户所看到的每一框架都设置一个标题等,有些搜索引擎对框架结构页面不能正确处理,会影响到搜索结果的排列名次,因此,现在多数网站都不采用框架结构。表格定位则是在同一个页面中,将一个表格(或者被拆分为几个表格)划分为若干板块来分别放置不同的信息内容。

📖 资料:在网页结构定位时,有一个重要的参数需要确定,即网页的宽度。确定网页宽度通常有固定像素模式和显示屏自适应模式。固定像素是指无论用户的显示器设置为多大的分辨率,网页都按照固定像素(如760像素)的宽度显示,而自适应模式是根据用户显示器的分辨率将网页宽度自动调整到显示屏的一定比例(如 100%)。自适应模式从理论上说比较符合个性化的要求,但由于用户使用不同分辨率的显示器浏览时,信息内容显示效果是不同的,会出现不合适的文字分行或者其他影响显示效果的问题,因此在对设计要求比较高的网站中都采用固定像素的表格定位方式。

目前,许多网站上都有"建议使用 800 像素×600 像素 IE 5.0 以上浏览器浏览本站以获得最佳显示效果"的提示。而实际上,作为网络营销导向的专业化企业网站的建设,应主动研究用户浏览习惯的发展变化,让大多数用户浏览企业的网站时,在不更改显示模式的情况下获得最佳的显示效果,而不是在网页下面给出提示。调查表明,目前采用1 024像素×768 像素及以上设置的用户比例已经达到 50%以上。

2) 网站菜单和导航设置

(1) 网站菜单设置。网站的菜单一般是指各级栏目,由一级栏目组成的菜单称主菜单。

这个菜单一般会出现在所有页面上,在网站首页一般只有一级栏目的菜单,而在一级栏目的首页(在大型网站中一般称为频道),则可能出现栏目进一步细分的菜单,可称为栏目菜单,或者辅菜单。

(2)网站导航设置。网站的导航设置是在网站栏目结构的基础上,进一步为用户浏览网站提供的提示系统。由于各个网站设计并没有统一的标准,不仅菜单设置各不相同,打开网页的方式也有区别,有些是在同一窗口打开新网页,有些是新打开一个浏览器窗口。因此,仅有网站栏目菜单有时会让用户在浏览网页的过程中迷失方向,如无法回到首页或者上一级页面等,因而还需要辅助性的导航来帮助用户方便地使用网站信息。辅助性的导航系统一般是通过在各个栏目的主菜单下面设置一个辅助菜单来说明用户目前所在网页在网站中的位置。其表现形式比较单一,一般为:首页——一级栏目——二级栏目——三级栏目——内容页面。如果网站内容较多,专门设计一个导航页面是非常必要的,这个页面为用户查找信息提供了方便,有些搜索引擎在网站中检索信息时也会访问这个导航页面,通常是采用静态网页的方式建立一个站点地图网页。

此外,如果网站功能和服务较多,新用户使用这些服务可能遇到较多问题时,有些网站采用专门设计的智能导航系统,或者提供实时在线帮助,这些形式实质上已经不仅仅是导航,而是与在线服务功能结合在一起。

3)网页信息的排放位置

对于网页上信息的排列布局并没有统一的规定,但通过对互联网用户的行为特征、主要搜索引擎抓取网页摘要信息的方式以及一些优秀网站网页设计布局的分析,可以归为以下原则。

(1)将最重要的信息放在首页显著位置,一般来说,包括产品促销信息、新产品信息、企业要闻等,企业网站不同于大型门户网站,页面内容不宜太繁杂,与网络营销无关的信息尽量不要放置在主要页面。

(2)在页面左上角放置企业Logo,这是网络品牌展示的一种表现方式。

(3)为每个页面预留一定的广告位置,这样不仅可以为自己的产品进行推广,还可以作为一种网络营销资源与合作伙伴展开合作推广。

(4)在网站首页等主要页面预留一个合作伙伴链接区,这是开展网站合作的基本需要。

(5)公司介绍、联系信息、网站地图等网站公共菜单一般放置在网页最下方。

(6)站内检索、会员注册、登录等服务放置在右侧或中上方显著位置。

4)网站首页设计

网站首页是企业网站的门面,因此很多企业网站对网站首页设计非常关注。现在有一种普遍现象,在很多企业网站的首页都是一个漂亮的"欢迎页面",展示一些图片、动画或者其他多媒体文件,所表现的信息大多和企业形象或者核心业务无关。据了解,一些企业喜欢采用这种方式的主要原因是觉得直接进入产品介绍页面,会显得内容贫乏,而且不够专业。其实这种担心是不必要的,因为用户浏览一个网站的目的是要了解有关产品或服务的信息,而不是欣赏美术作品,那些无关的内容往往会占用访问者的时间,甚至转移用户的视线。如果一定要采用一个漂亮网页作为首页时,不妨通过一些多媒体手段,在展示企业品牌形象方面下点工夫,尽量不要放置与企业毫无关系的内容。

4.2.2 网站内容设计

网站内容是用户通过企业网站可以看到的所有信息,也就是企业希望通过网站向用户传递的所有信息。网站内容包括所有可以在网上被用户通过视觉或听觉感知的信息,如文字、图片、视频、音频等。一般来说,文字信息是企业网站的主要表现形式。

1) 网站内容的服务对象

归根结底,企业网站的内容是为了让用户进行浏览,一个企业网站不同于专业的 ICP 或者门户网站,不可能也没有必要包罗万象。每个企业有自己特定的产品和服务,网站的内容应围绕企业的核心业务设置,只有在网站可以满足用户信息需要的前提下,网站的网络营销功能才能真正地发挥作用。

用户需要什么信息呢? 这是在进行网站规划时必须要考虑的问题。要回答这个问题,需要对目标用户的需求特征和行为作一些必要的调研,首先必须分析可能的访问者有哪些,然后有针对性地设计相关内容,这样才能做到有的放矢。一般来说,一个企业网站主要的访问者有直接用户、经销商、设备和原材料供应商、竞争者等。尤其对于企业的现有用户和潜在用户的需求特点,有必要做深入研究。而竞争者来访的目的无非是了解企业的新动向、网站设计水平及是否有值得借鉴的地方。对此,在发布有关内容时应该给予适当的"防备",而不是让竞争者满载而归。

📖 资料: 既然企业的现有用户和潜在用户是网站内容设计的重点考虑对象,那么就要认真分析他们需要什么信息。以一家电视机生产企业为例,一个用户访问某企业网站的目的大致有几种:看看有什么新产品、对比不同规格产品的性能和价格、对比其他品牌的同类产品、查询本地销售商和保修地址等,如果可以进行网上订购,用户自然也希望了解与此相关的信息,如订货方式、支付手段、送货时间和费用、退换商品政策等,因此,这些内容应该作为网站的重点。

然而,很多网站在内容设计上"跑题"的现象却时常发生。即使在电子商务已经比较发达的美国,企业网站设计不合理的状况也十分明显。这种状况应该引起重视。

2) 企业网站的一般内容

根据企业网站信息的作用,可以将应有的基本内容分为如下七类,这些信息类别也是规划网站栏目结构时主要的考虑因素。

(1) 企业信息。企业信息是为了让新访问者对企业状况有初步的了解。企业是否可以获得用户的信任,在很大程度上取决于这些基本信息。在企业信息中,如果内容比较丰富,可以进一步分解为若干子栏目,如企业概况、发展历程、企业动态、媒体报道、主要业绩(证书、数据)、组织结构、企业主要领导人员介绍、联系方式等。

📖 资料: 考虑到企业概况和联系方式等基本信息的重要性,有时也将这些内容以公共栏目的形式,作为独立菜单出现在每个网页下方,如有必要,详细的联系方式(尤其是服务电话等用户最需要了解的信息)等也可以直接出现在每个网页的适当位置。对于联系信息应尽可能详尽,除了企业的地址、电话、传真、邮政编码、网管、E-mail 地址等基本信息之外,最好能详细地列出客户或者业务伙伴可能需要联系的具体部门的各种联系方式。对于有分支机构的企业,还应当有各地分支机构的联系方式,以便在为用户提供便利的同时,起到对各地分支机构业务的支持作用。

（2）产品信息。企业网站上的产品信息应全面反映所有系列和各种型号的产品,对产品进行详尽的介绍,如有必要,除了文字介绍之外,可配备相应的图片资料、视频文件等。用户的购买决策是一个复杂的过程,其中可能受到多种因素的影响,因此企业在产品信息中除了产品型号、性能等基本信息之外,其他有助于用户产生信任和购买决策的信息,都可以用适当的方式发布在企业网站上,如有关机构和专家的检测和鉴定、用户评论、相关产品知识等。

产品信息通常可以按照产品类别分为不同的子栏目。如果公司产品种类比较多,无法在简单的目录中全部列出,为了让用户能够方便地找到所需要的产品,除了设计详细的分级目录之外,还有必要增加产品的搜索功能。

在产品信息中,有关价格信息是用户关心的问题之一。对于一些通用产品及价格相对稳定的产品,应该标明产品价格。考虑到保密性或者非标准定价的问题,有些产品的价格无法在网上公开,但也应尽可能地为用户了解相关信息提供方便。例如,为用户提供一个了解价格的详细的联系方式可作为一种补偿办法。

（3）用户服务信息。用户对不同企业、不同产品所期望获得的服务有很大差别,有些网站产品使用比较复杂、产品规格型号繁多,往往需要提供较多的服务信息才能满足顾客的需要,而一些标准化产品或者日常生活用品相对要简单一些。网站的服务信息常见的有产品选择和使用常识、产品说明书、在线问答等。

（4）促销信息。当网站拥有一定的访问量时,企业网站本身便具有一定的广告价值,因此,可在自己的网站上发布促销广告、有奖竞赛、有奖征文、下载优惠券等。网上的促销活动通常与网下的促销活动结合进行,网站可以作为一种有效的补充,供用户了解促销活动细则、参与报名等。

（5）销售信息。当用户对于企业和产品有一定程度的了解,并且产生了购买动机之后,企业在网站上应为用户购买提供进一步的支持,以促成销售（无论是网上还是网下销售）。用户在决定购买产品之后,仍需要进一步了解相关的购买信息,如最方便的网下销售地点、网上订购方式、售后服务措施等。

第一,销售网络。研究表明,尽管目前一般企业的网上销售还没有成为主流方式,但用户从网上了解产品信息而在网下购买的现象却非常普遍,尤其是高档产品以及技术含量高的新产品。因此,应通过公布企业产品销售网络的方式尽可能详尽地告诉用户在什么地方可以买到他所需要的产品。

第二,网上订购。企业网站如果具有网上销售功能,应对网上购物流程作详细说明。即使企业网站并没有实现整个电子商务流程,针对相关产品为用户设计一个网上订购意向表单仍然是必要的,这样可以免去用户打电话或者发 E-mail 订购的麻烦。

第三,售后服务。有关质量保证条款、售后服务措施以及各地售后服务的联系方式等都是用户比较关心的信息。而且,是否可以在本地获得售后服务往往是影响用户购买决策的重要因素之一,企业应该尽可能地予以详细说明。

（6）公众信息。公众信息是指以非用户身份对企业进行了解所获得的信息,如投资人、媒体记者、调查研究人员等,这些人员访问网站虽然并非以了解和购买产品为目的（当然这些人也有成为企业顾客的可能）,但同样对企业的公众形象等具有不可低估的影响。对于公开上市的企业或者知名企业而言,对网站上的公众信息应给予足够的重视。

（7）其他信息。根据企业的需要，可以在网站上发表其他的有关信息，如招聘信息、采购信息等。在进行企业信息的选择和发布时，应掌握一定的原则：有价值的信息应尽量丰富、完整、及时；不必要的信息和服务，如天气预报、社会新闻、生活服务、免费邮箱等应力求避免。因为，用户获取这些信息通常会通过相关的专业网站和大型门户网站，而不是某个企业网站。另外，在公布有关技术资料时应注意保密，避免被竞争对手利用，造成不必要的损失。

4.2.3 网站功能设计

前面内容是以静态的方式去描述企业网站内容，即说明网站应该涉及的基本信息。这些内容一经完成，在相当长的一个阶段内可能不需要频繁地更改。但是，网站的价值很难通过这些基本信息充分表现出来，只有合理地利用企业网站这块企业自己拥有的宣传阵地，才能够达到事半功倍的效果。从技术角度看，一个企业网站须有网站功能的支持才能实现应有的网络营销功能。

企业网站的功能可分为前台和后台两个部分，前台即用户可以通过浏览器看到和操作的内容，后台则是指通过运营人员的操作才能在前台实现的相应功能。后台的功能是为了实现前台的功能而设计的，前台的功能是后台功能的对外表现，通过后台来实现对前台信息和功能的管理。例如，在网站上看到的企业新闻、产品介绍等就是网站运营人员通过后台的信息发布功能实现的。在前台，用户看到的通常只是信息本身，看不到信息的发布过程。对于邮件列表功能，用户在前台看到的通常只是一个输入 E-mail 地址的订阅框，而用户 E-mail 地址的管理和 E-mail 的发送等功能都是通过后台才能实现的。

网站的技术功能需要在网站策划阶段确定，功能开发完成之后在一个阶段内将保持稳定，因此需要认真研究，尽量不要遗漏重要功能，但也没有必要投入无谓的资金开发过于超前的功能，有些功能可以待网站改版和功能升级时再进行重新策划。一个企业网站需要哪些功能主要取决于网络营销策略、财务预算、网站维护管理能力等因素。下面列出的是企业企业网站常用的部分功能，对于一些大型网站则会有更为复杂的功能需求。

1）信息发布

除了最简单的仅有少数几个静态网页的企业网站之外，现在一般企业网站多采用后台信息发布的方式，企业网站上的多数信息都可以通过信息发布功能来实现，如企业动态、媒体报道、招聘信息、产品介绍等。

2）产品管理

如果产品品种较多并且不断有新产品推出，那么，为便于网站信息维护，就需要设计产品管理功能，实现产品资料的增加、删除、修改。

3）会员管理

如果需要用户注册才能获得某些服务，或者希望用户参与某些活动，那么用户管理功能是很重要的。

4）订单管理

具有在线销售功能的网站，订单管理是必不可少的功能。

5）邮件列表

邮件列表在顾客关系、顾客服务、产品促销等方面都有良好的效果，是开展 E-mail 营销的必要功能,如果企业有计划采用邮件列表营销手段,那么建立邮件列表平台是基础条件之一。

6) 网络论坛管理

一般来说,小型企业网站中的网络论坛能发挥多大的价值还有待于进一步研究,但是一些大型企业网站、行业网站以及专业网站中的网络论坛所发挥的作用是很明显的。因此,在条件许可的情况下,设立一个网络论坛很有必要。

7) 在线帮助

在线帮助包括 FAQ、问题提交及解答、即时信息等,可以根据需要选择相应的功能。

8) 站内检索

信息量大,或者产品较多时,站内检索功能为用户提供了很大的方便,同时,通过用户对这个检索工具的应用状况进行分析,也可以发现用户对站内信息和产品的关注情况,具有一定的市场研究价值。

9) 广告管理

企业网站内有一些很有价值的广告空间,广告管理系统用于站内各种网络广告资源的管理,如广告的更换、点击情况的统计等。

10) 在线调查

企业网站本身所具有的在线调查功能就是通过这个功能来实现的,一个高质量的在线调查系统可以从多方面获取用户的反馈信息,是开展市场调研不可缺少的手段之一。

11) 流量统计

网站流量统计分析是检验网络营销效果的必要手段之一,也是分析用户行为、发现网站设计和功能是否存在问题的辅助工具。一个完善的网站流量统计比较复杂,因此,通常采用专业服务商提供的专业软件来实现。

4. 2. 4 网站服务设计

企业网站的服务也是网站的基本要素之一,如果一个网站只有简单的企业简介和产品介绍,不仅会显得内容比较贫乏,而且也无法满足用户对于网站信息的需求,因此有必要根据产品特点和用户的需求特征提供相应的服务内容。在这些服务中,有些已经包含在网站的基本内容中(如常见问题解答),有些则需要与产品相结合才能发挥作用。企业网站服务的实现通常需要相应功能的支持。网站服务的内容和形式很多,常见的有:

1) 产品选购和保养知识

相对于生产商和销售商来说,用户的产品知识总是比较欠缺的,利用网站为用户提供尽可能多的产品知识是培养市场的有效方法之一。

2) 产品说明书

除了随产品附送说明书之外,在网上发布详细的产品说明对于用户了解产品具有积极意义。

3) 常见问题解答

企业将用户在使用网站服务、了解和选购产品过程中可能遇到的问题整理为一个常见问题解答,并根据用户的问题不断增加和完善这个 FAQ,不仅方便了用户,也节省了顾客服务时间和服务成本。一个优秀的 FAQ 可以完成 80% 的在线顾客服务任务。

4）在线问题咨询

如果用户的问题比较特殊,企业需要专门给予回答,开设这种问题解答服务是很有必要的,不仅解决了顾客的咨询,从中也可以了解到一些顾客对产品的看法。

5）即时信息服务

在条件具备的情况下,利用即时信息开展实时顾客服务更容易受到用户的欢迎。

6）会员通信

企业定期向注册用户发送有价值的信息是维持顾客关系和顾客服务的有效手段之一。

7）优惠券下载

当公司推出优惠措施时,将优惠券发布在网络上,不仅容易受到用户的关注,也降低了发放优惠券的成本。

8）驱动程序下载

如果出售的是需要驱动程序的电子产品,别忘记在网站上提供各种型号产品的驱动程序,并给以详细说明,驱动程序经常是困扰用户的问题之一,企业网站理应在这方面发挥其应有的作用。

9）会员社区服务

会员社区服务为用户提供一个发表自己观点、与其他用户相互交流的空间。

10）免费研究报告

如果企业拥有重要的信息资源,可以定期为用户提供有价值的免费研究报告。

4.2.5　网站优化设计

网站优化的基本思想是通过对网站功能、结构、布局、内容等关键要素的合理设计,使得网站的功能和表现形式达到最优效果,以此充分表现出网站的网络营销功能。网站优化设计的含义具体表现在三个方面:首先,从用户的角度来说,经过网站的优化设计,用户可以方便地浏览网站的信息、使用网站的服务。其次,从基于搜索引擎推广网站的角度来说,优化设计的网站使得搜索引擎可以顺利获取网站的基本信息。当用户通过搜索引擎检索时,企业期望的网站摘要信息可以出现在理想的位置,使用户能够发现有关信息并引起兴趣,从而点击搜索结果,并登录网站以获取进一步的信息服务,直至成为真正的顾客。最后,从网站运营维护的角度来说,网站运营人员则可以对网站方便地进行管理维护,有利于各种网络营销方法的应用,并且可以积累有价值的网络营销资源。只有经过网站优化设计的企业网站才能真正具有网络营销导向,才能与网络营销策略相一致。

由此可见,网站优化包括三个层面:对用户的优化、对网络环境(搜索引擎等)的优化和对网站运营维护的优化。

1）网站设计对用户优化的含义是:以用户需求为导向,设计方便的网站导航,网页下载速度尽可能快,网页布局合理,并且适合保存、打印、转发,网站信息丰富、有效,有助于用户对其产生信任。

2）网站设计对网络环境优化的含义是:适合搜索引擎检索(搜索引擎优化),便于积累网络营销网站资源(如互换链接、互换广告等)。

3）网站设计对网站运营维护优化的含义是:充分体现网站的网络营销功能,使得各种网络营销方法可以发挥最大效果,网站便于日常信息更新、维护、改版升级,便于获得和管理注册用户资源等。

从上述对网站优化设计含义的理解也可以看出,网站优化设计并非只是搜索引擎优化,搜索引擎优化只是网站优化设计中的一部分,不过这部分内容对于网站推广的影响非常明显和直接,因此更容易引起重视。真正的网站设计优化不仅仅是搜索引擎优化,应坚持用户导向而不是搜索引擎导向。因此,网站优化设计中三个层面的内容不能顾此失彼,应实现全面优化,尤其是对用户的优化应放在首位。

4.3 域名策略

当我们步入基于宽带应用服务的网络时代,国际商业行为无疑会越来越依赖于互联网,企业域名作为企业踏入网络社会的身份证,其重要性不言而喻。企业域名战略已成为网络时代企业知识产权战略乃至企业信息化建设战略的重要组成部分。

4.3.1 了解域名

在互联网的世界里,每一台主机都对应一个 IP 地址,每一个 IP 地址都由一连串数字组成,如 202.196.64.68。人们为了方便记忆就用域名代替这些数字来寻找主机,如 www.zgcjzx.com。域名与 IP 地址是一一对应的关系,人们在网上输入域名,由域名服务器(DNS)将人们容易记忆的域名转换为计算机容易处理的 IP 地址,从而找到相应的网站,查询到有关主机的各种信息。通俗地讲,域名是一个企业在互联网上进行相互间联络的门牌号码,称为企业的网域标识,企业的网址和 E-mail 都要用到域名。

1) 域名的构成规则

一个域名通常由 2～3 段字符构成,如在 cj.netjs.net 这个国际域名中的 net 部分是顶级域名,netjs 部分是二级域名,cj 部分是三级域名。顶级域名有.com,.net,.org,.edu,.mil,.int,.biz,.info,.name,.pro,.aero,.coop,.museum,.tv,.cc 等。通常我们所说的注册国际域名是指注册.com 等顶级域名下的二级域名,即 netjs 部分。而国内域名中,我们注册的则是在.com.cn 等中国国家级域名下的三级域名。例如,在国内域名 www.tzok.com.cn 中,.cn 是一级域名,为国别区域性域名,世界上大部分国家都对应有其国别域名;而此时的.com 则是.cn 下的二级域名;tzok 顺次为三级域名。域名可以用英文字母和阿拉伯数字以及横杠"-"组成,最长可达 67 个字符,字母的大小写没有区别。在国内域名中,三级域名长度不得超过 20 个字符。

2) 域名的特性

(1) 标识性。域名类似于产品商标,起到一种企业标识的作用。例如,看到 www.haier.com,我们可以想到海尔集团。域名的标识性是域名的基本特性。

(2) 通用性。国际顶级域名为英文域名,具有全球通用性。在世界任何一个角落,通过互联网键入域名,都可以找到其相应的网站。

(3) 必要性。域名除了作为企业的网上标识外,也是企业建立互联网站进行一切网上商务活动的必要基础。域名是互联网上应用最基础的条件,无论是作宣传网站或网络营销,还是在网上开展其他活动,都要从域名开始,一个命名恰当、简捷易记的域名是企业网站迈向成功的第一步。

（4）唯一性。由于每个域名在全世界都是唯一注册的，因此在全世界范围内，如果一个域名被注册，其他任何机构都无权再注册相同的域名。

（5）稀缺性。正是由于域名的唯一性，注定域名是一种稀缺资源。从企业品牌战略的角度看，许多企业在选择域名时，往往希望得到与自己企业商标一致的域名。这样，就会出现若干企业同时争抢同一个域名的情况。例如，www. greatwall. com 是众多以长城为品牌标识的我国企业追逐的域名，但其现在的主人却是美国一家公司。

（6）投资性。域名被称为互联网上的房地产。在域名交易市场中，经常出现一个域名百万美元的身价，可见，域名还颇具潜在的投资价值。

（7）时效性。域名的使用权并非一次注册永久占有，需要每年或定期续交一定的费用。当然，只要域名注册人在规定期限内办理续费手续，域名所有权将永久保留。

正是由于域名具备以上诸多特点，域名注册不仅是企业融入网络经济踏出的第一步，而且逐渐成为一种投资方式，令全球的域名淘金者趋之若鹜。可见，企业拥有自己心仪的域名并非易事。如何选择、获得、使用和管理域名，便成为企业域名战略的核心研究内容。

4.3.2　域名的商业价值

企业在互联网上注册域名和设立网址，就可以被全球所有的互联网用户随时访问和查询，从而建立起广泛的商业联系，为自己赢得更多的市场机会。随着互联网上商业活动的增多，交易双方识别和选择的范围增大，交易概率随之减少，因此在网上市场中也存在如何提高被识别和选择的概率、提高用户忠诚度的问题。传统的解决办法是借助各种媒体提高企业及品牌知名度，通过在消费者中树立企业形象来促使其购买企业产品，在这个过程中企业及产品的名称、商标或品牌就是用户识别和选择的对象。

📖 资料：随着互联网的飞速发展，域名将越来越值钱，好域名已成为抢手货，按照美国的行情，域名的成交价格已突破 8 位数，有着巨大的升值潜力。如果你趁现在价位还不太高的时候购买一个颇有商业潜力的域名，你肯定会发大财，当然这取决于你投资购买什么样的域名，取决于你的商业头脑和对互联网发展方向的正确预测。www. business. com，www. china. com，www. alibaba. com 都是从别人手里买来的，最值得一提的是 www. business. com，当初美国德州休斯敦商人马克·欧斯特洛夫斯基在 1996 年以 15 万美元的代价向英国一家网络服务公司买下 www. business. com。这个价钱在当时被视为天价，别人认为他是个傻子或疯子，而在 1999 年 12 月，马克·欧斯特洛夫斯基以 750 万美元的天价把 www. business. com 卖给位于美国加州的 eCompanies，该公司由前迪士尼网络部门总经理魏尼邦和 Earthlink 创办人戴顿合办。我们不得不佩服马克的商业头脑，以 15 万美元换取 750 万美元，这是一个回报率极高的投资。

对于开展网络营销的企业来说，域名是企业在网上电子市场中的一种标识，是企业在网上的联系地址。域名与企业或产品名称、商标等无直接关系，而且互联网域名管理机构没有赋予域名以法律上的意义，但由于域名在互联网上是唯一的，任何一家企业注册在先，其他企业就无法再注册同样的域名。这样，域名实际上就与商标、企业标识物有了相类似的意义，所以有人把域名地址称为"网络商标"。

因此，提高域名的知名度，就是提高企业站点的知名度，就是提高企业的被识别和选择的概率。Netscape 和 Yahoo 正是由于所提供的 WWW 浏览工具和检索工具享有极高的市场占有率和市场影响力,而成为网上用户访问最多的站点之一。其域名也成为网上最著名的域名之一。由于域名和企业名称一致,企业的形象在用户中的定位和知名度是水到渠成的,胜过企业的专门形象策略和计划。事实上,域名已经是企业形象的一部分,是企业在网上的形象化身。企业商标的知名度和域名知名度在互联网上是统一和一致的,域名作为企业的商标资源,与企业传统商标一样,其商业价值是不言而喻的。企业必须认识到域名这一商标资源的潜在价值和商机,以及该资源对企业发展带来的影响。认清域名作为"网络商标"的价值和目前面临的问题,就必须采取措施申请注册域名,加强对其管理和发展的规划,使该营销资源与企业发展战略保持协调一致。

4.3.3　域名的选择

域名的选择是企业域名战略中的关键环节。根据域名注册规则,域名的选择空间很大,任何字母或数字间的组合都可以,理论上可注册的域名数量是一个庞大的天文数字,然而,真正具有一定的意义的组合就相对有限了,由于现在全球注册已有近 3 000 多万个域名,选择恰当的域名已是类似于沙里淘金的苦役。尽管如此,结合中外域名的成功经验,正如发现金矿要有矿苗可寻,域名的选择也有其特定的规律。

1) 域名选择原则

企业域名的选定一般要本着简捷易记和表意明确的原则,具体可参照以下八点:

(1) 优先选择国际顶级域名。对于一个具有全球战略眼光的企业家来说,". com"国际顶级域名当然是首选,除非企业钟情的国际顶级域名已被注册,才可退而求其次,考虑". com. cn"等国别区域性域名。国际顶级域名不仅显得大气简洁,而且可彰显企业的全球化理念。

(2) 行业性域名优先选用". com"。统计表明,全球大部分企业都首先选择". com"域名,部分提供网络服务的企业选择". net",选择其他如". info"、". biz"行业性域名的极少。因此,企业应至少拥有 1 个与其商标冠名相同的永久性". com"域名作为其"网域标识"的主域名。当然,企业可对". net"域名进行保护性注册,但不应用其作为企业的主域名。

(3) 独创性部分的选择。独创性部分的选择是域名的核心。域名应该简明易记,具有通用性,便于输入和具有视觉冲击力,这是判断域名好坏最重要的标准。

(4) 域名要有一定的内涵和意义。选择具有一定内涵和意义的词或词组作为域名,不但可记忆性好,而且有助于实现企业的营销目标。例如,企业名称、产品名称、商标名、品牌名等都是不错的选择,实现企业名称、商标、域名的完整统一,有利于企业网络营销工作的拓展。

(5) 避免域名的相似性。有些企业在选取域名时,喜欢注册与知名企业相似的域名以装点门面,殊不知这样既不会给你的网站带来过多的访问量,也不会提高客户对你的信任,反而有可能招致相关知名企业的诉讼。

(6) 切勿选择免费域名。选择免费域名是企业注册域名时最低级的错误。免费域名主要是在互联网发展的早期,域名注册成本较高时被大量应用的。免费域名不可避免地会降低域名级别,增加记忆难度。访问免费域名站点的客户也会受到弹出广告的困扰。基于应用网络营销服务的考虑,搜索引擎系统会给独立域名的站点以更大的优先选择权,有的搜索引擎系统甚至会拒绝免费域名的录入。

（7）内容健康并要考虑到民族与文化差异。在域名的选择中一定要注重内容健康，充分考虑宗教、民族、地域和文化间的差异，防止给企业招致不必要的纠纷和不良影响。

（8）通用网址的诱惑。通用网址是一种新兴的网址访问技术，通过建立通用网址与网站网址的对应关系，实现浏览器访问的一种便捷方式。通用网址并不是域名，但具有域名的功能。用户只要在浏览器网址栏中输入通用网址，如只要输入"信息产业部"就可以实现对信息产业部网站的访问。但正是由于其中文输入的特性，恰恰制约了其通用性，建议企业可对通用网址进行保护性注册，不以其作为选择域名的重点。

2）域名选择技巧

了解域名的选择原则，并不等于能够真正选取一个合适的域名，还需要依靠一些必要的技巧，才能达到事半功倍的效果。下面介绍几种域名选取的常用技巧。

（1）用企业名称的汉语拼音作为域名。用企业名称的汉语拼音作为域名是一种最常用的方式。例如，海尔集团的域名为 www. haier. com，红塔集团的域名为 www. hongta. com。这样的域名，企业无需过多宣传，其网站的域名也很容易被人想到，有助于提高企业在线品牌的知名度。

（2）用企业名称相应的英文名作为域名。对于英文名称较短的国内企业，用它的英文名称作为域名是比较适合的。例如，联想集团的域名为 www. legend. com，长城计算机公司的域名为 www. greatwall. com. cn。但由于域名资源的稀缺性，这类国际顶级域名不易获得。

（3）用企业名称的缩写作为域名。有些企业的名称比较长，如果用汉语拼音或者用相应的英文名作为域名就显得过于繁琐，不便于记忆。因此，用企业名称的缩写作为域名，成为一种确定域名的较佳选择。缩写包括两种方法：一种是汉语拼音缩写；另一种是英文缩写。例如，中国石化中原油气高新股份有限公司的域名为 www. zyyq. com，中央电视台的域名为 www. cctv. com，中国财经在线的域名为 www. zgcjzx. com。

（4）用汉语拼音的谐音形式作为域名。在企业名称的汉语拼音被占用时，采用这种方法也是企业的一种选择。例如，美的集团的域名为 www. midea. com. cn，康佳集团的域名为 www. konka. com. cn。

（5）以中英文结合的形式作为域名。仕奇集团的域名是 www. shiqigroup. con，其中"仕奇"为汉语拼音，"集团"为英文名，宝山钢铁股份有限公司的域名为 www. baosteel. com。

（6）在企业名称前后加上前缀和后缀。常用的前缀有 e、i、web 等；后缀有 net、web、online 等。例如，北京艺龙信息技术有限公司的域名为 www. elong. com，中国营销传播网的域名为 www. emkt. com. cn。

（7）创意组合域名。这类域名在于组合的创意。例如，数字加英文的 www. 51job. com，利用"51"的谐音译成"无忧"，这种搭配可谓独具匠心。www. o2n. com 可以用于二手交易类的公司，取其以旧换新（old to new）的意义。这类域名的选用，独特的创意是设计域名的关键因素。

（8）用数字来为网站命名。www. 163. com 利用电信拨号上网的号码，www. 8848. com 利用珠峰的海拔高度，给人以很强的视觉冲击力，令人过目不忘。

（9）以企业的经营内容为域名。以经营内容为域名的企业，一般对经营内容比较专注，求精不求全。例如，招聘网的域名为 www. zhaopin. com，全球 E-mail 用户最多的电子邮件门户网站 www. hotmail. com 等。

（10）利用符号。域名加符号不多见，只能加"-"号。例如，中国银行的 www. bank-of-china. com，要比 www. bankofchina. com 便于理解。

企业也可以用特定名词作为域名。用家喻户晓的人物、俗语作为域名可以使网站为更多人所熟知。例如，全球最知名的华商信息平台 www. alibaba. com 是利用阿里巴巴发现宝藏的故事，以此借喻其网站是互联网上的信息宝藏。对于域名已被抢注或占用的企业可以采用 china 或 cn 族域名。例如，企业管理杂志的域名 www. chinaem. com，中国上市公司咨询网的域名为 www. cnlist. com 等。

4.3.4 域名的获得

当企业选择了域名后，怎样才能获得该域名呢？一般情况下，域名可以通过域名的合理注册、转让交易、使用权转让、协议合作以及争议仲裁等途径来获得。其中，通过合理注册取得、转让交易与争议仲裁可获得域名的所有权，通过使用权转让可获得域名的使用权，而协议合作则较复杂，下面分别予以介绍。

1）合理注册

通过合理的注册程序，直接注册而获得域名的所有权。注册是取得域名的通常方式，也是最为经济的方式，但随着优良域名资源的争夺越演越烈，尤其是域名抢注的泛滥，通过合理注册已经很难获得企业理想的域名了。

2）转让交易

域名转让交易是指作为域名原注册者有偿转让其所持有域名的所有权的过程。由于我国域名注册业务开展较晚，企业域名知识淡薄，大量驰名商标已经被国外一些机构和个人恶意抢注。这样，我国企业要么选择高价予以购回，要么就退而求其次，选择一个不尽理想的域名，这种无奈的选择给企业带来的负面影响是不言而喻的。当然，随着域名评估以及域名交易市场逐渐成熟，我们有理由相信，公正合理的转让交易将会成为这些企业重新获得域名的重要方式。目前，我国的域名交易已日渐活跃，易名网、易域网是我国较为知名的域名交易网站。

3）使用权转让

域名使用权转让是指作为域名注册者将其注册域名的使用权有偿转让给他方。转让后，域名注册者仍保留该域名的所有权，但丧失了该域名的使用权。被许可人在支付许可使用费后，获得该域名相应的使用权。

4）协议合作

域名协议合作是指域名注册者以其所有域名的使用权或所有权作为无形资产投入与他人合作经营，以获取投资回报的方式。合作的形式可多种多样，比较常用的是将域名折算成股份，作为域名注册者的出资。域名注册者就成为公司的股东，域名也成为公司的财产，为公司各股东共同拥有。需要提醒的是，由于我国相关法律条文的限制，以域名协议合作的方式获得域名不大适合我国国情。

5）争议仲裁

争议仲裁是指通过采取非司法救济手段在域名纠纷中获得域名的一种方式。对于国内域名的争议,可通过信息产业部最新颁布的《中国互联网络域名管理办法》提交争议申请。国际上可以依据 ICANN 的《统一域名争端解决规则》及其细则,提请 ICANN 仲裁,获得域名。《统一域名争端解决规则》规定了一整套解决域名抢注争议的仲裁程序。海尔的 www. haier. net 就是通过这种途径解决的。但由于国际域名抢注争议的仲裁程序的执行费用较高,全部费用大约在 5 万元人民币,而且存在败诉的风险,建议企业可尝试通过转让交易获得国际顶级域名。

6) 域名逾期失效再注册

域名注册后,每年都要交纳一定数额的域名维护费,如果逾期,域名将会重新列入可注册域名,这也是企业获得域名的捷径。

针对我国域名注册的现实情况,域名的获得是企业域名战略中比较关键的环节,能否拥有理想的域名关系到企业整个域名战略的实施效果。

4.3.5 域名的使用

域名的使用通常是企业域名管理中容易忽视的问题,似乎域名只要指向网站就万事大吉了,其实这恰恰是企业域名战略上的最大误区,域名的价值只有在其使用中才会真正实现。域名的使用主要指域名的资源开发、合理应用以及域名品牌营销。具体操作可从以下六点入手。

1) 选择最佳域名为主域名

以一个核心“. com”域名为主域名,其他域名为辅域名,利用域名解析或 URL 转发功能,把辅域名指向主域名及其网站。

2) 选择专业注册服务商注册域名并为其提供 DNS 解析服务

由于互联网行业竞争激烈,包括一些著名的互联网信息服务提供商,随时有出现经营危机或软硬件突发故障的可能,不可避免地会出现域名解析的故障,对企业网站的访问造成影响,使其遭受不必要的损失。企业如已经遇到这类问题,可采用域名注册商转移的方式,将其注册的域名由原来的注册商转移到提供优质服务的注册商。

3) 企业内部使用统一主域名的集团电子邮箱体系

电子邮箱是网络时代商务活动中的主要联系工具,建立企业内部使用统一主域名的集团电子邮箱体系,能够使企业的商务邮件管理更为有效。

4) 积极在搜索引擎上注册域名

企业可以自行或通过提供网络营销服务的专业公司在常用的搜索引擎上注册域名,增加企业网站的访问量,尤其对于中小型企业来说,这是提升企业网上知名度的有效手段。

5) 域名与企业标识相结合

企业应当意识到整合企业名称、商标与域名,将域名纳入完整的企业识别系统(CIS),是域名战略顺利实施的有力保障。例如,国际商业机器公司的商号、商标与域名均为 IBM,三者良性互动,识别力极强。

6) 适当的广告宣传

选择传统媒体与网络媒体对企业的域名作适度的宣传是十分必要的,尤其要借助已有的广告资源,这也是提高企业网站应用的有效方法。如果一个在网站上拥有在线业务登记的搬家公司,却不把自己的域名明显地标示于整日在大街小巷奔忙的厢式货车上,这实在是对于这些流动广告牌极大的浪费。

　　域名的有效利用可以归纳为一句话：与企业相关的一切商务活动，都不要忘记域名。域名与企业的商标同样重要，是企业在现代网络社会的"网域商标"，如何更好地利用其商业价值，还要结合各企业的实际情况，充分发挥企业自身的资源与智慧。同时，对作为"网域商标"的域名进行科学的管理也是至关重要的工作。

4.3.6　域名的管理

　　域名的管理是一项系统工程，域名的保护性注册、续费、监测、集中管理和为域名注册商标是域名管理的主要内容。域名管理工作的实施水平，将直接影响域名战略的成效。

　　1）域名的保护性注册

　　域名的保护性注册是指企业基于主域名的独创部分，在不同的行业类别和国别上注册与该域名对应的衍生域名或相似域名，以形成一个完整的域名族。例如，红塔集团注册了www. hongta. com，www. hongta. com. cn，www. hongmei. com. cn，www. hongtashan. com. cn 等等，宝洁公司更是注册了几乎囊括所有其产品标识的上千个域名。

　　2）域名的续费

　　域名的使用权并非一次注册永久占有，而是需要在域名有效期逾期之前续交一定的费用以维护其域名的有效。根据域名注册服务商的规定，一次续费的有效期可从 1 年到 10 年不等，续费的次数不受限制。

　　3）域名的监测

　　通过域名相关监测软件的实时监测，关注企业相关域名的失效时间和使用情况。有时可以把握有利时机，夺回被他人恶意抢注的域名。目前，比较实用的域名监测软件"Domain Name Protect"能跟踪指定的域名，并提供该域名及相关域名的最新报告，是域名保护的理想工具。

　　4）域名的集中管理

　　有些企业由于对域名不够重视，管理比较分散，甚至出现分公司抢先注册母公司域名，并开通网站服务于其子公司的现象。这样，无疑给整个集团公司的统一域名战略带来不利的影响，建议企业尽快消除这类隐患，尤其要防止其分销商占有企业相关域名。

　　5）为域名注册商标

　　由于域名争议的问题比较复杂，建议已经取得可能会有争议的域名的企业，为其域名注册商标，以便在域名争议中掌握主动。企业应该认识到仅靠技术方面的操作，并不能确保企业域名战略的顺利实施，只有企业经营者高度重视，真正意识到域名战略是迈入信息化社会不可或缺的重要保障，才能切实确保域名战略的有效实施。

　　随着互联网络的迅猛发展，我们欣喜地看到域名战略的重要性已经在一定程度上受到了企业的关注。企业域名战略的有效实施不仅是适应网络时代，在国际互联网上进行商务活动的基础，更是企业参与国际商业竞争角逐的必要手段。

4.3.7　域名商标的管理

　　用户识别和使用域名是为了获取所需的信息和服务，网站的页面内容才是域名商标的真正内涵，因此域名商标的管理主要是针对域名所对应站点的内容管理。网站应有丰富的内涵和服务,否则即使一时有众多的访问者也可能只是过眼云烟,难以真正树立域名商标的真正形象。要充分发挥域名的商标特性,保证域名使用和提高访问度,必须注意以下六点。

1) 信息服务的定位

域名作为商标资源,必须注意与企业整体形象保持一致,提供信息服务必须与企业发展战略相整合,避免有损企业已树立的形象和定位。

2) 内容的多样性

丰富的内容才能吸引更多访问者,才有更大的潜在市场,除提供一些与企业相关联的内容或站点地址,使企业页面具有开放性外,还应与许多不同站点建立链接,同时还应在有关搜索引擎,如 Yahoo、Sohu 等注册,以提高网站的被访问率。此外,要注意网站内容的表现方式,可充分利用多媒体技术,使声音、文字和图像配合使用,提供生动活泼的信息。

3) 信息的动态性

对于固定页面来说,用户访问一次即可,不会重复访问企业的大部分收益是由少数固定用户消费来实现的。所以,页面内容应该是动态的,更新的周期不要太长。此外,应加强用户的调查分析,如采取 Cookie 技术对用户的访问进行记录和分析,以便针对特定用户提供一对一的特殊服务,提高与用户交互的质量和用户对其域名的忠诚度。

4) 速度问题

目前,互联网上信息的传输速度已成为网站发展的瓶颈,美国 Zona 公司 1999 年 6 月的一份研究报告表明,由于网站下载速度过慢导致每年的电子商务收入损失高达 40 亿美元,这几乎占了电子商务交易额的 4%。这是因为,用户在网上的选择机会很多,而时间是有限的,因此不会在某站点上耗费较长的等待时间。据 Zona 的研究,电子商务必须遵守"8 秒规则",因为用户等待网页下载的时间最多是 8 秒钟。根据心理测试,计算机对用户的响应速度如果不超过 3 秒钟,用户感觉不到等待;如果不超过 6 秒钟,用户会感觉到计算机停顿了一下;如果超过 10 秒钟,用户就可能感到烦躁,一般将会选择另一站点。因此,网站的首页一般应设计简洁,以便用户可以很快地看到所需内容,而不致感觉等待太久。

5) 信息内容的国际性

由于访问者可能来自世界各地,企业网站提供的信息必须兼顾各国用户,对于非英语国家一般应提供母语和英语两个版本供用户选择使用。目前国内已有一些上网企业,通过建立中、英双语或中、英、日等多语站点的方式,把市场扩展到全球范围。

6) 成本效益分析

加强对域名使用带来的效益核算分析,以便确定企业下一步发展目标,不至于因投资不够延误域名带来的商机。由于企业上网动机和目的不一样,很难制定出标准的测算方法,但企业可根据上网前后的营销成本进行比较分析,如美国迪来公司将直邮和利用网站促销商品软件的有关数据进行对比,结果显示:上网促销活动的成本只有直邮的 30%,产生的销售线索比原先增加 50%;其中 75% 的销售线索被认定合格,而直邮合格率仅为 18%;由于线索的搜集是在计算机上进行的,后期管理费又节省 70%,因此公司认定网上销售提高了效率,降低了成本,需大力发展。如果企业定位的用户群体主要集中在国内普通大众的话,就没必要非把企业的域名内涵转译为英语表述,这样反而会影响不懂英语的客户查询。企业完全可以选用"汉语拼音"的方式作为域名的代码,使企业的域名更富感情色彩,企业的潜在客户即使不完全了解企业的情况,只要通过口碑等方式稍加耳闻,仅凭一个模糊的印象就能在互联网上找到企业的位置。

4.3.8 网站的多域名策略

从功能上讲,一个域名就足够了,为什么要注册多个域名呢? 这是因为多域名策略具有七项重要功能。

1) 为了避免与其他网站的混淆

当后缀.com 或者.net 的域名分属不同所有人所有时,很容易造成混淆。例如,网易与163 电子邮局就是这种情况,许多网民并不了解 www.163.net 和 www.163.com 归不同的网站所有,因而才会出现当 163 电子邮局无法登录时用户大骂网易的现象。www.8848.net 和 www.8848.com 原来也分属不同的所有者,为了改变这种状况,提高 8848 网站的品牌知名度,最后 www.8848.net 只好购买了 www.8848.com 这一域名。如果这个域名为两家竞争者所拥有,可以想象将造成多大的混乱,对双方都将产生不利的影响。

2) 避免竞争者因为域名拼写错误等原因而获得好处

我们知道,搜狐网站的域名是"www.sohu.com",而一个无实质内容的网站"www.souhu.com"已经有了惊人的点击数,显然是利用人们的拼写错误而获得的。如果这种错误被竞争者利用将是很大的失误,虽然在法庭上,可能会倾向于保护知名品牌的利益,但是,打官司的费用远比当初注册一个域名要高,如著名的 Egroup 网站,将 www.egroup.com 和 www.egroups.com 两个域名同时归为自己所有,就是出于这个原因。

3) 保护品牌名称或者注册商标

一个公司可以拥有多个商标名称,公司名也可能与商标名不一致。因此,除了以公司名申请域名外,还应该为每个商标名申请一个域名。

4) 让用户可以根据公司名称猜想公司的域名

由于现在域名的长度可以多达 67 个字符,因此,除了注册较短的公司名称缩写域名之外,也可以注册一个公司完整名字的域名,让顾客可以根据公司名称想象到网站域名。

5) 为拓展业务注册域名

在注册.com 域名的同时,最好注册一个同样名称的.net 域名,这样,既有利于将来业务的拓展,也可以避免其他公司因注册该域名而引起混乱。

6) 注册汉语拼音域名

由于中文网站的特殊情况,汉语拼音域名有时比英文域名更容易记忆。因此,汉语拼音域名显得也很重要。许多知名企业汉语拼音域名被抢注的现象也说明了这一点。

7) 保持国际域名和国内域名的统一

如同一个名称的国际域名和国内域名不属于同一个网站,显然也是一件很麻烦的事情,应该尽量避免这种现象的发生。著名的 8848 网站虽然已经解决了 www.8848.net 和 www.8848.com 的所有权问题,但直到现在为止,8848 的国内域名仍然归其他公司所有:www.8848.com.cn——国际互联网云南新闻信息中心 8848 商务网;www.8848.net.cn——临沂珠穆朗玛电子商务有限公司 8848 网上商城。

另一个网上购物网站 85818 同样存在这种域名混淆的问题,"www.85818.com.cn"是上海梅林正广和的一个网上购物网站的域名,而"www.85818.com"则是一个叫"域名博士"的网站。

因此,假定一个公司叫"aaabbc",那么至少应该注册 www. aaabbc. com 和 www. aaabbc. com. cn 两个域名。另外,可以保护性地注册 www. aaabbc. net 以及由汉语拼音组成的国际和国内域名。对于知名企业或网站来说,由于域名被抢注的可能性更大,往往需要注册更多的域名来作为保护。

随着中文域名系统的即将正式启用,一个网站也许需要注册更多的域名。

4.4 企业网站建设与维护

4.4.1 企业网站的建设

1) 企业网站建设的标准

企业要实行网站营销,首先必须建立出色的网站。企业网站是由众多的 Web 页面组成的,这些页面设计得好坏,直接影响到这个网站能否受到用户的欢迎。判断一个网站设计的好坏,要从多方面综合考虑,不能仅仅看它设计得是否生动漂亮,而应该看这个网站能否最大限度地替用户考虑。要想制作一个有吸引力的网站,至少应该符合以下四项基本标准。

(1) 以产品为核心。顾客在访问企业的网站时,关心的不是企业领导人的信息,也不是企业的组织结构图,而是企业能够提供什么样的产品、产品的优势是什么。所以,以产品为核心是企业网站成功的首要前提。产品信息一般应该包括产品名称、产品规格、产品用途、产品特性(指本产品与其他产品的区别或优势所在)、出口地区、产品认证情况及产品图片等,其中产品规格、产品用途和产品特性等信息应尽可能详细地予以描述。

(2) 访问安全快速。由于互联网发展迅速,使用者在网上浏览购物的机会越来越多,而耐心则越来越少。因此,对网站反应的等待时间是极其有限的,如果该网站在很短的时间内未能提供有用的信息,消费者将毫不犹豫地选择另一网站。因此,企业的主页应该设计得简洁一些,以便用户可以很快地查看到内容,不至于感觉等待得太久。

一般国内的网站都非常重视有一个比较容易记忆的域名,其实这并不是最重要的,只是国内很多人信奉"名不正则言不顺",所以内容没做好、名字却很响亮的网站比比皆是。当然,有一个好的域名是一个好的开始,大量的工作还在后头。

足够的带宽是访问者快速访问的保证。64 KB、128 KB 的 DDN 对于只有 30 页以下的小网站还可以应付,但对于 300 页以上、每天有 5 000 次以上的访问量的网站来说,这个速率就显得很低了。同时,有稳定的、1 年 365 天可以连续工作的服务器也至关重要。如果服务器因病毒、黑客、物理等故障,使访问者无法访问,则会打击访问者的积极性,从而严重影响网站和企业的形象,其后果是降低网站的访问率,进而影响产品的销售量和企业的效益。

(3) 信息更新要及时。如果企业主页从不改变,用户很快就会厌倦。网站信息必须经常更新。在网站建设的初期,很多人错误地认为,要想让网站吸引访问者,就一定要把主页尽量做得漂亮。主页设计得好,自然会吸引人们的注意,但只能吸引一两次而已,要想长期吸引访问者,最终还是靠内容的不断更新。企业经营的信息变化,如价格调整、优惠安排,或者营销战略的实施可以在企业作出决策的同时,实时地在网页上反映出来,也可以在网页上以大字标题宣布新消息。绝大部分企业主页有最新新闻等链接。为保持新鲜感,应定期改变主页上的图像或更改主页的式样,并时刻确保主页提供的是最新信息。

网页内容的频繁更新带来了网站内容的维护问题。特别是内容庞杂的网页,内容更新需要专业的设计,应该由专人负责,定期更新网页内容。即使是相同的内容,其强调的内容和排列顺序也应随时间滚动变化。无论访问者何时进入该网页,都会有一种新鲜感。对于那些网站内容对时间的变化并不敏感的网页,这种更新方法也是有效的。每次更新的网页内容要尽量在主页中提示给访问者,否则,访问者将无法掌握更新了哪些东西。

(4)完善的检索能力。网站的设计固然要考虑如何向客户提供有价值的信息。然而,网站页面的结构设置是否便于客户浏览和查询信息也同样重要。对于一个网站来说,如何合理地组织自己要发布的信息内容,以便让访问者能够快速、准确地检索到要找的信息,这是一个网站内容组织是否成功的关键。如果网站的结构设计不能使顾客方便、快捷地找到所需的信息,再好的网站内容设计也无法吸引长久的客户。即使将顾客吸引到了网站主页,将来顾客也会中断访问。为了达到上述设计目标,一些网站在网页上设计了信息索引和目录索引,使用者能很快地找到感兴趣的那部分信息。因此,为了保持网站内容的实用性,有一定规模的网站一定要提供检索功能,以便于用户查找本网站的信息。为了给访问者创造方便条件,网页设计者经常将网页内容设计成树状结构,方便纵向查询。访问者从主页开始就可以层层深入到所有"树枝"和"树梢"的信息内容。另外,还可以设计一个搜索系统,使访问者很容易地就能找到相关的内容。同时,在网站的任何一个页面都要设计有"返回主页"的链接,以方便访问者回到"树干"。

如果一个网站只能供访问者浏览,而不能引导访问者参与到网站内容的一部分建设中,那么它的吸引力是有限的。只有当访问者能够很方便地和信息发布者交流信息时,该网站的魅力才能充分体现出来。虚拟论坛的设立可以在产品使用者之间、产品使用者与产品开发经理之间展开对产品的各种讨论。网络营销人员还可以借此搜集市场信息,制定有效的营销计划。而网站将消费者的反馈信息直接在网上公布,能够吸引消费者回访该网站,并由此形成与顾客的固定关系。当顾客在网上找到感兴趣的产品时,如何针对该产品及时进行询价和反馈也是个问题。这不是仅仅通过 E-mail 方式就能够实现的。网站上应该提供相应的信息反馈模块,使顾客能够针对某个或多个产品便捷地进行询价或反馈。同时,企业的业务员应该能够及时查到顾客的反馈信息并及时回复;每个业务部门或业务员应该能够针对其发布的产品,方便地管理顾客的信息和反馈信息。

2)企业网站建设的一般步骤

在企业实际建设网站前,还有一些建站前的准备工作要做,如选择网站服务器的建设方式,即选择服务器建设方式、Web 服务器的准备、建设站点的资料准备等。

(1)选择服务器建设方式。企业若建设自己的服务器,则需要投入大量的资金去安装服务器、架设网络线路,并且网站投入运行时也需要大量的租用通信网络资金。对于一般的中小型企业来说,在建设企业网站时,通常都采用服务器托管、虚拟主机、租用网页空间等方式,这样既能满足企业上网的需求,又能大大降低费用的支出。

第一,服务器托管。企业在建设自己的网站时,拥有自己独立的服务器,只不过是将服务器放在 ISP,由 ISP 进行日常运行管理。企业维护服务器时,可以通过远程管理软件进行远程操作。企业可以租用 ISP 提供的服务器,也可以自行购买服务器,这样,企业不但可以拥有自己独立的域名,而且还可以节省架设网络和租用昂贵的网络费用。

第二,虚拟主机。虚拟主机则是利用 ISP 提供的主机为企业开设一个网站,该网站在外界看起来就如同企业自己建立的一样,但费用很低廉,而且可拥有高速的网络出口。虚拟主机的数据上传、更新等日常维护工作由用户通过 FTP 的方式来完成,网页则是直接存放在 ISP 主节点服务器上。

第三,租用网页空间。租用网页空间是比虚拟主机更简单的方式,用户甚至不需申请域名,而只需向网络服务公司申请一个虚拟域名,将自己的网页存放在 ISP 的主机上,用户同样可自行上传、维护网页内容,自行发布网页信息。

如果企业缺乏网络营销方面的专门人才,最简单的方法就是采取委托网络服务公司代理方式,将公司所有产品或服务的网上推广工作全部委托专业的网络服务公司代理。目前,提供此项业务的网络服务公司很多,用户只要选择好合适的网络服务公司,就能把公司的网上推广任务交给网络服务公司代理完成。

(2) Web 服务器的准备。网络营销站点是通过通信网络连接到互联网上的。用户只要在客户机上运行通用的 Web 浏览器就能够访问 Web 服务器,并和服务器进行一定的交互,Web 服务器是企业与用户交互的窗口,因此 Web 服务器的建设是一个不可或缺的重要环节。

Web 服务器的建设就是要选择一台服务器,安装上 Web 服务器软件,并对其进行正确的配置和管理,为信息发布提供软硬件的支持。目前常用的 Web 服务器中大型厂商有 IBM、SGI、COMPAQ、Unisys、富士通和日立等公司;中型(企业级)服务器的厂商较多,主要有 SGI、SUN、IBM、HP 等;PC 服务器(工作组级)是一种新型的、基于 IA(Intel Architecture)系统架构、以 32 位处理器及 32 位或 64 位系统总线为基础的,在突出内存与硬盘容量和系统运行速度的同时,更注重其稳定性、安全性和可用性的服务器系统,PC 服务器的国际著名生产商有 COMPAQ、DELL、IBM 和 HP 等,国内有浪潮、联想、方正等。运行于服务器上的网络操作系统主要有 Unix、Windows NT、NetWare 以及 Linux 等。Web 服务器上比较常用的服务器软件有 Microsoft Internet(IIS)、Netscape Enterprise Server、Domino Go WebServer、Apache HTTP Server 以及 IBM WebSphere 等。Web 服务器建设中的硬件和软件系统的选择与安装是一件技术性很强的工作,许多专业性公司都提供这种服务。

(3) 建设站点的资料准备。在确定了网站服务器的建设方式后,接下来要做的一件事是为网站设计和开发工作准备有关的数据和各类资料。企业若要建设一个能提供企业信息发布、在线产品销售或在线服务、用户技术支持和信息反馈等功能的网络营销站点,则需要准备多方面的数据和各类资料。首先,是有关企业需要在网站上发布一些数据资料,如企业的简介,产品的规格、图片、单价等内容;其次,是准备一些企业有关用户技术支持方面的资料,如产品性能、使用方法、日常维护等内容,这些内容可以是文字、图像、动画、影视等类型的多媒体信息。

3) 网络营销站点的设计和开发

(1) 确定网站的主题、营销目标。现分述如下:

第一,创建企业网站首先应确定网站的主题和营销目标。一个网站不可能包含所有的信息,面面俱到不可能设计出好的网站来,因此在建站初期就应有明确的指导方针,确定网站的发展方向,设计几个有竞争力的服务项目。每个网站都要有其目的性,或是侧重于盈利,或是侧重于宣传产品。企业在引入网络营销的时候可根据自身的特点,设定相应的营销目标。这些目标包括:销售产品,进行企业间的采购、销售、交流等方面的合作;提供相关的服务与咨询,方便客户对信息的索取,节省业务接待、咨询和回应的负担和费用;极大地拓展客户群,减少因地域带来的局限性,提高销售额;面向媒体和股东,宣传企业的最新动态和经营状况;树立企业的高科技形象。网站提供的周到服务也有利于在公众中建立及维持企业形象。

第二,要有明确的网站定位。首先要明确定位营销网站的诉求风格,有理性诉求、感性诉求及综合型诉求三种。一般来说,理性诉求强调理论及逻辑性,以事实为基础,以介绍性文字为主;感性诉求则强调直觉,以价值为基础,以形象塑造为主。

强调理性诉求的网站以事实为依据,以产品或技术为核心,通过产品或技术,突出企业特点,开展营销活动,着力点在产品或技术的视觉冲击力和吸引力。这种类型的网站往往在产品或技术方面不惜笔墨,以理性诉求确立其营销地位,力求在顾客心目中营造一种技术领先的氛围,从而产生对企业的信任感。显然,这类站点在设计方面相对要求不高,但一定要在技术、产品的宣传、展示以及应用和对实际的具体作用等方面下力气渲染,并在风格上要保持一致,最好与企业的 CI 形象一致,以保持企业在消费者网上、网下形象的连续统一,从而树立稳定的地位。

强调感性诉求的网站多以树立企业形象为主,以服务为导向。这里的服务有两方面含义:一是企业本身提供的就是服务,如航空、旅游服务;二是企业的售前、售后服务。通过服务提升企业在客户心目中的地位,从而促进营销。这一类型的网站一定要注重网站的风格、设计和创意,以感性诉求为主,重点渲染或营造一种特有的企业氛围,着意体现一种网站或产品及服务的价值感,绝不能平铺直叙,更不能只是将传统的服务搬到网上来。但目前绝大多数企业的网站就是如此,企业向客户提供什么样的服务,网站就照搬上去。互联网只是一个虚拟的环境,试想企业如果没有给访问者营造一种可信的氛围,消费者凭什么相信企业的服务,现实中企业的信誉在网上一样有效。企业可能找不出自己真正具有实力的地方,却可以通过网站建设,回过头来审视一下自己的企业,重新为企业塑造一个新的形象定位,并在以后的运营中下力气加强建设,从而在行业中独树一帜,力求在顾客心目中营造一个崭新的形象,并产生信任感。企业要仔细考虑,互联网上有成百上千的同行业网站,顾客为什么购买或使用本企业的产品或服务,而没有选择竞争者的产品或服务;市场经济是竞争性的,企业必须为顾客选择本企业的品牌而不是竞争对手的品牌创造理由。因此,一方面,要加强特殊氛围的营造,在感性诉求上下工夫,消除企业与顾客在时间与空间上的距离,建立客户忠诚度,增加客户价值,通过拓展、建立、保持并强化客户关系使自身效益最大化;另一方面,好好设计企业的网站,营造一种独特的企业文化——互联网企业文化。

综合型网站也比较常见,就是将上面两者结合起来,因为对于同一种产品,不同的人的购买可能基于不同的决定——有时产品本身的特性可以决定网站是理性的还是感性的。因此,在网站的氛围营造上就要注意分辨:如果某一方面不能充分说明产品或服务的特性,就要将两者结合起来,在不同的部分分别进行理性和感性的诉求,借以打动不同类型的顾客,既以大量的事实突出企业的技术优势,又营造一种感性的氛围,强调产品或服务给人带来的价值,共同营造企业独特的氛围。

(2)信息的搜集、整理。建立一个行之有效的营销性网站绝不能只是简单随便地准备点资料,找一些象征性的图片。也许企业得知同行企业已纷纷建立网站,并取得了一定的收效;也许企业是因为网络公司业务员的再三劝告,才准备投资建立网站。不管什么原因使得企业准备建立网站,首先必须明确:企业能够利用网站做什么;通过网站,企业能够为访问者或顾客提供什么,或者说企业给消费者带来了什么利益;然后再弄清楚企业能够从中获得什么利益,去搜集、整理与之相关的资料。

企业的文字资料最好由专人负责整理,最好是熟悉市场营销并有一定文字驾驭能力的人,他们能够站在企业、市场和消费者的多角度考虑文字的组织方式。企业在提供资料时,常常是基于企业宣传手册、彩页、各种报告、技术资料,这些资料往往技术性太强或一味地站在企业角度,如企业有悠久历史、先进技术、荣誉称号等,但很少从客户角度来考虑问题。当然,这些都是很好的资料,但企业应找专人整理分析,尽量从顾客角度出发,以满足顾客需求,树立企业形象,改善企业经营,提升企业效益。

(3)对企业网站进行总体设计。总体设计在网站建设中是非常重要的。在前期准备工作完成后,如何把信息以恰当的形式表现出来,就成为网站建设中工作的重点。因此,必须创建一种易于人们查找的信息和网站的结构。精美的页面设计以及有意义的新内容是引起用户兴趣并鼓励其反复访问页面的关键。

(4)设计实现上述主题、营销目标的网页内容。网站的总体结构设计出来后,下一步就是对各个页面内容的详细设计。主页页面应尽量做到简洁,在文字、图像的安排方面,应多考虑普通用户使用时的便利性。其指导思想是以文字信息为主,声像为辅。因为声像可以活跃和丰富页面,传送文字所不能表达的信息,但会影响网页的下载速度。当以上工作都完成后,可将这些文档上传到网站。

4)网站设计的原则

网站是企业向用户和网民提供信息(包括产品和服务)的一种方式,是企业开展电子商务的基础设施和信息平台,离开网站(或者只是利用第三方网站)开展网络营销,很难真正实现网络营销的优势。企业的网址被称为"网络商标",也是企业无形资产的组成部分,而网站是互联网上宣传和反映企业形象和文化的重要窗口。企业的网站设计应遵循以下原则。

(1)明确建立网站的目标和用户需求。Web站点的设计是展现企业形象、介绍产品和服务、体现企业发展战略的重要途径,因此,企业必须明确设计站点的目的和用户需求,从而制定切实可行的设计计划。企业根据消费者的需求、市场的状况、企业自身的情况等进行综合分析,以"消费者"为中心,而不是以"美术"为中心进行设计规划。在设计规划时应考虑:建设网站的目的是什么;为谁提供产品和服务;企业能提供什么样的产品和服务;网站的目标消费者和受众的特点是什么;企业产品和服务适合什么样的表现方式(风格)。

(2)总体设计方案主题鲜明。在目标明确的基础上,完成网站的构思创意即总体设计方案,对网站的整体风格和特色作出定位,规划网站的组织结构。

Web站点应针对所服务对象(机构或人)的不同而具有不同的形式。有些Web站点只提供简洁文本信息;有些则采用多媒体表现手法,提供华丽的图像、闪烁的Flash、复杂的页面布置,甚至可以下载声音和录像片段。好的 Web 站点应该充分利用各种信息载体,增强对服务对象的吸引力。

为了做到主题鲜明突出、要点明确,企业应以简单明确的语言和画面表现站点的主题,调动一切手段充分表现站点的个性和情趣。

Web 站点主页应具备的基本成分包括:页头,准确无误地标识企业的 Web 站点和企业标志;E-mail 地址,用来接收用户垂询的联系信息,如普通邮件地址或电话;版权信息,声明版权所有者等。企业在设计 Web 站点时应充分利用已有信息,如客户手册、公共关系文档、技术手册和数据库等。

(3) 网站的版式设计。版式设计作为一种视觉语言,特别讲究编排和布局。虽然版式的设计不等同于平面设计,但它们有许多相近之处。版式设计通过文字图形的空间组合,表达出和谐与美的效果。

多页面 Web 站点页面的编排设计要求把页面之间的有机联系反映出来,特别要处理好页面之间和页面内的秩序与内容的关系。为了达到最佳的视觉表现效果,要反复推敲整体布局的合理性,使访问者有一个流畅的视觉体验,如强生公司的网站就使访问者的视觉体验比较好(详见本章阅读分析三)。

(4) 注意色彩在网页设计中的作用。人常常能感受到色彩对自己心理的影响,这些影响总是在不知不觉中发挥作用,左右我们的情绪。色彩的心理效应发生在不同层次中,有些属于直接的刺激,有些要通过间接的联想,更高层次的则涉及人的观念、信仰。

因为网络是在一种特定的历史与社会条件的环境下,即高效率、快节奏的现代生活方式的条件下兴起的,这就需要制作网页时把握人们的这种生活方式。作为网页设计师,做到有针对性的用色是相当重要的,因为网站往往是各式各样的,大企业、政府组织、体育组织、聊天室、新闻时事、个人主页等,不同内容的网页的用色应有较大区别,所以要合理地使用色彩来体现网站的特色,这是高明的做法。

(5) 网页形式与内容相统一。为了将丰富的意义和多样的形式组织成统一的页面结构,形式语言必须符合页面的内容,体现内容的丰富含义。灵活运用对比与调和、对称与平衡、节奏与韵律以及留白等手段,通过空间、文字、图形之间的相互关系建立整体的均衡状态,产生和谐的美感。例如,对称原则在页面设计中,它的均衡有时会使页面显得呆板,但如果加入一些富有动感的文字、图案,或采用夸张的手法来表现内容往往会达到比较好的效果。点、线、面作为视觉语言中的基本元素,巧妙地互相穿插、互相衬托、互相补充,构成最佳的页面效果,充分表达完美的设计意境。

(6) 三维空间的构成和虚拟现实的运用。网络上的三维空间是一个假想空间,这种空间关系需借助动静变化、图像的比例关系等空间因素表现出来。在页面中,图片、文字位置前后叠压,或页面位置变化所产生的视觉效果都各不相同。通过图片、文字前后叠压所构成的空间层次不太适合网页设计,根据现有浏览器的特点,网页设计适合比较规范、简明的页面,尽管这种叠压排列能产生强节奏的空间层次,视觉效果强烈。

网页上常见的是页面上、下、左、右、中位置所产生的空间关系,以及疏密的位置关系所产生的空间层次,这两种位置关系使产生的空间层次富有弹性,同时也让人产生轻松或紧迫的心理感受。

(7) 利用多媒体功能。网络资源的优势之一是多媒体功能。要吸引访问者注意力,页面的内容可以通过三维动画、Flash 等来表现。但由于网络带宽的限制,在使用多媒体的形式表现网页的内容时不得不考虑客户端的传输速度。

(8) 结构清晰并且便于使用。如果访问者看不懂或很难看懂企业的网站,那么,他就很难了解企业及其产品、服务;企业应使用一些醒目的标题或文字来突出企业的产品与服务。即使企业出品最好的产品,如果客户从企业的网站上无法了解企业在介绍什么或如何从中受益的话,他是不会喜欢企业网站的。

导航设计使用超文本链接或图片链接,使人们能够在企业的网站上自由前进或后退。提示文字注明图片名称或解释,以便那些不愿意自动加载图片的访问者能够了解图片的含义。

企业必须尽量使访问者的漫游过程简单化。一个网站并不是由许多个网页简单地堆砌而成的,必须要有一定的组织形式将它们有机地组织起来。一个网站上的页面应该根据它们被使用的情况进行分组,并且将它们与有关的网站连接起来,以便访问者能够迅速访问相关的网站。要确保每一个页面,或者是至少每一组页面具有一个"回到上页"的链接。网站的信息结构应该明白无误地展现在用户面前,并选择一些对浏览器并无多少了解的非技术用户,让他们使用浏览器来访问你的网站,听听他们的意见。

应确保所有的网页都包含明确的标志,以表明其所处的位置。在首页提供网站导航信息、网站信息搜索引擎将使主页更如虎添翼。另外,不要出现无效的链接。在将每个链接放到页面上之前,应该对其有效性进行验证,但由于网站经常会发生变化,因此还必须定期对其进行检查。

(9) 下载快速。现在主页的设计有一种倾向,就是将主页设计得非常美观漂亮,就跟杂志的封面一样吸引人。但网络有不同于纸质媒体的特点,因此就不能简单地照搬杂志的做法。真正吸引用户继续进行浏览的是主页的内容,这些内容必须对读者有足够的吸引力。

好的主页在强调美观的同时也应考虑访问者的下载速度。现在并不是每个网民都具有很高的连接速度,因此不管企业的站点设计得多精彩,如果忽视下载时间必然会失去许多潜在客户,使他们以后不愿再访问企业的站点。因此,主页的设计者在设计时必须考虑到这个问题。

(10) 内容要符合 Web 要求。开发人员一般都要为 Web 站点开发内容,但有时也有一些数据是由其他的数据形式直接转换来的,尤其是对于那种许多内容是从企业原有的数据库中提取过来的情况。由于没有针对 Web 特点进行处理就直接将这些数据放到 Web 上,所以结果往往令访问者不是很满意。例如,许多站点将纸质杂志的内容以它们原有的格式放到 Web 上,但普通的浏览器无法浏览这种文件。要浏览这种格式的文件,用户就不得不先将它们下载下来,然后再使用专门的处理程序进行浏览。

(11) 方便的反馈及订购程序。设计主页就是为了给访问者提供信息,如果用户对其信息感兴趣的话,就希望能够与站点的有关人员进行联系,如索取有关的资料或对该站点的建设提出建议等。这种情况对于企业站点来讲尤其重要,客户与企业站点的联系可能比普通的站点更多。让客户明确企业所能提供的产品或服务并让他们非常方便地订购是企业获得成功的重要因素。如果客户在企业的网站上产生了购买产品或服务的欲望,企业应让他们尽快实现在线订购或离线购买。

（12）及时进行内容更新与沟通。企业 Web 站点建立后，要不断更新内容。站点信息的不断更新，可以使访问者了解企业的发展动态和网上职务等，同时也会帮助企业树立良好的形象。在企业的 Web 站点上，要认真回复用户的 E-mail，做到有问必答。最好将用户的用意进行分类，如售前了解产品信息、售后服务等，由相关部门处理，使网站访问者感受到企业的真实存在并由此产生信任感。注意不要许诺企业实现不了的东西，在企业真正有能力处理回复之前，不要恳求用户输入信息或罗列一大堆自己不能及时答复的电话号码。如果要求访问者自愿提供其个人信息，应公布并认真履行个人隐私保护承诺。

4. 4. 2　企业网站的维护

当网站测试结束后，网站进入正常运行期，这个阶段的主要工作是网站的维护。网站的维护工作包括两方面的内容：一是网站的升级与维护；二是网页的更新与维护。这些工作是长期的，是网站真正成功的关键。一个成功的网站不在于它的外观和制作时采用的技术，而在于它是否能长期、及时地为用户提供有用的信息。

1）网页维护

网页维护阶段的一个重要内容是查看留言板，查看任务有以下两个：

（1）获得用户反馈信息。通常用户会利用留言板反映网页中存在的问题，管理员应针对这些问题立即进行检查，如确实是服务器和网页方面的原因，应该及时改善。有时，用户也会对网站的内容和页面布局提出一些有用的建议，作为管理员应该听取好的建议，并实施到今后的网页更新过程中。另外，用户也会通过留言板向管理员提出一些问题，管理员应该对这些问题及时回答，并且公布在"查看用户留言"的页面中。

（2）更替留言存放文件的内容。在把有用信息提取出来之后，应该删除已查看过的内容、无效信息、过期信息，或换名保存。这样，保证信息存储文件的长度最小，从而减轻了应用程序运行时的内存负担，提高了服务器的稳定性和响应时间。

另外，在网页正常运行期间也要经常使用浏览器查看、测试页面，查缺补漏，精益求精。

2）网页内容更新

网页发布后不能一成不变，否则一段时间过后，其中的信息对用户便没有任何新意，这样一定会使访问量降低。

网页更新最有用的依据是系统的日志记录。通过分析用户对服务器资源的访问情况，确定网页内容的增减。

（1）可以从各时期日志文件的大小大致得出各时期网站的访问量增减趋势。如果日志文件自建站以来不断增长，说明网站是成功的；否则，就要检讨一下，自己的网站究竟为什么不受欢迎。

（2）从日志记录中选取一段时间内的记录进行分析，比较网页中各部分的访问量。注意最好不要选取刚建站一段时期的记录，因为那时访问者对网站的各部分内容还不熟悉，必然要进各个部分都去看一看，因此看不出各部分的优劣。当网站进入正常运行期，访问者就会根据自己的需要有选择地访问各栏目。

（3）网页更新还应该参考用户的意见和建议。例如，有的用户可能希望在网站论坛中加入一个音乐论坛,或希望在网站中出售 CD 音乐时加入音乐试听项目。根据这个建议可以采取多种新形式来满足这部分用户的需求。一种方式是将部分音乐的片断制作成 MP3 或其他声音格式供网上下载;另一种方式是在音乐论坛下开办一个 CD 出借交流的栏目。另外,还可以逐渐地向网站中添加其他方面的栏目,如现代音乐介绍、古典音乐介绍等方面。这样,通过不断地更新与增加内容,网站将会一天天地丰富、成熟起来。另外,每次更新都不要忘了在公布栏中发布最新消息。

3) 网页布局更新

网站在常常更新内容的情况下,也很难在电子商务网站林立的今天长时间地赢得大量的"眼球"。这就要求对网站定期进行布局更新,包括颜色、字体、图片、首页更新等。

对首页更新是所有更新工作中最重要的,因为人们很重视第一印象。对首页的更新宜采用重新制作,不过网站的 CI 是不能变动的。对其他页面的更新,可采用更新模板、资源库和 CSS 的方法。

4) 网站升级

在网页维护的同时也要做好网站升级的工作,主要包括以下几个方面:

(1) 网站应用程序升级。网站应用程序经过长时间的使用,难免会出现一些问题,如泄露源代码、注册用户信息、网站管理者信息等等。这些应用程序的问题都会产生很严重的后果,轻者服务器停机,重者有法律纠纷。所以,管理人员一定要对应用程序进行监控,一旦出现错误,马上修改,并时刻注意各个安全站点的安全公报。

(2) 网站后台数据库升级。网站在长时间运行后,除了应用程序问题外还有一个数据库速度问题。现在有很多网站在开始阶段因业务量小,而采用了小型数据库,如 Windows 下的 MDB、DBF、TXT 等,或在 Linux 下采用免费的 MYSQL 数据库,这些数据库面临大批量的数据访问时会发生服务器停机的危险。当发现访问量很大,网站响应变慢时,就要升级数据库了。在 Windows 下可升级到 SQL、DB2、ORACLE,在 Linux 下可升级到 ORACLE、DB2 等商业数据库。

(3) 服务器软件的升级。服务器软件随着版本的升高,性能和功能都有提高,适时地升级服务器软件能提高网站的访问质量。比如,Windows NT 的 IIS、Linux 下的 Apache 等 Web 服务器软件,ASP、PHP、JSP 等应用程序语言解释器。

(4) 操作系统的升级。另外,一个稳定强大的操作系统也是服务器性能的保证。应该根据操作系统性能的稳定程度不断升级操作系统。例如,Windows 的 Windows Update 升级,Linux 中的内核升级,但是操作系统升级有一定的危险性。

在以上的各种升级中,为了保证 Web 服务正常提供,每次升级前应该提醒用户,并且在访问量低的时间内升级,从而最大限度地减少因升级带来的危害。

4.5 网站资源合作

4.5.1 网站资源合作内涵

每个企业网站均可以拥有自己的资源,这种资源可以表现为一定的访问量、注册用户信息、有价值的内容和功能、网络广告空间等,利用网站的资源与合作伙伴开展合作,可以实现资源共享,共同扩大收益的目的。

网站之间的资源合作也是互相推广的一种重要方法,其中最简单的合作方式为交换链接。网站其他合作形式还有网络上用户资源共享、广告交换、内容合作等。尽管形式和操作方法各不相同,但是基本思路是一样的,即在自己拥有一定营销资源的情况下通过合作达到共同发展的目的。

4.5.2　网站资源合作策略

1) 利用网站交换链接达到资源共享

目前最简单且应用较广泛的网络资源合作形式是交换链接。网站交换链接是具有一定互补优势的网站之间的简单合作形式,即分别在各自的网站上放置对方网站的 Logo 或网站名称,并设置对方网站的超级链接,使得用户可以从合作网站中发现自己的网站,达到互相推广的目的。

(1) 交换链接的价值。通过交换链接还可以加深用户浏览时对网站的印象,从而获得潜在的网络品牌价值,在搜索引擎排名中增加优势。通过合作网站的推荐增加访问者的可信度,比增加访问量更重要之处在于获得业内的认知和认可,以便为用户提供延伸服务。

(2) 企业实施交换链接的具体过程。现分述如下:

第一,分析潜在的合作对象。简单的方法之一是浏览几个先于自己发布的,与自己的实力、规模、经营领域最接近的网站,逐个分析它们的交换链接对象,若发现有合适的,先作为备选对象,留待以后主动发出合作邀请。

第二,向目标网站发出合作邀请。先起草一份简短的有关交换链接的建议,发给目标联系人,然后静候对方的回应。如果几天后仍然没有回复,不妨再发送一次邮件询问,这时应该注意信件主题,明确地告诉对方你的目的和诚意。在信件中,应先简单地介绍一下自己的网站,如果你已经事先为对方做了链接,就礼貌地告诉对方这样做的意义。合作邮件最好是一对一的而不是群发邮件。如果以征求交换链接的名义大量发送垃圾邮件,这样不仅会使邮件接收者反感,同时还损害了自己的声誉。

第三,交换链接的实施及监测。在得到对方的确认后,应尽快为对方做好链接,同时回一封邮件告诉对方链接已经完成,并邀请对方检查链接是否正确,位置是否合理,这也是暗示对方尽快将自己的链接也做好。我们应该注意的是,同搜索引擎注册一样,交换链接一旦完成就具有一定的稳定性。不过,交换链接后还需要做不定期的检查,回访进行交换链接伙伴的网站,看对方的网站是否运行正常,自己的网站是否被取消或出现错误链接。如果发现对方遗漏链接或出现其他情况,应及时与对方联系。如果与自己链接的伙伴网站因为关闭网站而无法打开,且在一定时间内仍然不能恢复时,应考虑暂时取消那些失效链接。这时,可以自己先备份相关资料,也许对方在问题解决后会和你联系,要求恢复交换链接。

(3) 实施交换链接需要注意的问题。现分述如下:

第一,在做网站链接的时候,尽量不要在网站首页上方设置过多的图片链接。如果有10 幅以上不同风格的图片摆放在一起,一定会让浏览者的眼睛感觉不舒服,应尽量使用文字链接,必要时可以在子页面设置友情链接专区。

第二,企业所要进行链接的网站是与其经营目标有相关联系的网站。一般来说,交换链接的网站之间的相关性或者互补性越强,越容易吸引访问者的注意,交换链接产生的效果也就越明显。

第三,链接的网站数量问题。企业希望链接的网站数量尽可能地多,但并不是什么样的链接都有意义,无关的链接对自己的网站没有正面效果;相反,大量无关的或者低水平网站的链接,将降低那些高质量网站对你的信任,同时,访问者也会将你的网站视为素质低下或者不够专业,严重影响网站的声誉。

第四,不要试图用自动链接的软件来完成链接。每一个链接对象都是一个合作伙伴,应该亲自对合作伙伴的状况作出分析,看是否有必要互做链接,也只有经过认真分析后发出合作邀请,成功的机会才比较大。

2) 实现用户资源共享

每家企业都拥有自己的客户群,用户就是企业的资源之一,越多越好。在互联网中,企业完全可以和相关网站进行资源合作。比如,签订合作协议后,在注册用户信息时,让用户主动选择是否也愿意成为合作伙伴或选择是否愿意接受合作伙伴的周刊信息等,这样才能真正做到用户资源共享。

3) 通过网络会员制营销进行资源合作

网络会员制通过利益关系和电脑程序将无数个网站连接起来,将商家的分销渠道扩展到地球的各个角落,同时为会员网站提供一个简易的获利机会。该合作方式看似简单,但实际上它涉及很多方面,如网站的技术支持、会员招募和资格审查、会员培训、佣金支付、会员服务、发生争议时的解决方法等。在采取网络会员制营销时存在一个双向选择的问题,即选择什么样的网站作为会员,以及会员如何选择网站问题。如果以上问题解决了,企业可以通过这种营销方式来拓展销售渠道从而达到销售增加的目的。当然,网络会员制营销还有其他的价值,如当企业的网站加盟到大型网站,成为其会员网站,可能拥有大量的访问者,通过参与会员制计划,可以依附于一个或多个大型网站,将网站流量转化为收益,虽然获得的不是全部销售利润,而是一定比例的佣金,但相对于自行建设一个电子商务网站的巨大投入和复杂的管理而言,无须面临很大的风险,因而这样的收入也是合理的。

开展会员制营销时,应注意会员制计划的选择。也许有不少大型网站看起来都适合做成为其会员,但是,同时参与太多的网站会员可能不是一件好事,太多的链接会把你的网站淹没,使得访问者感到厌烦,再也不想访问你的网站,这样只会适得其反。因此,应认真选择那些具有高点击率和转化率,且与企业网站内容相关的网站。

单 元 小 结

企业网站是企业在互联网中的门面,是顾客服务、顾客关系、网上调查、网上联盟的基础,具有品牌形象、产品服务展示、信息发布、网上销售等功能,是企业实施网络营销策略的重要工具。网站结构、网站内容、网站服务和网站功能是一个网站的基本组成要素,因此,在企业建设网站的过程中要以这些要素为出发点,站在网络营销的角度,遵循系统性、完整性、友好性、简单性、适应性的指导原则,做到网站的优化设计,即对用户优化、对网络环境(搜索引擎等)优化和对网站运营维护的优化,最终实现企业网站真正为网络营销提供支持。

 **思考题**

(1) 企业建立网站的意义是什么? 网站有哪些形式?

(2) 企业网站有哪些功能?

(3) 网站结构定位有哪些要求? 网站内容设计有哪些要求? 网站功能设计有哪些要求?

(4) 网站服务设计有哪些内容? 网站优化的含义是什么?

(5) 什么是域名? 有何意义? 如何选择合适的域名?

(6) 企业建立网站的标准是什么? 步骤有哪些?

(7) 网站维护包含哪些方面?

(8) 网站资源合作有哪些方式?

 **案例分析**

阅读分析一:网站形象在网络营销工作中的重要性

有一个客户告诉我们,他们成交了一笔金额数十万元的交易,而对方竟然从来没有提出要到企业来看看的要求。原因在于,对方经过从网站上搜索相关企业后,认定我们的这个客户的实力是最强的,但是事实上,我们知道,比我们的这个客户的实力强的企业不止一家,这就是网络的力量。

很多企业都忽略了网站的力量,它们宁可花钱印刷非常精美的企业目录、企业产品简介,宁可将钱花在装修门面上,这些钱动辄几万元,甚至几十万元,但是当人们希望更加了解该企业时,却发现,没有什么资料可以查询,进入网站后,非常一般。

我们先看看天津康师傅网站:www.tinghsin.com.cn。

这个网站从开始申请域名的时候就似乎有问题了,如果是.com.tw,我们可以理解这是中国台湾式的拼音,但是在中国大陆,有多少人记得住这种将 ting 变成顶,将 hsin 变成新的拼音方法? 另外,这个网站要达成的是什么目标? 我们很难看出来,里面有很多东西毫不相关,却又很集中地并列,至于美工,也许见仁见智吧。但很多人看了之后都会觉得这个网站可能是找学生做的。

我们再看看尼康网站:www.nikon.com.cn。

尼康公司是一家专业的摄像器材企业,按道理,这个网站不但要承担其宣传企业品牌的责任,还要承担至少不至于造成负面影响的责任。可是我们认为,该公司在这两方面是失败的,其美工效果确实令人惊讶,怎么会有这样的网站,与尼康产品的形象完全脱离。

我想,诸如此类的失败案例太多了,这些企业让网站破坏了它们的形象。

很多产品和品牌看的都是细节,累积细节之后才能创造品牌出来,曾经听说,宏基的专有橄榄色品牌颜色,因为很难调制出来,经常发生广告商制作出来后不符合要求,几十万的作品因此拆掉重做。

有一次,我们在与国内某知名广告商讨论一个国际超大型数码设备制造商的网站优化的过程中发现(因为该项目属于协议保密项目,我们不能说明是哪家企业),该企业的美工要求甚至超越了搜索引擎的优化要求,如我们希望某个文字的放置位置能够移动到某个地方,对方认为这样可能会引起画面结构不够协调,要求我们采用其他方法来达成效果。幸好,这就好像训练一支球队,如果不适合在云南昆明训练,还可以移师海南、河南等,效果相差不太大。从这个例子中我们发现,整个网站的制作美化必须考虑的还有与整个网站规划必须相互协调的地方,一个网站的建设可能会有很多人参与,有人负责美工,有人负责程序,有人负责总指挥,有人负责文章整理等等,如果没法协调,最后还是必须重新来过,或者造成事倍功半。

分析:企业网站为何能有效地展示企业的形象,试联系具体网站分析。

阅读分析二:伊利企业外网设计与策划示例

1)基本架构

(1)页面主要采用蓝色、红色、绿色三种颜色,以蓝色为主,给人一种自然清新的感觉,体现伊利的稳健与大智的姿态,并与伊利的 CI 保持一致,整个网站的视觉协调统一,加上动感的背景音乐,充分显示伊利企业的活力。

(2)形象页从整体构架看上去好像一面旗帜,体现伊利在食品行业的领导地位,突出伊利在本行业的实力,上半部分的飘带象征着蓝天,下半部分的飘带象征着绿地,给访客一种天然的想象空间。

(3)主要频道的按钮采用奥运五环的五种颜色,充分体现伊利与奥运紧密携手,伊利将发扬奥运精神,是符合奥运标准的企业。

(4)正面背景采用五环,紧密地与奥运集合在一起,各元素的精巧搭配,使整个界面给人以简洁、大气、实力的印象。简洁的风格突出了企业形象与品牌,是大型集团企业网站设计风格的理想选择。

(5)一体化的外围设计配以别具一格、错落有致的页面布局,既达到清新淡雅的设计目标,又给人以内涵丰富的感性认识,使人产生亲切感。

(6)在网站中部显示的是直观的新产品图片,也是访客最需要看到的产品信息,随时发布新产品动向,提升企业在客户心中的可信度心理信息。

(7)上部导航条是围绕着公司、品牌、产品、奥运、互动五个菜单,体现为访客着想的伊利服务理念。

(8)右部是展示伊利的企业形象区域,同时也是企业广告资源区域,可以放置最新的企业广告。

2)伊利互动

为了加强会员与伊利网站的黏度,建立伊利会员在线互动社区,名称暂定为伊利地带(YILI ZONE),从伊利集团首页可以访问,也可以通过 www.zone.yili.com 进行浏览,建立强大的会员中心,组建具有年轻活力、时尚魅力、注重趣味性、知识性的会员俱乐部。该频道可以分为:

会员活动：活动预告、同城聚会等。

健康产品：LGG酸奶、优酸乳、老人补钙、时尚饮品等。

美丽在线：真情告白、游戏天地、桌面墙纸、电子贺卡、电视广告、屏幕保护、动画欣赏、网站寻宝。

无线互动：趣图下载、趣图收藏、下载铃声。

食品安全：关注健康、倡导运动。

(1) 建立虚拟生存的社区，吸引用户经常登录伊利网站，使其可以挑战自己，学习一定的营养知识，熟悉了解伊利的新品，同时获得实惠。对会员进行终身积分，根据积分点数可以兑换折扣或者直接换取不同等级的纪念品、礼品、伊利产品，尤其是伊利推出的奥运礼品。会员的积分可以兑换，并可在会员之间转让，会员可以通过如下方式获得积分：

第一，会员可操作简单的网络游戏比赛来赢取积分。

第二，根据会员登录伊利网站的在线时间进行积分。

第三，会员的在线购物金额可进行积分。

第四，根据会员被伊利采纳的有效建议的条数进行积分。

第五，根据会员提供的原创文章或者 Flash 动画(分享与伊利产品的故事)的数量进行积分。

第六，建立幸运大转盘，当积分累积到一定的点数时，会员可以抽取礼品、大奖或者享受优惠折扣。

第七，让会员搜集伊利每期的产品标识，根据标识的数量及完整性进行积分。

第八，会员可在线浏览或下载伊利网站的广告，根据阅读的次数进行积分。

第九，参与问卷调查的会员可给予积分。

(2) 伊利与奥运。

第一，奥运介绍——介绍奥运的起源与发展，奥运精神。

第二，伊利与奥运——主要介绍奥运文化、奥运历史、中国奥运、伊利与奥运携手等信息。

第三，奥运大事记——介绍奥运的大事，尤其是中国人与奥运的大事，介绍中外奥运明星。

第四，伊利与奥运同行——伊利与奥运携手、伊利参与奥运的相关活动。

第五，在线互动——设置奥运答题、奥运游戏、屏保下载、壁纸下载、Flash 动画下载。

第六，奥运相关活动——报道有关奥运的最新活动新闻等。

(3) 电子优惠券。

第一，会员可以在网上下载最新的电子优惠券，将其打印出来可以享受购物优惠。

第二，会员也可以通过手机，将网上的优惠券发送到手机上享受购物优惠。

(4) 信息订阅。

第一，会员或非会员可以输入邮件地址订阅伊利最新的产品活动或新闻信息。

第二，会员或非会员可以通过手机订阅伊利的短信。

因目前手机用户达 4 亿人，伊利可与 SP 服务商合作，主要通过无线方式来宣传伊利，注册短信网址，逐步开通伊利 wap 网站。发短信"伊利"或"yili"到 8888 定制伊利套餐包月服务，用户订阅服务后：

第一，将及时收到伊利新品、促销及电子优惠券更新通知。

第二，将收到伊利套餐服务菜单（包括图片、铃声下载等），按照短信中的提示，即可无限量下载个性图铃等。

（5）会员活动。

第一，可以举办同城会员活动，如参与植树、郊游、环保等公益活动，让会员在活动的同时感受、了解伊利在公益、环保等领域作出的贡献以及伊利强烈的社会责任感。

第二，通过本网站评选月度、季度、年度最佳热心会员。

第三，充分发挥Web 2.0精神，从会员中评选伊利健康形象大使。

第四，通过本网站举办伊利爱心大使评选。

第五，通过本网站举办网站形象代言人评选。

第六，通过本网站举办奥运知识竞赛评选。

3）网站宣传

（1）新闻发布会。

第一，在新版上线时，举办伊利新形象暨新网站开通上线新闻发布会，选定新华网、新浪、搜狐、网易等门户网站通过软文方式进行宣传报道。

第二，在对外公布伊利企业或伊利产品的形象代言人时，可以通过企业网站以及其他网站进行联合宣传。

第三，报道公司重要事件及活动时，可以通过企业网站以及其他网站进行联合宣传。

（2）市场活动。

第一，配合伊利的促销活动，在网站上给予跟踪报道。

第二，与其他企业合作，如与游戏厂商进行合作，捆绑销售伊利产品，在双方的产品上有介绍具体活动的网址，在伊利的网站上进行专题报道。网站部分效果如图4-1和图4-2所示。

图4-1 伊利网站首页

图 4-2 伊利网站内容页

分析:试结合本章内容对该网站规模作评述。

阅读分析三:强生公司网络营销案例分析

19 世纪 80 年代,一种无菌的、可包扎的、密封于单独包装、不会被感染且立即可用的外科敷料成品的开发标志着强生公司的诞生。它的使用大大减少了手术后病人感染和再次得病的机会,从而使企业迅速发展起来。

今天,强生已发展成为拥有 180 多家分公司、近 10 万名雇员的世界大家庭,生产婴儿护理、医疗用品、家庭保健产品、皮肤护理用品、隐形眼镜和妇女卫生等系列产品。著名的"邦迪"牌创可贴更是人人居家外出的必备品。

显然,策划这类企业网站比策划通用汽车、戴尔和高露洁之类的企业网站要难得多。因为设计单一产品企业网站时,当以纵横捭阖为旨;而建立多种产品企业网站时,则以聚敛收缩为要。这有点类似于书法要诀中"小字贵开阔,大字贵密集"之辩证关系。

面对旗下众多的公司、产品和品牌,强生网站如果不厌其烦地一味穷举,就可能做成"医疗保健品大全"之类。当然,"大全"本身并无不好,问题是互联网生来就是"万类霜天竞自由"的寥廓天地,人们稀罕的不是遍地"山花烂漫",而是在寻觅哪边"风景独好"?今日网上谁主一方沉浮,谁就为一方豪杰,可谓英雄割据正当时。

所以,强生以"有所为,有所不为"为建站原则,以企业"受欢迎的文化"为设计宗旨,明确主线,找准切入点后便"咬住青山不放松",将主题做深做透,从而取得极大成功。

1) 站点主题及创意

管理学者素来对强生公司的"受欢迎的文化"推崇备至。该企业文化的内涵体现在公司信条中。这是自其成立之初就奉行的一种将商业活动与社会责任相结合的经营理念:第一,公司需对使用其产品和服务的用户负责;第二,对公司员工负责;第三,对所在社区和环境负责;第四,对公司股东负责。这些信条自开创者做起,已为历届继任者坚持至今,而且他们坚信,只要做到前三条信条,第四条就自然会做到,企业也会受到公众的欢迎。强生的百年成功历史,就是其执著地实践了这些信条的成果。

所以经验告诉强生,企业网站的成功必须与其奉为桌圭的"受欢迎"和"文化"联系起来。但进一步分析,网上的"受欢迎"是什么? 它是指企业对千百万网民实际需求的关注与满足,而且这种满足必须是与互联网的媒体特性、企业现有产品相结合,同时在网上还要具有特色的、别人难以模仿的新颖服务项目。最后,这种服务对于网民和企业都必须是可持续性的、能不断交流的、可增进双方亲和力与品牌感召力的项目。

明确这些边界条件后,强生就选择其婴儿护理品为其网站的形象产品,选择"您的宝宝"为站点主题,整个站点就成了年轻网民的一部"宝宝成长日记",所有的营销流程自然就沿着这本日记悄然展开。

将一家拥有百年历史、位居《财富》500 强企业的站点建成什么"您的宝宝"网站变成一部"个人化的、记录孩子出生与成长历程的电子手册",这一创意是否太离谱了? 但请慢下结论,任何人只要客观地在其网站浏览一番,就会发现这的确是个"受欢迎"和充满"育儿文化"气息的地方。

在这里,强生就像位呵前护后、絮絮叨叨的老保姆,不时提醒着年轻父母们该关注宝宝的睡眠、他的饮食、他的哭闹、他的体温、如何为他洗澡……年轻父母们会突然发现,在这奔波劳顿、纷乱繁杂世道中,身边确实需要一个这类角色的不断指点。尽管随着孩子的日日成长,这老保姆会时时递来"强生沐浴露"、"强生安全棉"、"强生尿片"、"强生围嘴"、"强生 2 合 1 爽身粉"、"强生 VE 保湿蜜",以及其他几十种"强……强……强……"

虽然不尽强生滚滚来,但这部育儿宝典会告诉您这些用品正是孩子现在所必需的。而且这时的网站又成了科学与权威的代言人,每种产品都是研究成果的结晶,还有各项最新研究报告为证,您只需按吩咐去做准没错! 所以,人们不会觉得它比街头推销员更烦。一个站点做到这样,能说它不成功吗?

2) 站点内容与功能

进入强生网站,左上角著名的公司名标下是显眼的"您的宝宝"站名。每页可见的是各种肤色的婴儿们的盈盈笑脸和其乐融融的年轻父母,这种亲情是化解人们对商业站点敌意的利器。首页上"如您的宝宝××时,应怎样处理?""如何使您的宝宝××?"两项下拉菜单告诉来访者,这是帮人们育儿答疑解惑的地方。

整个网站色调清新淡雅、明亮简洁,设有"宝宝的书"、"宝宝与您及小儿科研究院"、"强生婴儿用品"、"咨询与帮助中心"、"母亲交流圈"、"本站导航"、"意见反馈"等栏目。"宝宝的书"由电子版的"婴儿成长日记"和育儿文献交织组成。前者是强生在网上开设的日记式育儿宝典,任何用户登录后,站点就生成一套记录册,并可得到强生"为您的宝宝专门提供的个性化信息服务"。具体为：

日记(网上电子版)、记事及提醒服务(重要数据与预约项目)、可打印的格式化婴儿保健记录、成长热线(提供与年龄相关的成长信息)、研究文献(输入婴儿的周、月数,站点就提供相应内容的育儿文章,也可按主题查询)。

事实上,育儿宝典的服务是从孕期开始的,其中有孕期保健、孕期胎儿发育、娱乐与情绪控制、旅行与工作、产前准备、婴儿出生、母婴保健……然后是初生婴儿的1周、2周、3周……4月、5月……使用者按此时序记录婴儿发育进展时,站点就不断提供各类参考文章,涉及婴儿的知觉、视觉、触觉、听力系统,对光线的反应,如何晒太阳,疾病症状等。各项操作指导,可谓细致周全。例如,教人如何为婴儿量体温,居然分解出六个步骤进行。至于如何为孩子洗澡,更是先论证一番海绵浴和盆浴不同的道理,然后再要求调节室内温湿度,再分解出浴前准备六个步骤和浴后处理六个步骤……一个网站认真到了这个地步,不由得你不叹服其"对服务负责"信条的威力,相信其进入《财富》500强绝非偶然。

网站还为年轻父母提供了心理指导,这对于某些婴儿的父母来说具有特别重要的意义。如"我的宝宝学得有多快?"栏目就开导人们,不要将自己的孩子与别人的孩子作比较,"将一个婴儿与其兄弟姐妹或其他婴儿比较是很困难的,只有将他的现在和他的过去作比较;而且你们的爱对婴儿来说是至关重要的。因此,无条件地接受他、爱他,就会培养出一个幸福、自信的孩子来。"

促进人们的交流是互联网的主导功能,强生参与运作了一个"全美国母亲中心协会"的虚拟社区。"全美国母亲中心协会"是分布于各州的妇女自由组织的,其目的是"使参加者不再感到孤立无助,能展示其为人之母的价值,切磋夫妇在育儿方面的经验,共同营造出一个适合孩子生长的友善环境"。如今,强生助其上网并归入自己站中,除保留原来的交流作用外,还从相关科研动态与信息方面来帮助她们解决问题。

强生网站提供服务时,客户输入的数据也存入其网站服务器。这是一笔巨大的资产,将对企业经营起着不可估量的作用,这也是对其认真服务的回报。当然,网站对任何登录的客户数据均有保密的承诺,但这些信息对该公司却是公开的。它需要登录者提供自己与婴儿的基本信息,并说明其与婴儿间的关系(母亲、父亲、祖父、祖母……)。对于愿意提供"婴儿皮肤类型"、"是否患尿布疹"、"如何喂养(母乳、牛乳、混合、固体食品)"者,就可获得皮肤保健、治疗尿布疹和喂养方面的专项信息服务。当然,对于顾客主动从"反馈"栏发来的求助与问询,网站的在线服务会给予相应解答。

同样,凡参加"全美国母亲中心协会"论坛的妇女在被正式接纳前,也需按"极感兴趣"、"有兴趣"、"不太感兴趣"、"不感兴趣"的选项,对各种讨论题作出回答,如"母亲工作"、"残疾儿童"、"抚养婴儿"、"取名字"、"孩子出生前后家庭关系变化"、"孕期保健"、"婴儿用品"、"我的宝宝做得如何"、"趣闻轶事"等。

上述客户登记及回答信息到了公司营销专家、心理学家、市场分析家的手中,自然不久就会形成一份份产品促销专案来,至少对企业与顾客保持联系起到相当重要的作用。由于这些方案具有极强的家庭服务需求针对性,故促销成功率相当高。

3) 站点点评

面对庞大的企业群和无数产品,强生网站若按一般设计,可能就会陷入"前屏页面查询＋后台数据库"的检索型网站之流俗格局。从网络营销角度上看,这类企业站点已呈"鸡肋"之颓势。这就如同各种典籍类工具书历来都有,但任何时候都不会形成阅读热潮和建立起忠实的顾客群体,且对强生来说,那样做还无助于将其底蕴深厚的企业文化传统发挥出来。

如今,企业站点在设计上作了大胆的取舍,毅然放弃了所有品牌百花齐放的方案(当然,强生为旗下每家公司注册了独立域名,并能从站点"Websites"目录中方便地查到),只以婴儿护理用品为营销主轴线。选择"您的宝宝"为站点主题,精心构思出"宝宝的书"作为与客户交流及开展个性服务的场所。力求从护理层、知识层、操作层、交流层、情感层、产品层上全面关心顾客痛痒,深入挖掘每户家庭的需求,实时跟踪服务。

于是,借助于互联网,强生开辟了丰富多彩的婴儿服务项目;借助于婴儿服务项目,强生建立了与网民家庭的长期联系;借助于这种联系,强生巩固了与这一代消费者间的关系,同时又培养出新一代的消费者。强生这个名字,必然成为最先占据新生幼儿脑海的第一品牌,该品牌可能将从其记事起,伴随其度过一生。网络营销做到这一境界,已是天下无敌。

分析:强生的网站设计有哪些特点? 试具体分析。

5 网络广告

学习目的

1) 了解网络广告的含义、特点,掌握网络广告的优势及常用术语;
2) 了解网络广告的类型,掌握不同类型广告的运用,能识别并运用各类广告进行网络宣传;
3) 了解网络广告的计费方式和效果评价方法,能对网络广告效果作客观评价;
4) 了解网络广告的实施策略,能根据企业实际提出网络广告实施建设方案。

【本章导入】

网络广告的市场规模

2014 年中国经济增速有所回落,处于结构调整阶段。整体经济运行中的亮点包括:经济结构继续优化,第三产业增速提高;就业与居民收入增长较快;消费热点保持热度,网络零售增长旺盛。中国网络广告市场在此背景下,与 2013 年保持相当增速,整体市场规模超过 1 500 亿元。

2014 年中国网络广告市场规模达到 1 540 亿元,同比增长达到 40.0%,增速较上年小幅下降。在网络广告市场整体进入成熟稳定阶段之后,市场仍然呈现出一些新的发展态势。各个网络媒体细分领域表现各异,一些传统领域呈现出成熟态势下的增速放缓势头,一些领域在新的广告技术与广告形式共同驱动下,迸发出强劲的增长势头。与此同时,品牌广告主预算进一步向数字媒体倾斜,均推动网络广告市场规模达到新的高度。

2014 年,根据艾瑞咨询集团发布网络广告市场数据,在新的划分口径下,中国网络广告市场中占比最大的为搜索关键字广告(不含联盟),达到 28.5%,较 2013 年上升 2 个百分点。份额排名第二的广告形式为电商广告,占比为 26.0%,较 2013 年小幅下降。品牌图形广告份额位居第三,占比为 21.2%。

从增长速度来看,门户及社交媒体中的效果广告增长迅速,表现突出。腾讯广点通及新浪微博广告是其中的最主要的增长力量。这在一定程度上反映出互联网企业在依靠数据分析和技术驱动,达成更加智能的广告匹配以及更加高效的广告资源配置,实现广告营收进一步提高。该部分增长主要体现在"其他形式广告"中。

除此之外,视频贴片广告继续保持高速增长。2014 年视频贴片广告增长得益于巴西世界杯及热门综艺(《我是歌手》第 2 季、《爸爸去哪儿》第 2 季、《中国好声音》第 3 季等)等热门内容的丰富。此外,大品牌广告主对网络视频青睐,广告预算向网络视频倾斜也成为视频贴片广告持续增长的动力。

思考:

网络广告的迅速增长说明了什么?你知道的常见的网络广告形式有哪些?

5.1 网络广告概述

5.1.1 网络广告的含义

广告这个词来自英文"Advertising",而这一英文单词源于拉丁语,含有通知、诱导、披露等意思。从汉字字义上讲,广告分广义广告和狭义广告。广义广告有广而告之的意思。狭义广告则是一种付款形式的宣传,即商业广告。在社会经济高度发展的时代,广告事业日益兴旺发达。

网络广告是一种新兴的广告形式,是网络营销的一个重要领域。企业可利用网络广告来宣传推广自己的网站,建立和维护企业形象,介绍商品的特色,引起消费者的注意,促使消费者产生购买等直接反应,还可以通过出售网站的广告空间来获取利益。

1) 网络广告的概念

当前,国际上关于网络广告的定义有许多种。美国洛杉矶 Lime Media 企业营销副总裁 Jonatham Pajion 认为,网络广告是一种互动式的广告,它应定义为一"类"数字化的信息商务。著名网络营销权威 Daniel Janal 的观点是,当互联网最初受到大家认同可以作为广告媒体来运用时,你的网站就是你的企业的广告。加利福尼亚州 CKs Interactive 就是为 Apple 等著名企业做过广告的全球第一家网络营销广告企业,其总经理 Peter Snell 认为,网络广告最根本的特性在于它的互动性,互动性网络广告的重心应在于互动信息的传递,而不是传统广告的印象创建与说服,网络广告的主要作用是能根据顾客的需要提供相应有用的信息。美国著名的传媒研究者霍金斯将网络广告定义为电子广告。也有人认为,网络广告是指在互联网的站点上发布的以数字代码为载体的各种经营性广告。还有人认为,网络广告是指通过互联网网页发布或通过 E-mail 等电子文档形式发出的网络信息。通俗地讲,网络广告是指确定的广告主以付费方式运用互联网媒体对公众进行劝说的一种信息传播活动。

2) 网络广告的发展现状

近年来,随着互联网的迅速发展,全球基于网络上的商业应用呈爆炸性的增长。国际知名企业早就捷足先登在网络上建立企业网站,宣传企业与产品,寻求网上商机。而不少新企业也不甘示弱,纷纷注册域名、建立网站。这使得企业上网成了空前的热点。根据美国国家科学基金会(NSF)的统计数据,商业应用已占据了 51% 以上的互联网注册网址。

欧美等发达国家的网络营销广告发展速度较快。美国网络营销广告机构的统计资料显示,早在 1997 年第一季度,全美的网络营销广告收入就已达到了 2 950 万美元,这一数据是 1996 年同期的 333％。同时,英国路透社也有相关报道,英国最大的 100 家广告主中,有 83 家已经开始涉足网络营销广告领域。一般而言,通过互联网发布网络营销广告的企业涉及很多领域,既有专业的从事计算机业务的企业,又有诸如宝洁、百事可乐等消费品生产商。

近几年,我国的互联网以极其迅猛的速度发展着,增长迅速的网民队伍为网络营销广告的发展奠定了基础。自 1997 年 3 月我国出现第一则商业性网络广告(广告主是英特尔,形式是 468 像素×60 像素的动画横幅广告)以来,我国的网络广告得到迅猛发展。据"艾瑞市场咨询"的调查数据表明,2005 年,中国网络广告市场规模为 31.3 亿元,比 2004 年增长 77.1％,是 2001 年的 7.6 倍。此外,2005 年网络广告首次超过杂志广告 18 亿元,逼近广播广告 34 亿元的规模。中国网民数量持续旺盛的增长,一定程度上刺激了网络广告的销售量,在未来几年里,网络广告将保持着快速增长的发展态势,成为最经济有效的广告形式之一。

5.1.2　网络广告的特点

传统广告的广告空间是一种商品,价格昂贵而且有限,几十秒钟的电视广告价格可达几百万元甚至上亿元人民币。30 秒钟的广播或电视的广告时段、杂志上的整幅广告页面、路边的一块广告牌只能容纳有限的内容,许多好的广告创意和内容无法表现,只能给消费者留下一个印象。其缺点主要有三点:大面积播送,不是直接将信息送到细分的目标市场,对目标客户的选择性差;信息传送和反馈是隔离的,单向流通、非交互的,有时差的;强势信息灌输,着重于用某种印象诱劝目标受众成为购买者,缺乏理性。

网络广告是以互联网为媒体发布传播的商业广告。它主要采用多媒体技术,提供文字、声音、图像等综合性的信息服务,不仅能做到图文并茂,而且可以双向交流,使信息准确、快速、高效地传达给每一位用户。

作为一种新生事物,网络广告也是一种广告,既具有传统广告的特点,又借助于互联网这个传播媒介,更具独特性。自 1994 年美国"连线"网登出全球第一则网络广告以来,网络广告便逐渐为人们所接受。网络广告在我国出现不过短短的 9 年时间,但其发展速度却超过以往任何一种媒体,究其原因是由于它和传统广告媒体相比具有不可比拟的优越性。具体而言,网络广告有 11 个方面的优势。

1) 传播范围广,突破时空的限制

网络广告的传播不受时间和空间的限制,它通过互联网把广告信息 24 小时不间断地传播到世界各地。只要具备上网条件,任何人在任何地点都可以阅读广告内容,这是其他广告媒体所无法实现的。据统计,目前全球网民已超过 4 亿,截至 2006 年 6 月 30 日,中国网民人数已达到 1.23 亿,比上年同期增长了 19.4％,在网上购物的人数近 300 万,并且这个用户群还以很快的速度不断发展壮大。这些网民具有较高的消费能力,是网络广告的受众,可以在世界上任何地方的互联网上随时随意地浏览广告信息。

2) 定向分类明确,交互性强

尽管传统的广告铺天盖地,但是这类广告没有进行定向和分类,受众只是被动地接受广告信息。而网络广告是一种以消费者为导向、个性化的广告形式,它将广告信息分门别类地放在不同的栏目中,受众可以根据自己的个性和喜好,有选择地接受广告信息,这对于受众完全是一种自主的选择,既节省了广告受众的时间和精力,减少了人们对广告的反感,又增加了广告投放的效益。一旦消费者作出选择,就表明他在心理上已经接受了该广告,在之后的广告双向交流中,广告信息就可以毫无阻碍地进入消费者的心里,实现对消费者的高效劝导。例如,消费者可以通过填写 E-mail 注册表获得他们感兴趣的信息,同时排除他们不感兴趣的内容,使得有效信息能及时传递给他们。对于企业来说,企业也可以有针对性地确定广告投放的目标市场,如生产女士服装的企业可以将广告投放到与妇女相关的网站上。这样,通过互联网可以把适当的信息在适当的时间发送给适当的人,实现广告的定向。

3) 信息量大,内容丰富

在互联网上,广告主提供的信息是不受限制的,广告主或广告代理商可以根据自己的需要提供充足的广告信息和说明,而不必考虑因增加广告内容而带来的高额广告费。在互联网上,一则小小的广告后面,广告主可以把自己的企业及企业的全部产品,包括产品的性能、价格、型号等信息不加限制地放在自己的网站中。而且网络广告的信息形式多样,内容丰富,涉及社会生活的方方面面,发布的内容包括商业信息、个人信息、企业及其产品介绍等方面,任何人都可以从中找到自己感兴趣的内容,这就避免了传统广告媒体专业性强、兼容性差的弊端。

4) 网络广告是多维广告

网络广告是多维的,它能将文字、图像和声音有机地组合在一起,传递多感官的信息,让顾客身临其境般地感受商品或服务。网络广告的载体基本上是多媒体、超文本格式文件,广告受众可以对其感兴趣的产品信息进行更详细的了解,使消费者亲身体验产品、服务与品牌。这种图、文、声、像相结合的广告形式,将大大增强网络广告的实效。

5) 网络广告的受众关注度高

据资料显示,电视并不能集中人的注意力。在看电视的同时,40％的人在阅读,21％的人在做家务,13％的人在吃喝,12％的人在玩赏他物,10％的人在烹饪,9％的人在写作,8％的人在打电话。而网上用户在使用电脑的同时,55％的人不做任何其他事,只有6％的人在打电话,5％的人在吃喝,4％的人在写作。

6) 网络广告拥有最有活力的消费群体

在互联网用户中,72％集中在经济较为发达地区,78％的家庭人均月收入高于1 000元人民币,64％的年龄在18～35岁,58％的人受过大学以上教育。因此,网络广告的目标群体是目前社会上层次最高、收入最多、消费能力最强的最具活力的消费群体,这一群体的消费总额往往大于其他消费层次之和。

7) 精确有效的统计

传统媒体广告的发布者无法得到诸如有多少人接触过该广告的准确信息,因此只能大致推算出广告的效果。而网络广告的发布者则可以通过公共权威的广告统计系统提供庞大的用户跟踪信息库,从中找到各种有用的反馈信息。它可以通过权威公正的访客流量统计系统精确统计出每则广告被浏览的次数、访问者曾经深入了解了哪类信息,以及访问者的访问时间和访问者的地域分布,从而有助于企业了解广告发布的效果,明确哪些广告有效,哪些广告无效,并找出原因,及时对广告投入的效益作出评估,以便调整市场和广告策略。

8) 网络广告制作速度快,易于实时修改

网络广告的制作周期短,而传统广告的制作成本高、投放周期固定,所以很难避免信息的滞后性。另外,在传统媒体上做广告,一旦发版就很难再更改,即使可以改动往往也需要付出很大的经济代价。而在互联网上做广告能按照需要及时变更广告内容,将最新的产品信息传播给消费者,经营决策的变化就能得以及时实施和推广。

9) 网络广告的费用低

网络广告的费用大大低于传统广告。据统计,网络广告的平均费用仅为传统媒体的3%。与报纸和电视广告相比,网络广告在价格上极具竞争力,这对于既想扩大市场,但又缺少资金用于大量广告投放的中小企业尤其具有吸引力,是一条产品进入国际市场的捷径。

10) 网络广告缩短了媒体投放的进程

广告主在传统媒体上进行市场推广一般要经过市场开发期、市场巩固期和市场维持期三个阶段。在这三个阶段中,厂商首先要创立品牌知名度,在消费者获得品牌的初步信息后,推广更为详细的产品信息;然后是与消费者建立较为牢固的关系,以建立品牌忠诚。互联网将这三个阶段合并一次广告投放中实现:消费者看到网络广告,点击后获得详细信息,并填写用户资料或直接参与广告主的市场活动,甚至直接在互联网上实施购买行为。

11) 在线订购

传统广告把市场和营销分为两部分,虽然吸引了顾客的注意力,但从顾客产生购买意愿到实际购买还有一定的时间间隔,有时时间间隔会很长,不利于抓住客户。而网络广告却可以在线订购,以电子货币形式付费,货物能直接通过邮寄送到客户手中,并且费用低于传统购物费用。

以上特点决定了网络广告有传统广告无法比拟的优势,加之互联网技术的飞速发展,网民数量的增加,也为网络广告的进一步发展提供了很好的平台。

5.1.3 网络广告的相关术语

随着网络广告的发展,一些与网络广告有关的新概念也相继涌现,无论是作为广告主还是目标受众,都需要对一些常用网络广告术语有所了解,现介绍一些相关的新概念。

1) 旗帜广告(Banner)和图标广告(Button)

(1) 旗帜广告又称标牌广告、标志广告,是指在其他公司网站上的广告工具中购买的广告空间所做的横幅图像广告。旗帜广告通常位于页面醒目处,色彩艳丽,常伴有动画效果,能给人留下较深刻的印象。设置旗帜广告的目的是从流量较大的网站中分流出一部分目标顾客,将他们吸引到公司的站点中去。

(2) 图标广告有点类似于旗帜广告,但所占幅面及位置都不如旗帜广告。

2) 点击(Hit)

点击表示从一个网页提取信息点的数量。通常某个页面上的文件访问一次被称为一次点击。网页上的每一个图标、链接点都产生点击,所以一个网页的一次访问可以产生多次点击,因此用点击数(Hits)来衡量网站的访问流量和受欢迎程度是不准确的。

3) 点击次数(Click Through)与点进率(Click-Through Rate)

(1) 点击次数是指网络广告被访问者点击浏览的次数。

(2) 点进率是指网络广告被点击的次数与被下载次数之比。

4) 印象、曝光度(Impression)

印象、曝光度等同于页面浏览(Page View),用户所要求的网页的每一次更新显示就是一次印象。

5) 访问(Visit)

访问是指用户点击进入一个网站后进行的一系列点击。它是衡量站点受欢迎程度的一个很好的统计量。

6) 访客流量统计文件(Log File)

访客流量统计文件是指由服务器产生的、记录所有用户访问信息的文件。

7) 单独用户(Unique User)

单独用户是指在单位时间内访问某一站点的所有不同用户的数量。单独用户一般由访问的客户机确认。因此,通过一个服务器来的不同访问者都被认为是一个单独用户。

8) 访客量(User Sessions)

一个单独用户访问一个站点的全过程称为一个 User Session,在一定时间内所有的 User Session 的总和称为访客量。

5.2 网络广告的类型

网络广告的形式丰富多彩,按照广告的性质,可分为图片广告、互动影音广告、弹出式广告等种类。

5.2.1 图片广告

1) 旗帜式广告

旗帜式广告(Banner)是网络广告最初采用的形式,也是网络广告的主要形式。Banner 可以译为网幅广告、标语广告、横幅广告等,其尺寸多为 468 像素×60 像素,也可以根据需要作适当调整。旗帜式广告一般位于网页的页眉处,往往做成动画形式,浏览者只要点击它,就能看到更加详细的信息。这种广告分为轮换式和买断式两种,轮换式是指在网页的同一位置上轮流、顺序、动态地播放几家企业的广告;买断式是指在某段时间内,在网页的某一位置上始终播放同一企业的广告。相比之下,买断式要比轮换式费用高。

(1) 静态网幅广告。静态的网幅广告就是在网页上显示一幅固定的图片,它也是早年网络广告常用的一种方式。它的优点就是制作简单,并且被所有的网站所接受。它的缺点也显而易见,在众多采用新技术制作的网幅广告面前,它就显得有些呆板和枯燥。事实也证明,静态网幅广告的点击率比动态的和交互式的网幅广告低。静态网幅广告,如图 5-1 所示。

(2) 动态网幅广告。动态网幅广告拥有会移动或闪烁的元素。它们通常采用 GIF 的格式,把一连串图像连贯起来形成动画。大多数动态网幅广告由 2～20 帧画面组成,通过不同的画面,可以传递给浏览者更多的信息,也可以通过动画的运用加深浏览者的印象。它们的点击率普遍要比静态网幅广告高。而且,这种广告在制作

图 5-1 静态网幅广告

上相对来说并不复杂,文件尺寸也比较小,通常在 15 K 以下。正因为动态网幅广告拥有如此多的优点,所以它是目前最主要的网络广告形式。动态网幅广告,如图 5-2 所示。

图 5-2　动态网幅广告

2）按钮式广告

按钮式广告又称图标式广告,是标语广告的特殊形式。其制作方法、付费方式和自身属性与标语广告没有区别,仅在形状和大小上有所不同。最常用的按钮式广告的尺寸有四种,分别是 125 像素×125 像素、120 像素×90 像素、120 像素×60 像素、88 像素×31 像素。这种广告幅面偏小,信息量十分有限,一般由一个标志性的图案构成,通常用来宣传广告主的商标或厂徽。因为网上按钮经常能带来免费下载的软件,所以被网民接受的速度快于标语广告,并取得了巨大的成功。按钮式广告,如图 5-3 所示。

图 5-3　按钮式广告

3）游动浮标

游动浮标的大小与旗帜式广告相似,但位置不固定,在整个页面上随机游动,非常吸引用户的视线。

4）文字链接广告

文字链接(Text)广告以文字的形式出现在网页上。它采用超级链接的形式,通过点击企业的名称,链接到广告主的主页上。这种广告非常适合于中小企业,因为它既能产生不错的宣传效果,花费又不多。文字链接广告,如图 5-4 所示。

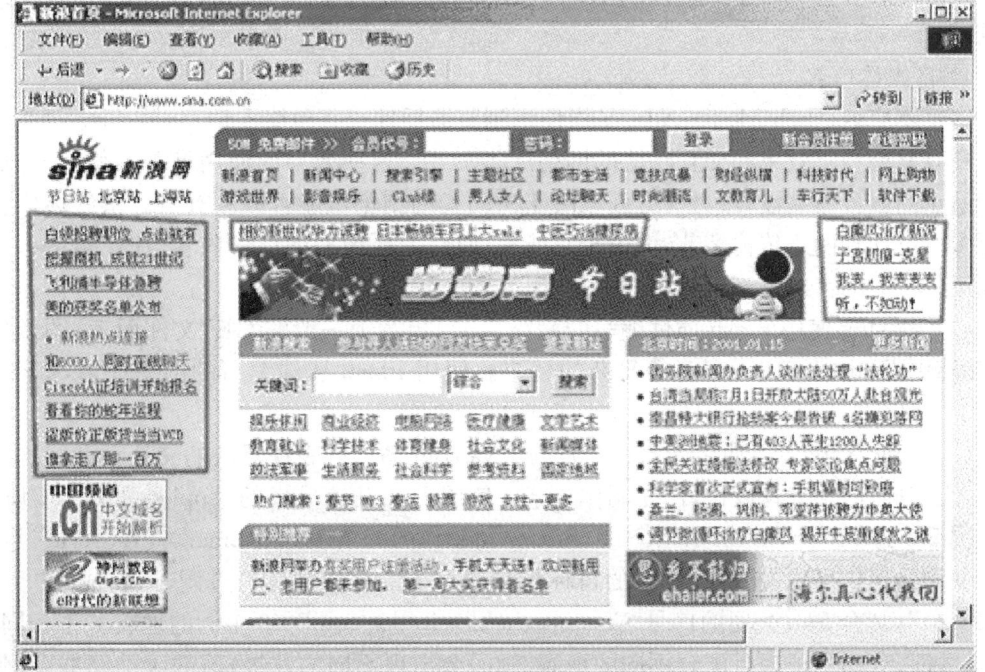

图 5-4　文字链接广告

5.2.2 互动影音广告

当图片广告不能满足广告主要求时，一种更能吸引浏览者的交互式广告产生了。交互式广告的形式多种多样，如游戏、插播、回答问题、下拉菜单、填写表格等，这类广告需要更加直接的交互，比单纯的点击包含更多的内容。交互式广告分为 Html（普通页面）和 Rich Media（富媒体）两种形式。Html 形式的 Banners 允许浏览者在广告中填入数据或通过下拉菜单和选择框进行选择。一般来说，Html 的 Banners 比动态的 Banners 的点击率要高得多，它可以让浏览者选择要浏览的页面，提交问题，甚至玩个游戏。

1）互动游戏广告

在某段页面游戏的全过程，广告都可以随时出现，并且可以根据广告主的要求为之量身定做一个属于自己产品的互动游戏广告（Interactive Games），其广告形式多样。例如，制作情人节的互动游戏贺卡，整个贺卡播放之后，广告成为整个游戏贺卡的结束页面。

2）桌面媒体广告

桌面媒体广告是在用户在线使用的软件的工作界面上播放广告内容的广告形式。这种带广告的软件通常是由软件公司免费提供给用户使用的，如带广告版的 Realplayer 软件等。在用户启动程序时，软件会自动插入广告。这种广告形式的最大优势在于其定向能力。软件使用者在安装程序时会提供个人信息，软件将这些信息传送给广告商作为定向依据。

3）声音广告

声音广告（Ads with Audio）是同时运用视觉和听觉效果对用户进行说服的广告形式。只要网络用户打开网页，音频文件便会自动载入。载入完成后无需用户点击，声音广告就会自动播放，向访问者灌输广告信息。但是，由于音频文件载入较慢、并非每个网上用户都配有或会开启音箱，而且声音广告会对访问者形成较大干扰，所以，这种广告形式并不常见。

4）富媒体广告

富媒体广告（Rich Media Ads）是指使用浏览器插件或其他脚本语言，如 Java 语言等编写的具有复杂视觉效果和交互功能的网络广告形式。这些效果的使用是否有效，一方面取决于站点的服务器端设置；另一方面取决于访问者的浏览器能否顺利查看。富媒体广告占据更多的空间和网络传输字节，但由于它能表现更多、更精彩的广告内容，往往被一些广告主采用。常见的富媒体广告使用以下技术。

（1）Flash。使用 Flash 插件编写的网络广告，相对于一般的 GIF 文件而言，图像更清晰、动感更强，也能够实现交互等复杂的效果。使用 Flash 插件编写的网络广告，如图 5-5 所示。

（2）Java Applets。使用该语言开发的 Java 小程序可以表现复杂的交互性和特殊视觉效果，无需插件，下载速度快，但是制作复杂。使用 Java 语言开发的 Applet，如图 5-6 所示。

图 5-6 为 Freestyle Interactive 为 Sun 公司制作的一个 Java Banner。Freestyle 设计了一个 9 洞的迷你高尔夫游戏，玩家的目标就是以最少的杆数把球打进洞，使它成为".com"的那个"."，契合 Sun 公司的口号"We put the dot in dot com"。9 个洞的地貌各不相同，有草地、沙滩、火山⋯⋯而且配合不同的地貌，画面会出现不同的效果，球的滚动路线、反弹力

图 5-5　使用 Flash 插件编写的网络广告

图 5-6　使用 Java 语言开发的 Applet

完全符合力学模型,非常真实,操作起来也极其简单,鼠标点击就能完成,但这并不会减弱它的趣味性,要完成这个游戏还是要花一番工夫的,而且还配有积分表,这样你就可以和朋友一较高低了。这一切都体现在一个 468 像素×60 像素的 Banner 中,相信每一个玩过它的人都会为它的神奇效果而啧啧称奇。在制作上,该广告使用了 Java 技术,数据放在服务器端,采用实时的传输方法,每打一洞传一幅画面,这样可以减少数据一次性传输所需的等候时间,更容易抓住玩家。

（3）Java Script。使用 Java Script 编写的广告,主要提供交互性功能,可以把标准的 Windows 控件插入到广告中。

（4）V-Banner。V-Banner 是指含有动态影像的网络广告,将 3～5 秒的视频剪辑内容集成到传统的 Banner 中,以增强广告的视觉冲击力。

5.2.3　弹出式广告

弹出式广告又称插播式广告或背后插页式广告,是指在访问者登录一个新的网页时,不经访问者请求,先于网站主页弹出的一个独立窗口,显示在该窗口中的广告。弹出式广告有各种尺寸,从正常页面的 1/4 到占满整个页面。其广告内容往往是被访问网站临时发布的一些信息。这种广告随主页展开弹出,有效的视觉冲击可以加强受众的视觉记忆。广告主喜欢这种广告形式,是因为它容易被浏览者关注。据统计,弹出式广告的点击率一般在 2.5% 以上,而普通图片广告的点击率只有 0.3% 左右。

但是,弹出式广告可能会引起浏览者的反感,对广告主的品牌有一定的杀伤力。为了避免这种情况的发生,许多网站采用了弹出式广告的一种变体——附加式广告,这种广告在后台载入,对浏览者的干扰要小得多。在使用弹出式广告时,掌握以下规则可以避免引起浏览者的反感:

(1) 选择已经使用弹出式广告的网站。把该类广告投放到以前使用过弹出式广告的网站,这样效果会更好。因为,浏览者已经习惯这种广告形式,就不容易产生厌恶情绪。

(2) 使用小尺寸的广告页面。这样不会妨碍访问者浏览主页,也不容易使访问者产生不满。通常使用只有 1/4 屏幕大小的广告比较容易被接受。

5.2.4 其他广告形式

随着计算机技术的进步,各种新兴的网络广告形式不断出现。

1) E-mail 广告

E-mail 是网民最常用的互联网工具。随着以标准横幅广告为代表的网络广告点击率日益下降,E-mail 广告被寄予了很高的期望,成为网络广告商拓展网络广告业务的新契机。E-mail 广告是指商家通过各种渠道搜集大量的 E-mail 地址,利用邮件服务器将其编成邮件用户组,定期向这个邮件组发送信息的广告。E-mail 广告是一种典型的定向广告形式,它能根据产品的目标市场,有针对性地向潜在客户发送 E-mail 广告。E-mail 广告,如图 5-7 所示。

图 5-7   E-mail 广告

2）搜索引擎广告

搜索引擎广告是指通过向搜索引擎服务提供商支付费用，当用户进行相关主题词搜索时，在结果页面的显著位置上显示的广告，包括搜索引擎排名、搜索引擎赞助、内容关联广告等不同形式。

3）屏幕保护广告

屏幕保护广告能在计算机空闲时以全屏的方式播放动画，并配上声音。可以说，屏幕保护广告是计算机上最好的广告载体。许多知名品牌都制作了自己的屏幕保护广告放在网上供用户下载，并且用户也会使用 E-mail 来传递屏幕保护程序。好的屏幕保护广告可以在相当广泛的范围内流传，制作公司可以用很小的投入换来极佳的宣传效果。屏幕保护广告，如图 5-8 所示。

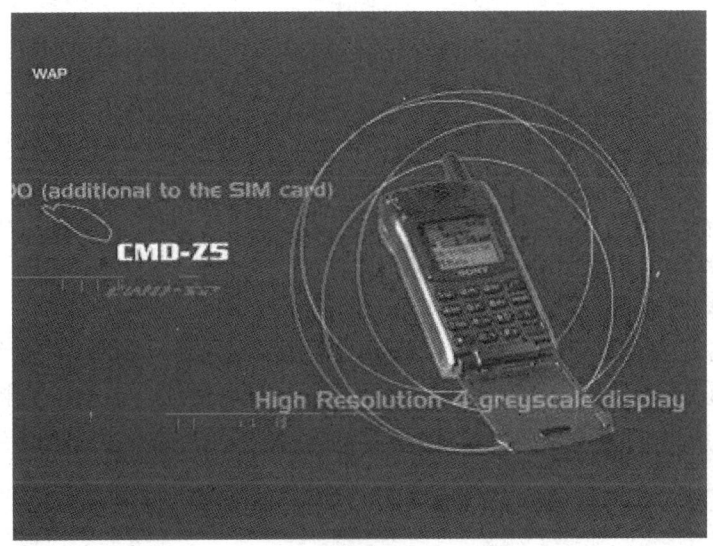

图 5-8　屏幕保护广告

4）关键字搜索广告

关键字搜索广告是指在网站内部，针对搜索不同关键字的用户，刊登特定信息的广告。

5）壁纸广告

壁纸广告是指把广告做成精美的壁纸，通过浏览者下载壁纸，起到宣传产品的作用的广告，如图 5-9 所示。

精美壁纸

图 5-9　壁纸广告

6) 赞助式广告

赞助式广告的形式多种多样,有内容赞助、节目赞助、节日赞助。赞助式广告至今仍未有明确定义,Double Click Asia 中国台湾区行销总监伍臻祥提出,凡是非旗帜形式的网络广告,都可算作赞助式广告。赞助式广告,如图 5-10 所示。

图 5-10　赞助式广告(世界杯网站)

5.3　网络广告的计费方式与效果评价

5.3.1　网络广告的计费方式

一个网络媒体(网站)会包含数十个甚至成千上万个页面,因此网络广告所投放的位置和浏览人数的多寡会影响到网络广告的费用。

1) 按每千印象计费

按每千印象计费(CPM)是传统广告计费的常用方式之一,即网上广告每产生 1 000 个广告印象的费用,通常以广告所在页面的访问量为依据。受用户要求的旗帜广告的每一次显示,就是一次印象,通常理解为一个人的眼睛在一段固定的时间内注视一则广告的次数。其计算公式为:

$$广告费用\ W = 该广告的每显示单价\ P \times n\ CPM$$

例如,A 广告客户每天在雅虎首页购买 10 CPM(1 CPM＝1 000 人次访问页面的收费),每显示单价为 5 元,则

$$广告费用 = 5 \times 10 = 50(元)$$

显然,CPM 是最受广告商欢迎的计费方式,因为不论广告效果如何,只要该广告被播出,广告商就一定可以获得收入。这是目前网络广告最常用的计费方法。

2) 按每次行动计费

与 CPM 只重显示数量不重显示质量的思路不同,按每次行动计费(CPT)只对有效的显示收取费用,所以 CPT 是按广告效果计费的方式。其计算公式为:

$$广告费用\ W = 每行动价格\ P \times 行动次数\ n$$

受众对广告发生兴趣后有不同的反应,可能直接下订单购买,也可能在其他网页上寻找更多的信息。所以,按反应行为的不同,按每次行动计费的方式可以进一步细分。

(1) 按点击计费。此计费方式中作为计费基数的行动是点击。广告主只对那些看到网络广告后通过点击广告中的超链接了解更多信息的行为付费。这种计费方式主要用在搜索引擎广告中。

（2）按回馈效果计费。此计费方式中作为计费基数的是回应的有效问卷式订单。广告商利用奖励或回馈等促销手段吸引消费者参与到和商品、品牌相关的互动活动中去，不限制广告的投放量，只关注广告投放的实际效果。这种计费方式对于网站的运营有一定的风险，但若广告投放成功，其收效就比 CPM 的计费方式大得多。

（3）按销售计费。此种计费方式中作为计费基数的是实际销售产品数量。广告主仅对那些通过点击网络广告进入电子商务网站并完成实际交易的广告，按销售笔数支付给网络媒体广告费用。很显然，这种计费方式对广告主是最有利的，广告主不但不用承担任何风险，而且还可以免费宣传企业品牌。较之前几种方式，该方式使网络媒体承担更多的责任，且网络广告的品牌建设完全得不到回报。

（4）按询盘计费。此计费方式中作为计费基数是可能会实现销售的询盘。广告主以搜集潜在客户名单的多少来计费。

3）时间费率

时间费率是最早使用的计费方式，简单易算。其计费基数是显示广告的时间。计费的时间可以采用天或月，通常采用天来计费。目前，以使用这种计费方式居多，第一个旗帜广告就是以这种方式来计费的。其计算公式为：

$$广告费用\ W = 每天的单价\ P \times 广告天数\ T$$

4）包月方式

很多国内的网站是按照"1 个月多少钱"这种固定收费模式来计费的，这对客户和网站都不公平，无法保障广告客户的利益。

5）混合计费方式

在众多的计费方式中，广告商偏爱 CPM，而广告主则更喜欢 CPT，尤其是按销售计费方式。然而，具体使用哪种计费方式，往往取决于广告主与广告商的实力，占优势的一方可以根据自己的喜好决定计费方式。但是，如果双方实力相当，就可能达成一种妥协方案，即 CPM＋CPT 的方案。在这种方案中，广告费由两部分组成：一部分是 CPM，另一部分是 CPT。

在理论上，混合计费方式是比较科学的计费方式，但实施起来比较麻烦，所以在运用时仍然受到限制。

5.3.2 网络广告的效果评价

一则广告能否引起消费者的注意，是否有助于提高广告品牌的知名度，增加消费者对广告品牌的好感，最终达到推销产品的目的，是每一个广告主都十分关心的问题。广告效果评价正是帮助广告主决定是否要刊播该广告和评价广告投资所得回报的一条主要途径。

1）网络广告效果评价的含义

网络广告效果是指网络广告作品通过网络广告媒体传播后所产生的作用、影响及目标受众对网络广告的反应程度。我们所指的网络广告效果是网络广告活动的效果。网络广告效果评价就是利用一定的指标、方法和技术对网络广告效果进行综合衡量、评估的活动，包括对其进行的心理效果评估、经济效果评估和社会效果评估。

2）网络广告效果评价的内容

（1）曝光数。网络广告曝光数是指网络广告所在的网页被访问的次数，这一数字通常用计数器来统计。如果网络广告刊登在网页的固定位置,那么在刊登期间获得的曝光次数越高,表示该网络广告被看到的次数越多,获得的注意力就越多。

(2) 点击次数。访客通过点击某个横幅广告访问一次广告主网页,称为点击一次。点击次数可以客观准确地反映广告效果。点击次数除以广告曝光总数,可得到点击率,这项指标也可以用来评价广告效果,是广告吸引力的一个标志。如果某个网页出现了 10 000 次,而网页上的广告点击次数为 400 次,那么点击率为 4%。点击率是网络广告最基本的评价指标,也是反映网络广告最直接、最有说服力的量化指标。

(3) 转化率。刊播广告的主要目的是销售商品。以网络下单成交笔数除以点击次数可以得到转化率,它是比点击率更进一步的效果评估指标。

3) 网络广告效果评价指标

(1) 广告经济效果评价指标。对于广告主来说,广告经济效果主要用来评价广告商品的销售额和利润是增加还是减少了,增加和减少的程度如何等。这一指标包括广告费用指标、广告效果指标、广告效益指标、市场占有率指标、广告效果系数指标。

(2) 广告心理效果评价指标。广告心理效果评价,即评价广告经过特定的媒体传播之后对消费者心理活动的影响程度。广告信息作用于消费者而引起一系列心理效应,主要表现在对广告内容的感知反应、记忆巩固、思维活动、情感体验和态度倾向等方面。广告心理评价指标包括感知程度指标、记忆效率指标、思维状态指标、态度倾向指标。

(3) 广告社会效果评价指标。评价广告的社会效果受到一定社会意识形态下的法律规范、伦理道德、文化艺术标准的制约。

4) 网络广告效果评价的时间

(1) 广告前测。即在制定了广告草案后,在广告战役实际开展之前对其进行检测。通过检测,一是可以诊断广告方案中的问题,避免推出无效甚至有害而无益的广告;二是比较、评价候选方案,以便找出最有效的广告方案。

(2) 广告中测。即在广告战役进行的同时,对广告效果进行测评。其主要目的是评价广告前测中未能发现或确定的问题,以便尽早发现问题,及时加以解决。这种评价大多是在实际情景中进行的。

(3) 广告后测。即在整个广告战役结束后对广告效果加以评价。它是根据既定的广告目标评价广告结果,因此,评价内容视广告目标而定,包括品牌知名度、品牌认知、品牌态度及改变、品牌偏好及购买行为等。

5) 网络广告效果评价的方式

(1) 通过服务器端的访问统计软件随时监测。这种方法是使用一些专门的软件对广告进行分析,生成详细的报表。目前,有一种专门用于广告分析的软件——Open Adstream,通过该软件的分析,企业可以随时了解在什么时候、有多少人访问载有广告的页面和有多少人通过广告直接进入企业自己的网页等。

(2) 查看客户反馈量。通常来说,如果一则广告刊播后受众的反映比较强烈,反馈量大量增加,说明该广告比较成功;反之,说明广告失败。因此,广告主可以通过诸如 Form 提交量和 E-mail 在广告投放后是否大量增加来判断广告效果。

(3) 由广告评价机构评价。由广告评价机构评价,即由第三方评价机构充当权威监测人,对网络广告效果进行评价。网络广告效果评价虽然比传统媒体评价更易操作,但其公正性一直受到质疑。在我国,网络广告效果评价极其困难,至今还没有一家公认的第三方评价机构可以提供量化的测评标准和方法。

5.4 网络广告实施策略

5.4.1 确定目标

网络广告是网络营销策略的一个组成部分。网络广告策略的目标应建立在有关的目标市场、市场定位,以及营销组合计划的基础上,通过对市场竞争状况充分的调查分析,确定明确的广告目标。在企业不同的发展时期有不同的广告目标,如企业形象广告、产品广告等。即使对于产品广告,在产品不同的生命周期里,广告的目标也可以区分为提供信息说服购买、提醒消费者使用等不同形式。

1) 从市场营销策略上划分

(1) 创牌广告目标。创牌广告目标着重于开发新产品、开拓新市场。在广告活动中,着重宣传新产品的性能、特点和功效,以加深消费者对产品品牌、商标的认识、理解、记忆程度,从而提高产品的知名度。

(2) 保牌广告目标。保牌广告目标着重于巩固已有的市场,深入开发潜在市场和刺激购买需求。在广告活动中,致力于加深消费者对产品的认识和印象,着重劝说和诱导消费者保持对自己产品已有的好感、偏好,使潜在消费者产生兴趣和购买欲望。

(3) 竞争广告目标。竞争广告目标着重于提高产品的市场竞争力。在广告活动中,把重点放在突出广告产品与同类产品相比较而存在的优势,并努力转变消费者对竞争产品的偏好,促使其转而购买和使用广告产品。

2) 从广告活动的目的上划分

(1) 信息性广告目标。信息性广告目标在产品的导入阶段表现得极为突出。在广告活动中,重点宣传产品的性能、品质、功效和特点等信息,以促使消费者对产品产生基本需求。

(2) 说明性广告目标。说明性广告目标在产品的成长或成熟阶段表现得较为明显。此阶段,市场竞争日益激烈,消费者购买选择余地日渐增加,企业为了培植本产品品牌的选择性需求,运用说明性广告,通过说明或具体比较而形成该品牌的优势。

(3) 提醒性广告目标。提醒性广告目标在产品的成熟阶段表现得较为明显。此阶段,虽然产品已建立起一定的知名度,消费者已形成一定的消费习惯,但是新产品的不断涌现会不断削弱已有产品的市场地位,提醒性广告在于使现有消费者确信他们的购买决策,增加重复购买的信心。

3) 从广告效果上划分

(1) 广告促销目标。广告促销目标是指广告活动所要达到的促销指标。它主要是指销售增长率、市场占有率和利润增长率等内容。广告促销目标强调产品销售的终极目的,短期内可评估效果。一般说来,广告促销目标的制定应有一定的弹性,因为广告不是决定销售的唯一因素,销售还要受到其他因素的影响。

(2) 广告传播目标。广告传播目标是指广告活动所要达到的心理指标,包括对广告信息的视听率、阅读率,以及对广告的注意、理解、记忆、反应等内容。

4) 从目标所涉及的范围划分

(1) 外部目标。外部目标是与广告活动的外部环境有关的目标。例如,市场目标包括市场占有率、市场覆盖面等;销售目标包括销售量目标、销售额目标、利润率目标等;发展目标包括树立产品及企业形象、扩大品牌知名度等;竞争目标包括与主要竞争对手相比较的广告投放量、媒体投资占有率、总收视率等。

(2) 内部目标。内部目标是与广告活动本身有关的目标。例如,广告预算目标包括投入与产出目标;质量目标包括广告作品的创意、文案、制作水准等。

5.4.2 广告预算

企业在营销活动中,要把一定数量的资金用于广告活动,所以,投入多少资金、如何分配资金、预计达到什么效果、如何防止资金的浪费和不足等一系列问题需要一一明确。与传统广告一样,做网络广告前也要编制一个预算。正确编制网络广告预算是网络广告活动得以顺利进行的保证。网络广告与传统广告相比,有自己特殊的计费方式及预算模式,既与传统广告费用计算有共同之处,又有其独特之处。对网络广告费用与预算的分析,有助于广告主及代理商形成理性化的广告行为。

1) 网络广告预算的含义

网络广告预算是指在一定时期内,为实现企业的战略目标,对网络广告活动所需经费总额及其使用范围、分配方法所作的预测性概算。预算并非只是说明打算如何用这笔钱,还包括预测在广告投入之后会产生怎样的结果。

2) 确定网络广告预算的方法

(1) 销售百分比法。销售百分比法是指按上年销售额、来年预定销售额或两者结合确定一个百分比,来确定广告预算的方法。百分比的大小一般按照行业平均数、企业经验或任意方式来确定。

(2) 利润百分比法。利润百分比法是指按上年销售利润或来年的预定利润百分比来确定广告预算的方法。

(3) 销售单位法。销售单位法又称分摊法,是指按每箱、每盒、每件、每桶等计量单位分摊一定数量的广告费用的方法。该方法主要用于横向联合广告或贸易协会广告成员之间的费用分摊。

(4) 竞争对抗法。竞争对抗法又称自卫法,是指根据主要竞争对手的广告费数量来确定自己的广告经费的方法。

(5) 市场份额法。即按广告在整个行业中占有的与市场份额相对应或超出此量的一定百分比划拨广告经费的方法。该方法常用于新产品上市阶段。

(6) 目标/任务法。目标/任务法又称预算累进法。该方法分为三步,即确定目标、明确战略、预计实施该战略的成本。

(7) 试验调查法。试验调查法是指企业在广告预算各不相同的市场进行经验性试验,然后确定一个最佳预算限度的方法。

(8) 精确定量模型法。一般来说,大型广告主和广告公司采用此方法。精确定量模型法是指企业依靠计算机,采用精确的数据、史料和假设来编制预算的方法。

（9）任意法。任意法是一种"走着瞧"的方式。一般来说，资金有限，又准备推出新产品或服务的小企业会采用此法。

3）编制网络广告预算应注意的问题

（1）网络广告媒体——网站的选择。网络广告站点的选择对网络广告预算来说是首先要确定的因素，就如同传统广告媒体的选择一样，一个合适的网站是广告成功的基础。

（2）广告主题与表现方式的确立。在任何广告的预算中，都会考虑到广告的主题与表现方式的问题。从预算的角度来讲，对主题与表现方式的选择和确立是关键的。

（3）预算费用的合理分摊。网络广告最棘手的问题就是如何花钱最有效，即以合理的成本与广告费用达到预期的广告效果。

（4）网络广告预算对网站的要求。网络广告的具体内容要在用户点击之后"链接"到广告主的网页上，这就要求网站要快速、正常地运转以确保这一过程顺利完成。

5.4.3 信息决策

信息应能有效地引起消费者的注意，提起他们的兴趣，引导他们采取行动。广告信息决策的核心就是怎样设计一个有效的广告信息。一般包括三个步骤。

1）广告信息的产生

广告信息可通过多种途径获得，如许多创作人员从顾客、中间商、专家和竞争对手的交谈中寻找灵感。创作者通常要设计多个可供选择的信息，然后从中选择最好的。

2）广告信息的评价和选择

由广告主评价各种广告信息。广告信息首先要突出产品能引起目标顾客兴趣的地方，并表明该产品不同于其他同类产品的独到之处。并且，广告信息必须是可信的，真实性是广告主选择广告信息的极为重要的标准。

3）广告信息的设计与表达

在广告设计中，广告主题和广告创意是最为重要的两个要素。广告主题最重要的是突出产品能够给消费者带来的利益。例如，人们购买软饮料时，期望获得的利益包括营养、卫生、有利健康、口感好、符合潮流等。不同的消费者强调的利益可能有所不同，这正是市场细分的基础。一种产品不可能满足所有消费者的需求，因此一则广告最好只突出一种买主利益，强调一个主题，即使不只涵盖一种利益也必须分清主次。

但是，一则广告有了明确的主题后，如果缺少表现主题的创意，仍无法引人注目，也就难以取得良好而广泛的宣传与促销效果。广告的宣传与促销效果不仅取决于它要说什么，还取决于它怎么说。不同种类的产品，其表达方式是有区别的。例如，巧克力的广告往往与情感相联系，着重情感定位；而洗衣粉的广告，则更侧重于理性定位。特别是对那些差异性不大的产品，广告信息的表达方式显得更为重要，能在很大程度上决定广告效果。在广告的制作中要特别强调创造性的作用。不少学者花时间研究广告预算对销售的影响，却忽略了一个事实：许多企业的广告预算相差不多，却只有少数企业的广告给消费者留下了深刻印象，这就是广告制作的差异或创意的成功。正如一位学者所说："光有事实是不够的……不要忘记莎士比亚曾使用了一些陈旧而拙劣的故事情节，但他的生花妙笔却将腐朽化为神奇。"研究表明，在广告活动中，创意比资金投入更重要。因为，只有给人以深刻印象的广告才能引起目标顾客的注意，进而增加产品销量。在表达广告信息时，应注意运用适当的文字、语言和声调,广告标题尤其要醒目易记、新颖独特,以尽可能少的语言表达尽可能多的信息。此外,还应注意画面的大小和色彩、插图的运用,并将效果与成本加以权衡,然后作出适当的抉择。

5.4.4 投放站点选择

所谓投放站点的选择,就是对网络广告媒体的选择,甚至包括具体页面位置的确定。不同的站点有不同的受众对象,所以媒体的选择对网络广告的最终效果影响很大。例如,你想发布一则儿童用品的网络广告,而选择的站点却是工程师们经常光顾的专业网站,那么,尽管有许多人浏览这个站点或好奇地点击了这条网络广告,但是网络广告的效果却不大。在选择广告投放站点时,要了解网络站点的访问量,访问者的范围是否与你的产品性质相符合,是否有广告定向能力,对网络营销广告评价的报告质量是否较高、准确性是否较好,是否具备一定的监测能力等。网络营销广告站点应该有收视率的保证;计费方式应采用 CPM/CPC 方式,而非包月制或按点击次数计费;广告主可以进行广告监测,由第三方提供广告监测服务;网站信誉度高。

广告投放站点的选择标准如下:
(1) 较快的页面下载速度。
(2) 链接无错误。
(3) 可用不同的浏览器进行浏览。
(4) 能够遵守网络礼仪,有较大的访问量和较好的知名度及可靠性。

单 元 小 结

网络广告是一种新兴的广告形式。网络广告具备先进的多媒体技术,拥有灵活多样的广告投放形式。随着计算机技术的不断发展,网络营销广告在内容上、制作上、传递方式上也在不断变化。

网络广告是非强势推进的,低成本,高效率,更多的是理性的说服,即时互动,受众数量可以统计。网络营销广告的运作过程与传统广告相仿,但网络广告的计费方式与传统广告不同。

 思考题

(1) 网络广告的特点是什么? 与传统广告相比,其优势在哪里?
(2) 网络广告有哪些专业术语?
(3) 网络广告的形式有哪些?
(4) 简述网络广告的计费方式。
(5) 如何评价网络广告的效果?
(6) 简述网络广告投放站点的选择。

案例分析

阅读分析一：玩转网络广告 Nokia3510 媒体投放策略分析

在 2003 年亚太地区最权威的网络广告评奖赛事——第四届金手指网络广告大赛上，Nokia3510 广告勇夺"最佳品牌行销"银手指奖。

大赛评委、上海师范大学广告系和网络传播系主任金定海先生评价说，网络广告的发展必将越来越成熟和广泛，因其强大的互动性，可以与消费者进行深入的沟通，从而充分地传达产品特征和品牌个性以及在其背后所包含的内涵。

媒介选择：为何选择网络媒体？短短 15 秒钟的电视广告无法让受众深刻地了解手机的多种功能。

Nokia 以"3"打头的手机，一般都是以年轻人为目标对象的时尚产品，"3510"属于 Nokia 在 2002 年推出的"真我风采"系列里的一款手机，产品目标消费群定位在 18～25 岁的大学生和时尚白领阶层。

此前，Nokia3510 曾发布一则主题为"友趣乐不停"的 15 秒钟电视广告。广告表现为一群年轻人在迪厅中欢乐劲舞，舞跳得正酣，迪厅突然停电，正在劲舞的年轻人毫不在意，拿出 Nokia3510，在"3510"和弦铃声、节奏闪灯及荧光彩壳的交错中，尽情欢愉。

一则短短 15 秒钟的电视广告无法让受众更深刻地了解 Nokia3510 手机的多种功能，尤其是无法让受众对"3510"的多种时尚功能有任何感性认识。选择其他传统媒体，如报纸、杂志、广播、户外等，也无法充分做到这一点。

实力媒体通过 CMMS 数据分析发现，18～25 岁的年轻人对网络媒体的偏好度非常高，"3150"的彩色屏幕、互动性及其他独特优势，决定了网络媒体不但可以打造和提升品牌知名度，而且可以使消费者对产品有更深入、更感性的体验。

实力媒体确定的策略是挖掘产品特性，针对目标群体，将产品个性化；通过与消费者互动，在愉快的沟通经验中传达 Nokia3510 的特色，让受众产生更深切的体会和共鸣。

Nokia3510 网络广告效果的取得，在于公司对产品的客户群体进行了精准的定位，并在此基础上选择了深受顾客欢迎的网络广告作为宣传产品的媒体。Nokia 公司对广告媒体的选择，是在对网络广告受众进行研究的前提下进行的，针对网络广告目标消费群选择了广告发布媒介；凭借网络广告的优势，对网络广告进行策划；通过网络广告的互动性，使广告受众在愉快的沟通中，了解产品的功能及特点，让受众产生更深切的体会与共鸣，在产品宣传中取得了很好的效果。

分析：

（1）请分析 Nokia 公司选择网络媒体的原因。

（2）结合案例谈谈网络媒体广告与传统电视广告的区别。

阅读分析二：网络营销实战之化零为整——"窄告"构建虚拟媒体

有钱还能没有地方花？记者最近就遇到了一件新鲜事。某餐饮连锁管理机构就在广告投入上犯了难。

该机构名为绿柳居，是中国目前最大的素食餐饮连锁机构之一，由南京百年老字号绿柳居的管理机构——金都集团和加拿大北美投资集团联合投资。在进行招商的过程中，它们希望运用互联网开拓业务。但是,到哪里去找这些餐饮招商的媒体呢? 因此,它们虽然有一定广告预算,可不知道投放到什么地方。

在记者的帮助下,它们请到了营销专家为其指点迷津。专家让它们选择了"窄告"这种最新的网络营销工具。利用"窄告"的"与内容匹配"的功能,就能够"无中生有",打造出一个虚拟的"餐饮招商"媒体,从而将分散的媒体资源集中化,实现了精准、高效的定向投放。

绿柳居在进行网络招商的过程中,定位非常清晰,其难点在于找到合适的通路。网络上的资源虽然众多,但缺乏一个专注于餐饮管理、运营的媒体,特别是有关素食的。而"窄告"改变了这一现状,它将零散的媒体资源集中起来,通过设定"窄告"的关键词,如"餐饮""素食""加盟",就将全国所有"餐饮""素食""加盟"等相关的网页进行了集成,将分散在全国上千家网站的网页组合成了特定的适合"素食餐饮加盟"的媒体资源,很好地满足了绿柳居的特定投放需求。

"窄告"的个性化投放,使绿柳居的网络知名度与品牌迅速提升,现在很多餐饮经营者都在网上看到了它们的"招商加盟""窄告"。虽然单次的广告并不像电视广告那样强制冲击,但是累积的影响也很大,能够逐步形成人们的关联意识,一看到素食餐饮的新闻,就自然想到了绿柳居的素食餐饮。

"'窄告'与内容匹配的特点,是它能够化零为整,构建符合需求的虚拟媒体的关键。"营销专家分析道。当前,虽然我国媒体发展迅速,但是和西方发达国家相比,定位仍然比较粗放,没有实现精细化的分工。在美国有一本杂志叫作《17 岁》,这是一本针对 17 岁的青少年的杂志。而在中国,媒体的细分定位和分工互补并没有开展起来。因此,出现了企业想要找专业媒体投放广告而拿着钱花不出去的现象。而"窄告"率先实现"与内容匹配",通过设定的关键词,能够构建虚拟媒体,很好地填补了细分媒体空缺的空白。

"窄告"是一种新型网络广告,在新浪、网易、TOM、中国新闻网、赛迪网、计算机世界网等上千家知名网站出现。当用户在浏览与汽车有关的文章时,旁边就会出现"汽车保养""汽车销售"等相关广告;厂商如果指定了"汽车"的关键词,其广告就只会出现在和"汽车"相关的网页上。这种特点就决定了"窄告"的针对性特别强,让用户可以看到相关广告,企业也可以利用这种智能匹配技术,打造自己的"虚拟"广告媒体平台,实现针对性很强的网络定向营销。

"窄告"的"与内容匹配"功能,使得它成为中国广告 P4P(Pay For Performance,按效果付费)的先行者。"窄告"以"展示免费""不点击不收费""每次点击最低 0.2 元"的一系列策略,一举帮助其运营者——天下互联公司夺得 RED HERRING 亚洲百强私营企业的荣誉,并荣获 2005 中国互联网十大创新项目奖。"窄告"的"与内容匹配"功能,创新性地解决了广告主与媒体的难题,这也是中国移动、中国电信、SOHO 中国等大型机构以及数以万计的中小企业都纷纷采用"窄告"的原因之一。也许,在网络营销的大潮中,居正出奇、突破创新,将是企业面对的永恒主题。

分析:什么是"窄告"? 它有什么优势? 通过网络了解还有哪些新型网络广告?

6 网络顾客服务策略

学习目的

> 1) 了解网络顾客服务的层次,掌握网络顾客服务的主要内容;
>
> 2) 了解FAQ的分类,掌握企业FAQ的设计方法,能设计个性化的FAQ;
>
> 3) 了解即时信息服务在网络营销中的作用,掌握几种主要的即时通讯服务工具,能运用主流工具完成顾客服务的基本工作。

【本章导入】

2010年8月6日,网友"黄霆钧的爷爷"在天涯社区发表了一篇帖子,他认为当前在各大论坛出现的一篇针对某艺人的批评性文章系"网络水军"所为。这名网友发现,这篇批评性文章的作者和一个名为"水军"的网络组织有关。他在帖子中介绍,所谓的"网络水军",就是通过在网络上发帖、回帖来赚取费用。这篇帖子受到了不少网友的关注,同时也有人认为"黄霆钧的爷爷"实际上也是一名"水军",只不过是他站在了支持这名艺人的立场上,"黄霆钧的爷爷"的这篇帖子实际上体现了两个"水军"群体之间的对抗,不少网友也对"水军"利用网络舆论"攻击"个人的行为表示了忧虑。

"网络水军"顾名思义,就是"在网络上'灌水'(频繁地发帖、回帖)的人"。每成功地发帖或者回帖一次,都会得到一定的报酬。据了解,"网络水军"分为专职和兼职两种,但绝大多数的"水军"都是兼职。这其中,以大学生和白领居多,也有一些无业人员参加。这类人群自由上网的时间很多,有利于完成"任务"。除了发帖、回帖的"零散水军"外,还有一些"正规水军"。这些人通常是一些网站的编辑。一位网络公关公司的员工告诉记者,每当有企业需要发布一些带有广告色彩的文章时,他们就会找到一些网站的编辑,以每篇百余元的价格发布在网站上。与"零散水军"在论坛上发帖不同,"正规水军"的文章都是发布在网站的正规频道里。一位业内人士告诉记者,与论坛上的帖子相比,这样的"广告文章"显然更具权威性。记者了解到,业内通常的报酬标准是发帖一次0.6~1.0元,回帖一次0.4~0.8元。发帖的内容由"水军"的组织者提供,一般由专业人士写好,主要是带有广告性质的文章。此外,还可以通过大量发帖,把一些负面信息"顶"下去,这被业内人士称为"沉帖"。记者了解到,选择"网络水军"推广的企业的类别也很广泛,涵盖了多种行业。

思考:

网络水军有助于提升网络服务水平吗?如何做好网络客户服务工作?

6.1 网络顾客服务概述

6.1.1 网络顾客的需求

随着互联网的日益普及、网络环境的日益成熟,顾客服务的传统思维已经发生了显著的变化,这就迫使企业不得不认真考虑网络时代顾客服务的新规则。网络时代的顾客能自由、轻松地获取和分享信息。互联网在带给他们信息的同时,也赋予了他们更多的选择权利。他们需要最好的服务、最低的价格,并要求在最短的时间里得到利益。

1) 现代顾客的心理特征

当今企业正面临着前所未有的激烈竞争,市场正由卖方垄断向买方垄断演变,消费者主导的营销时代已经来临。在买方市场上,消费者将面对更为纷繁复杂的商品和品牌的选择,这一变化使得当代消费者的心理与以往相比,呈现出一种新的特点和趋势。

(1) 个性化消费的回归。个性化消费正在成为消费的主流。

(2) 消费主动性增强。消费者会主动通过各种可能的途径,获取与商品有关的信息并进行分析比较,从而作出对自己最为有利的选择。

(3) 消费心理稳定性降低,转换速度加快。随着产品更新换代的加速,产品的生命周期在不断缩短,这使得消费者的心理转换速度进一步加快。

(4) 价格仍然是影响消费者心理的重要因素。正因为消费者面临更多的选择,所以,他们都希望能以更低的成本来获得同样的产品和服务。

这些特征对当代企业提出了更高的要求。与此同时,互联网也赋予了企业这样一种能力,使他们能够在网络时代利用信息技术全方位地了解顾客、满足顾客的需要、提高顾客的满意度和忠诚度。现实表明,传统的顾客服务手段已经显得有点力不从心,企业必须寻求新的手段来留住顾客,提高顾客满意度。

2) 网络顾客的需求层次

网络顾客的需求呈现出不同的层次,由低至高可分为四个层次,如图 6-1 所示。

(1) 了解企业的产品和服务信息。现代顾客需要了解产品和服务的详细信息,从中寻找能满足其个性化需求的特定信息。这些要求是传统的营销媒体难以实现的,而互联网在市场营销的早期运用中就已经实现了这一服务功能。在一项顾客需求测试中,消费者按照自己认为的重要程度对产品信息、服务信息和产品订购等网络主要功能进行排序,结果显示人们对于详细的产品和服务信息更感兴趣。这是因为人们已经拥有了众多的订购方式,如电话、传真、邮购等,唯独缺乏可以随要随到的产品和服务。

📖 资料:现代企业利用互联网能为顾客提供前所未有的个性化服务。例如,Amazon设立了一个叫 Eyes 的自动搜索工具,通过这个工具,顾客可以很快找到自己喜欢的某一位作家的所有在版图书,或与顾客感兴趣的某个专题有关的最新著作等。然而在过去,要想寻找这类信息,你就需要翻阅最新的全国书目,定期到当地大型综合图书馆或书店查询。

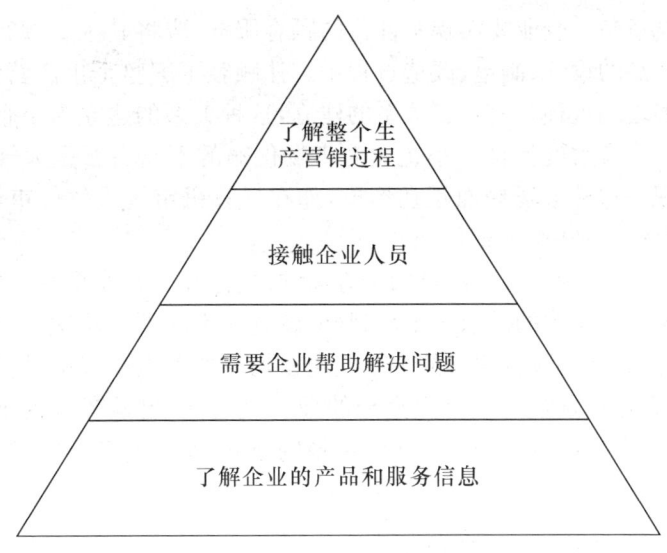

图 6-1　网络顾客需求层次"金字塔"

（2）需要企业帮助解决问题。顾客经常会对某些技术含量较高的产品的使用产生疑问，或这些产品在使用过程中发生故障。因此，从产品的安装、调试、使用，到故障排除、提供产品系统更高层次的知识等都应纳入顾客服务的范围。

帮助顾客解决问题常常消耗传统营销部门大量的时间和人力，而且对于一些常见问题的解决，不仅效率低下，而且服务成本较高。为了解决此类问题，有些企业设置了热线电话，但是，当顾客拨打热线电话时往往会出现这样的情况：由于所有的服务代表都在忙于处理顾客的问题，这时会听到自动应答机要求顾客耐心等待，久而久之，顾客就会失去耐心，进而对企业产生不满。所以，最好的方法是到网上去帮助顾客解决问题。只要能为顾客提供完善的条件，企业完全可以让顾客自己动手解决一些常见的问题。

要做到这一点，首先，要确定顾客可能遇到的问题，并对这些问题作出正确的诊断。例如，当顾客抱怨新买的家电不工作时，应考虑到：安装是否正确、电源是否接通、是否按照说明书操作、在操作程序方面是否存在错误或者家电本身就存在质量缺陷等。只有这样才能够正确预测到顾客所遇到的真正问题，进而在网上提供相关的解决问题的办法。其次，就是要对顾客进行训练，教会他们如何使用企业在网上为他们提供的服务功能，如何利用互联网解决遇到的问题。

📖 资料：Microsoft 公司在网络站点上设置了供顾客自我学习的知识库，不仅能提供经常遇到的问题的解决方案，还能将顾客培训成产品专家，这样顾客便会很乐意自己动手解决问题。

（3）接触企业人员。现代顾客不仅需要自己了解产品、服务知识以及解决问题的方法，同时还需要像传统的顾客服务一样，在必要的时候与企业的有关人员直接接触，解决比较困难的问题，或面对面地询问一些特殊的信息，反馈他们的意见。

（4）了解整个生产营销过程。现代顾客不仅需要了解信息、要求公司帮助解决问题、接触企业人员，有些还希望积极主动地参与产品的设计、制造、运送等。这一点充分体现了现代顾客个性化服务的双向互动的特性。顾客对产品信息了解得越详细，他们对自己需要什么样的产品也就越清楚。企业要实现个性化的顾客服务,应将其主要顾客的需求作为产品定位的依据纳入产品的设计、制造、改造过程中。让顾客了解整个生产营销过程,实际上就意味着企业与顾客之间这种"一对一"关系的建立,这种关系的建立为小企业挑战大企业独霸市场的格局提供了有力的保证。小企业对市场份额的不断占领是大规模市场向细分市场演变的具体表现。这种市场局面正在形成,如在计算机市场或软件市场上,最大的份额不再是 IBM,而是无数的小企业群体。

需要指出的是,网上顾客服务需求四个方面的内容,并不是完全独立的,它们之间是一种相互促进的关系。本层次的需求满足得越好,就越能推动下一层次的服务需求。对顾客的需求满足得越好,企业与顾客之间的关系就越密切。整个生产营销过程中的需求层次逐渐升级,不仅促使企业对顾客需求有更充分的理解,也会引起顾客对企业期望的增强以及对企业的关心,最终不仅可以实现"一对一"关系的建立,而且能够不断地巩固、强化公司与顾客之间的密切关系。

6.1.2　网络顾客服务的层次

企业开展基于互联网的顾客服务,是网络营销的重要组成部分,是一个循序渐进的过程。目前,因为企业信息化的发展规模处于不同的阶段,企业所能提供的顾客服务也不尽相同。

1) 企业自己没有网站的顾客服务

如果企业目前还没有自己的网站,则可以通过行业网站、企业名片等方式,将企业的产品信息登录到相关的网站中,顾客可能通过名片的电话、地址、传真、E-mail 等方式与企业沟通。此时,企业的顾客服务人员必须熟悉电话营销的技巧,抓住机会:沟通—跟进—了解—培养关系—实现销售—培养忠诚客户。此时,"企业名片"是让顾客找到企业的一条非常重要的途径,为顾客提供了寻找产品信息的线索。

2) 单向信息发布类网站的顾客服务

目前,大多数企业网站处于单向信息发布阶段。网站以产品为中心,营销小组不断提供在线的品牌、说明书和产品信息,顾客上网所能得到的信息与离线信息没有多大区别。此时的网络顾客服务是传统顾客服务中信息服务的"在线版"。

这时采用的网络工具主要是搜索引擎、链接和 FAQ 等。其数据库中只包括新产品的详细介绍、专门的促销活动和主要的企业公告等。

从顾客服务的角度看,企业所要做的只是引导顾客迅速找到他们所需要的信息,站内搜索引擎和链接都为顾客寻找信息提供了方便,而对于初次登录的顾客来说,FAQ 则可以满足他们对一般性信息的了解。

3) 提供个性化信息网站的顾客服务

在这个阶段,互联网被用来开发品牌和培养细分市场的顾客忠诚度,并将所有顾客信息及时收集整合。就顾客服务而言,从这个阶段开始,企业初次尝试利用网络的互动性为顾客提供更好的服务。第一,信息发布更详细,有利于满足顾客的需要;第二,顾客信息得到重视,企业为顾客建立了独立的顾客信息数据库,特别是保证顾客姓名、地址等信息的准确性。这样,在与顾客的沟通和联络(如通过 E-mail 的方式)中,企业能为每个顾客提供个性化的"致意",如"某某,您好"等;另外,部分数据也成为企业信息发布内容的依据。

这一阶段的目标是对登录网站的顾客进行初步细分,最低程度地实现个性化服务。在这一阶段,表单充分发挥了它的作用:通过用户注册,初步区分顾客,同时收集顾客基本资料;通过调查问卷,收集所需信息,为个性化服务提供依据;通过信息反馈,对已有顾客进行调查,以便更好地为顾客服务。而 E-mail 则成为企业为顾客提供初步个性化信息的手段,如新闻邮件、促销和直接邮件以及自动应答器所发送的简单邮件等。

4) 提供个性化互动网站的顾客服务

企业将以前的销售与交易的详细情况存储在数据库里,并且为每个顾客建立了一份个人档案,企业系统地跟踪包括购买模式在内的顾客生活方式的各个方面,对顾客的偏好、忌讳、兴趣、习惯、接受新事物的可能性等个性化行为都有很好的记录。这些信息被用来发现一些高度个性化形式的新销售机会,网站开始展示出一些网络销售的能力。在这个阶段,网站被用来提高顾客忠诚度和理解顾客在产品开发方面的需求。就网络顾客服务而言,网站应该拥有大量个性化的工具,能提供个性化的服务,同时关注顾客的个性化需求,大量搜集顾客个性化需求的信息。

首先,网络社区工具(主要是聊天室和 BBS)和新闻组不仅为顾客交流提供了方便,也成为企业收集一手信息的主要来源。其次,对于一些棘手的顾客问题和请求,即时信息服务(也包括呼叫中心和短信 SMS)成为对顾客而言高效率的解决方案。最后,企业应该朝着集各种联系方式(如:E-mail、传真、Web、SMS、GPRS 等)于一体的顾客联络中心方向努力。这样,顾客可以选择任何便捷的形式与企业取得联系,以协助顾客个性化需求的完成。

发展顾客关系的利益开始增加。此时,企业可以为顾客提供差异化服务,企业提供给顾客的特定利益能够与顾客对公司的价值、动机和兴趣相配合。企业更好地掌握了个别顾客的购买需要和购买周期。

企业网站通过忠诚顾客俱乐部、消费者讨论会或以类似的形式鼓励顾客(正在成为企业拥护者的顾客)积极参与网站的活动。顾客参与不但使顾客与网站产生共鸣,而且更进一步提高了顾客忠诚度,也使潜在顾客觉得这是一个好去处,并鼓励他们成为忠诚的定期访问者。这种发展标志着企业已经充分重视到每个顾客的终生价值。

顾客忠诚度通过有目的的沟通以及市场和销售活动,扩展到顾客的朋友和家庭成员那里。扩展的数据库意味着产品和服务可能得到一个更加广泛的选择。顾客现在希望得到一种以他们的固定偏好为基础的高度个性化的服务,他们在网站上就像在自己家里一样,乐意在网站上提些意见、发发牢骚或提出改善建议等。

6.1.3　网络顾客服务的主要内容和工具

1) 网络顾客服务的主要内容

网上顾客服务的过程伴随着顾客与产品接触的过程,包括售前服务、售中服务和售后服务。售前服务是利用互联网把产品的有关信息,如产品技术指标、主要性能、使用方法与价格等发送给目标顾客。售中服务是为顾客提供咨询、导购、订货、结算以及送货等服务。售后服务是为用户安装、调试产品,解决产品在使用过程中的问题,排除技术故障,提供技术支持,寄发产品改进或升级信息以及获取顾客对产品和服务的反馈。企业通过网络主要为其顾客提供以下内容:

(1) 产品及服务介绍。根据网络顾客的需求层次,获得企业产品及服务的相关信息是最基本的需求。例如,戴尔电脑公司为其顾客特设了一个专门的网页,以方便顾客查询产品及服务资料。通过其网站,顾客可以方便快捷地浏览各种不同型号计算机的信息。

    📖 资料:登录戴尔电脑公司网站,了解其站点上所提供的产品和服务信息。

    (2)优惠及折扣服务。公告企业目前的产品销售政策和正在举办的各种活动,提供优惠和折扣服务。例如卓越网,每天都提供各式各样的优惠及折扣活动。

    📖 资料:登录卓越网,了解其所提供的优惠和折扣服务。

    (3)在线调查。开展以顾客满意度为核心的在线调查,其目的是向顾客传递企业对用户的关怀,传递一种负责的态度,同时获得顾客的反馈意见,使顾客感受到企业对他们的重视。

    📖 资料:登录联邦快递网站,了解其在线调查的内容和方式。

    (4)在线投诉。让顾客将所遇到的问题迅速地反馈给企业,处理顾客遇到的实际问题,同时避免类似问题的再次发生。这样能在一定程度上提高顾客的满意度,维护企业的信誉。

    📖 资料:登录中国移动网站,了解其在线投诉的相关内容。

    (5)在线技术支持、培训。让顾客了解产品的基本原理,掌握产品正确的使用方法,帮助顾客正确选择、使用产品。例如,微软公司为其软件产品提供了丰富的网上培训内容和强大的在线技术支持,以帮助顾客更好地使用其产品。

    📖 资料:登录微软中国网站,了解其在线支持和网上培训的相关内容。

    (6)交易安全。企业提供交易安全方面的服务,可以解除顾客对网上交易的安全忧虑,促进网上在线交易的发展。例如,淘宝网通过"支付宝"的模式大大增强了网络交易的安全性,很好地维护了顾客的利益。

    📖 资料:登录淘宝网,了解"支付宝"的相关内容。

    (7)顾客论坛。顾客论坛提供了一个顾客自由交流的空间,让顾客发表对产品和服务等的意见和建议。例如,万科集团通过其"万客会",紧密了企业顾客间以及企业与顾客间的联系,增强了顾客对万科的品牌认同感。

    📖 资料:登录万科网站,了解顾客论坛的相关内容。

    2)网络顾客服务的主要工具

    根据中国互联网信息中心(CNNIC)第十五次中国互联网络发展状况统计调查结果显示,国内经常使用 E-mail 的用户达 88.4%(位居各项网络服务之首),网民人均拥有 1.4 个 E-mail 账号,平均每周收到 E-mail 13.7 封,每周发出 E-mail 4.1 封。但随着顾客对服务及时性的要求越来越高,一些即时通讯工具(如 ICQ、腾讯 QQ、MSN Messenger、Yahoo Messenger 等)将越来越受到网络顾客的欢迎。美国 Modalis Research 研究公司的研究结果表明,目前已经有 6% 的美国网站使用即时通讯工具作为顾客服务工具,有 45% 的消费者对此感到满意。而另一家美国咨询研究公司的研究则表明,即时信息服务对在线销售提升订单成功率有很大帮助,如果使用即时信息合理地开展顾客服务,顾客放弃购物的比例可以降低 20%,这样美国的网上购物总额将增加 200 亿美元。

    网上服务的主要工具包括 FAQ、顾客 E-mail、网上顾客论坛和即时通讯工具等。充分利用这些网络工具,可以使顾客服务工作的效率大幅度提高,从而为企业整体营销活动的成功提供更为可靠的保证。

（1）FAQ。网上顾客服务的重要内容之一是为顾客提供有关企业产品和服务等各方面的信息。面对众多企业能够提供的信息以及顾客可能需要的信息，最好的方法就是在网站上建立顾客 FAQ 网页。该网页是对企业及其产品和服务的基本情况的介绍，它既能引发随意浏览者的兴趣，也能够帮助有目的的浏览者迅速找到他们所需要的信息。

（2）顾客 E-mail。E-mail 是互联网上使用最为频繁的工具之一。它已经成为企业进行顾客服务的有力工具。来自顾客的 E-mail 十分重要，因为它代表了顾客的心声。企业网站的其他部门都是从企业的角度去揣测顾客的需要并满足它，而 E-mail 则直接来自顾客。因此，E-mail 是企业实现顾客满意的最为宝贵的资源之一。总的来看，E-mail 的特点表现在三个方面：一是对顾客而言，E-mail 的优点是它没有任何时间上的限制；二是用 E-mail 答复顾客，具有正式性；三是 E-mail 是一种快捷的沟通方式。

（3）网上顾客论坛。网络可以实现人与人之间的自由讨论与交流，公共讨论这一功能始终保持着其独特的吸引力。互联网上有众多的布告栏和新闻组，参加讨论的人用 E-mail 进行交流，发表对某一问题的看法，因此又称为电子论坛。在电子论坛下又划分成不同的讨论区，每一个讨论区集中于某一特定的主题。在讨论区中，参加者可以看到其他所有人的 E-mail，同时，自己的 E-mail 也处于众多人的关注之下。这些讨论区的存在进一步拓宽了企业顾客服务的范畴。因此，网上顾客论坛是联系企业和顾客、树立企业形象的有力手段。

（4）即时通讯工具（Instant Messaging，简称 IM）。IM 是一种可以让使用者在网络上建立某种私人聊天室（Chat Room）的实时通讯服务软件。它囊括 E-mail 的所有功能，如文字、文件、图片的传输等等，实现了信息的实时交互，安装麦克风和摄像头后还可以实现语音、视频聊天。

6.2 FAQ 在网络顾客服务中的应用

FAQ 最初产生在 Usenet 的新闻组中，在对某个议题经过一段时间的争论与研究后，大家都达成了共识，把这些问题和答案列出后便形成了 FAQ。每个新进入新闻组参加讨论的人都要首先阅读 FAQ，弄清基本问题后，再参加讨论、提出问题。企业把这种方法借鉴到营销管理中，就形成了企业的 FAQ。

6.2.1 企业 FAQ 的设计

FAQ 是一种在线帮助形式，从网络营销的角度看，FAQ 被认为是一种常用的在线顾客服务手段。一套好的 FAQ 系统，至少可以回答用户 80% 的一般问题，这样不仅方便了用户，也大大减轻了网站工作人员顾客服务的压力，节省了大量的顾客服务成本，并且提高了顾客的满意度。因此，一个优秀的网站，应该重视 FAQ 的设计。

1）企业 FAQ 的分类

企业 FAQ 可分为以下五类：

（1）关于产品的 FAQ。

（2）关于升级的 FAQ。

（3）关于订货、运输的 FAQ。

（4）关于获得单独帮助的 FAQ。

（5）关于企业情况的 FAQ。

2）企业 FAQ 设计的主要内容

企业 FAQ 设计的主要内容是：

（1）产品售前咨询一般内容，如介绍网站相关内容、购买产品相关内容、配送内容等。

（2）售后服务相关事项。

3）企业 FAQ 的设计

FAQ 设计的主要工作有两方面：一是列出常见的问题，即在企业网站上建立 FAQ；二是 FAQ 页面的设计。

（1）在企业网站建立 FAQ。在企业网站上列出哪些是常见问题。FAQ 可以设置成两套：一套是面向潜在顾客和新顾客的；另一套是面向老顾客的。

（2）FAQ 页面的设计。设计 FAQ 需要认真思考常见问题的页面组织。精心组织页面不仅可以方便顾客使用，而且能够为企业和顾客节约许多在线上的时间。

FAQ 页面设计要选择合理的格式，既要满足消费者的信息需求，又要控制信息曝光度。通过回复消费者的问题，及时向他们传递企业新产品信息、升级服务信息等，保持与消费者的长期友好关系，及时发现对企业产品和服务不满意的消费者，了解他们不满意的原因，并及时处理。

首先，企业应该组织那些工作在客户服务第一线的员工列出常见的、非常具体而有意义的客户问题，并给出简要的解答，必要时配以插图和照片。注意问题的实用性，不要把 FAQ 做成企业自夸的宣传册。

其次，把所列问题分类（可按照售前、售中、售后的时间顺序分类），在各类问题中按照被客户问及的频率给问题排序。设立问题收集邮箱，根据客户反馈和产品改进等新信息及时更新 FAQ 的命题与解答。

（3）要使 FAQ 简单易寻。在主页上应设有一个突出的按钮指向 FAQ，进而在每一页的工具栏中都设有该按钮。FAQ 也应链接到网站的其他文件上去。同时，在网站的产品和服务信息区域应该设立指向 FAQ 的反向链接，这样，顾客就可以在阅读产品信息时回到 FAQ 页面，发现与之相关的其他方面的问题。

（4）选择合理的 FAQ 格式。选择 FAQ 格式常见的方法是按主题将问题分成几大类，每类问题都有其对应的区域，这些区域基本上能够使顾客清楚地知道，自己可以在何处查询到所需要的答案。

（5）信息披露要适度。企业不必把所有产品、服务以及企业的情况公开出去。这样做，一方面，虽然表现了企业对顾客的真诚，但对顾客没有太多的用途；另一方面，给竞争对手以窥探企业核心技术的机会，对企业不利。所以，信息披露要适度，这个"度"应以对顾客产生价值又不让对手了解企业的内情为准。

📖 资料：在 FAQ 的设置上，微软（中国）有限公司（www. microsoft. com/china）和时代营销网（www. emarketer. cn）的做法具有借鉴意义。例如，微软（中国）将 Outlook2003 的 FAQ 分成产品概述、定价和订购、安装和兼容性三部分。

时代营销网是一家网络营销专业门户网站，提供网络营销与电子商务等领域的理论研究、实用方法、行业信息及学习互动服务,每月发行 1 期《时代营销》电子期刊。时代营销网将 FAQ 细分为几个部分:关于会员权限与注册须知、关于订阅/退订电子刊物、关于专栏作者/专栏文章、关于时代营销特别推荐、关于《时代营销》杂志和关于时代营销合作伙伴。

上两例 FAQ 设置并不是将所有的问题都流水账似的列在同一个页面上,而是在框架页面的顶部设置了一个问题分类表,通过单击这个表的链接,可以到达每一类主题的 FAQ 及其解答。为便于客户从具体问题页面返回到主题分类页面,微软(中国)还在每个页面的底部设置了一个"返回页首"的链接。

6.2.2　FAQ 的搜索

布局设计合理的 FAQ 能让顾客在急需帮助的时候很快地找到问题的答案,易于导航。但设计得再好的 FAQ 也无法使每一位顾客都能快速地寻找到问题的答案,所以还是要为顾客提供搜索的方法。几乎所有的 FAQ 都提供搜索工具,这个搜索工具不仅能在主页上,而且还能在其他页面上进行搜索。搜索工具不仅要具有较强的搜索功能,而且还要易于使用。

1) FAQ 搜索的意义

(1) 符合网民的习惯。有调查表明,68.3% 的上网者经常使用搜索引擎。其中,大部分人已经习惯了通过检索来找到他们所想要的东西,而不是按照某个栏目一级一级往下找。

(2) 所寻即所得。很多网站信息量在不断增长,而访问者的耐心却逐渐下降。据统计,每点击 1 次,就有近 1/3 的用户选择放弃。

(3) 了解访问者的意图。顾客的需求永远都是最重要的,因此企业总在分析自己的顾客在哪里、他们需要什么。所有访问网站的人都可能是你的潜在顾客,了解他们的意图对作出正确的决策很重要。站内搜索技术可以实现这个功能,站内搜索的日志可以记录每个访客的搜索词和搜索结果,这是访客意图最直接的表现。通过分析这些信息,可以调整网站结构,把访客最想了解的信息放在明显位置。

(4) 提升网站信息价值。有些大型网站内容复杂,网页多达几万个甚至更多,要是隐藏很深有可能根本没有人看到,这显然是不理想的,而站内搜索无疑可以解决这个问题。同时,按照一个主题把所有相关文档提供给访客,可以让其更全面地了解他们所想要的东西,这无疑加强了网站信息间的组织性和逻辑性,方便了访客的使用,提升了访客的体验度。

有时,即使有了 FAQ 的帮助,一些顾客还是无法解决问题,因为他们并不确切地知道自己的问题到底属于哪一类,或者在对分类的理解上,企业与顾客存在差异,结果导致寻找方法的错误。这时,需要有人帮助他们找到存在的问题,并为他们指出正确的查找方向。为此,企业可以设计一种软件,通过软件来监视顾客搜索情况。当顾客的搜索操作次数超过正常水平时,就可以通过 E-mail 告诉他们正确的搜索方法和搜索路径。

顾客可以在首页上找到需要的搜索工具,也可以在其他页面上找到。搜索工具必须具有强大的功能,而且容易使用。为此,可以在首页上放置搜索图标,在其他页面上放置搜索按钮,也可放置一条工具栏,企业的技术人员向顾客推荐各种工具,顾客根据需要从中选择。

2) FAQ 搜索设计的注意点

(1) FAQ 搜索功能应适应网站的要求。在网站上最令人烦恼的就是费了好长时间却一无所获。企业网站的宽度、深度和复杂程度将决定应该采用多大搜索功能的搜索器来满足顾客的需要。

对于小网站来说，使用较简易的搜索方案即可。有时一个特别小的网站只需设计一个较好的目录表就能解决问题；较小的网站则需一份较为详细的索引；而稍大的网站可以配备一套根据字符串直接匹配调用文件回取系统帮助搜索。

如果网站很大，对于庞大的文档库如果要建立索引的话将是十分复杂的。因此，必须配有功能强大的搜索器帮助顾客寻找。

（2）从顾客角度设计搜索工具。不少顾客觉得使用搜索器仍然过于繁琐。因为顾客所选择的关键词常常有很多信息与之匹配，这种匹配程度不一定与顾客要解决的核心问题相关，即匹配程度高的不一定就是顾客所需要解决的核心问题。所以，搜索器只能尽可能地列出相匹配的问题，否则就容易丢失信息。如果丢失的信息正好是顾客所需要的，那么这种搜索工具就失去其存在价值了。若把相匹配的问题全部列出来，又常常给顾客以繁琐的感觉。由此看来，考虑了搜索器的功能后，还应关注如何迅速地找到正确的信息。

6.3　即时通讯在网络顾客服务中的应用

6.3.1　即时通讯概述

聊天一直是网民们上网的主要活动之一，网上聊天的主要工具已经从初期的聊天室、论坛变为以 MSN、OICQ（又称 QQ）为代表的即时通讯（IM）软件。大部分人只要上网就会开着自己的 MSN 或 QQ。据统计，迄今为止，全球约有 1 亿多人使用即时通讯软件在网上交流。中国网民惯用的即时聊天工具——腾讯 QQ 从 1999 年 2 月诞生至今，注册用户已超过 1.6 亿，在线用户最高时超过 200 万人，而每天独立上线人数更是达到 1 200 多万，拥有活跃用户 5 500 万，几乎覆盖所有中国网民。

即时聊天使亲友间的沟通突破时空极限，使办公室的沟通突破上下级极限，使陌生人的沟通突破环境极限，使自我与外界的沟通突破心理极限……

作为使用频率最高的网络软件，即时聊天已经突破了作为技术工具的极限，被认为是现代交流方式的象征，并构建起一种新的社会关系。

6.3.2　即时信息服务在网络营销中的作用

通过 E-mail 和在线表单，一般无法得到即时回复。然而，客户在一些咨询活动中，希望能得到企业的即时答复，这就需要一种新型的即时回复工具。市场上比较流行的即时通讯工具有许多，比较有人气的如 ICQ、QQ、MSN 等。不少即时通信软件还集成了数据交换、语音聊天、网络会议等功能，使网上的交流越来越方便和直接。除此之外，它还逐步整合其他的通信方式，如 E-mail 和短信功能，使其逐渐成为一个强大的个人网上通信交流平台。

在线洽谈和在线客服系统，将即时通讯的实时沟通功能扩展到在线商务领域，为企业与用户间的在线商务交流提供了多媒体多渠道的沟通方式。

根据《中国互联网络发展状况统计报告（2005 年 7 月）》，用户对经常使用的网络服务/

功能回答结果中,有 44.9% 的用户选择了即时通讯功能。

在线即时通讯系统,为客户提供更加实时、私密的交流方式。以前即时通讯仅被应用于娱乐聊天,现在为越来越多的企业所应用。从简单的协同办公到营销工具,即时通讯软件已成为非常实用的客户服务工具。

即时信息服务对网络营销的作用,首先表现在顾客服务方面。调查表明,顾客对服务的及时性要求越来越高,期望的回复时间从两年前的 24 小时减少到 6 小时,不少顾客甚至在寻求获得即时满意的服务。于是,各种即时信息成为了理想的在线顾客服务工具。但是,由于这种方式对顾客服务人员要求很高,占用人工也比较多,导致顾客服务成本增加,因此还没有被广泛采用。然而,这种即时服务已经成为一种不可忽视而且是最受欢迎的在线顾客服务手段之一,越来越引起各界重视,尤其是网上零售、网上保险等对顾客服务要求较高的领域,大多配置了专门的回复人员。

与顾客在超市的购买不同,顾客放弃购物车是网上销售中的一种常见现象。电子商务门户网站 BizRate.com 的研究发现,顾客放弃购物车的比例高达 75%,其中 8.1% 是因为在顾客需要询问时,销售商无法给出解答所造成的。

通过对网上消费者的购物行为分析得知,消费者在购买前已经有一定的购买计划,对于无法确定是否适合自己的商品可能会先放入购物车,而最终再去收银台付款之前放弃这次购物;或者,当看到一件新产品或者计划之外的产品时,由于没有朋友或者导购员可以商量和咨询,最终放弃购买。其实,种种现象背后都包含着同样的问题:网站缺乏实时交互性,包括消费者与网站之间以及购买同类商品的顾客之间的交互。即时信息服务正好可以在这方面发挥其优越性,从技术上说应该不存在多大障碍。

即时信息的具体应用方法很多,一些网站已经开始利用即时信息开展深层次的顾客服务,并充分发挥其营销功能。例如,使浏览同一商品的用户可以互相交流,共同分享该产品的信息,并就一些问题互相讨论。这样,既可以实现远程"相约购物",增加网上购物的乐趣,同时也有助于顾客对商品的快速了解。当顾客反复查看某种商品,显得有些犹豫不决时,虚拟导购小姐或者虚拟产品专家可以及时弹出一个对话窗口,利用即时信息为顾客作必要的介绍,这样一定会有助于用户的购买决策,提高订单成功率。

根据一项调查表明,即时信息服务对于网上销售中提高订单成功率有很大帮助,如果使用即时信息合理地开展顾客服务,顾客放弃购物车的比例可以降低 20%。

6.3.3　几种主要的即时通讯服务工具

1) ICQ

最早的网络即时通讯工具 ICQ 是由以色列的几名学生开发出来的。ICQ 改变了整个互联网的交流,使之变得更加及时和方便。1998 年,ICQ 被 AOL 公司收购。

2) QQ

QQ 是中国最早的即时通信软件。1997 年,由腾讯公司模仿 ICQ 开发而成,当时称为 QICQ,2000 年改名为 QQ。QQ 提供寻呼、聊天、新闻等信息,以及手机上的移动 QQ 服务。

3) MSN Messenger

MSN Messenger 是微软公司针对商务人士推出的即时通信软件。

4) 雅虎通

雅虎通是由著名的搜索网站 Yahoo 推出的即时通讯工具,支持多种操作系统和其他便携式无线设备,可以随时查阅股票行情。

5) SKYPE

SKYPE 是由 TOM 公司与 Skype Technologies-S. A. 联合推出的互联网语音沟通工具,具有先进的 P2P 技术、超清晰的语音通话效果。

6) 网易泡泡

网易泡泡(POPO)是由网易公司开发的免费多媒体即时通讯工具,具有超酷表情、自定义软件皮肤等功能,其用户以学生为主。

7) 新浪 UC

新浪 UC 是由新浪公司开发的开放式即时通讯娱乐平台,具有视频电话、信息群发、文件互传、在线游戏等功能。

8) 搜 Q

搜 Q 是由搜狐公司推出的即时通讯工具。

9) 贸易通

贸易通是由阿里巴巴公司针对商务人士开发的限于商务用途的 IM 工具。

10) 网站伴侣

网站伴侣是由面向企业的网页对话系统,将即时通讯功能与 Web 页面功能进行了整合,能有效地实施在线服务、帮助网站获得更多的在线商机,力图帮助企业提供高效率、低成本的客户服务。

单 元 小 结

研究顾客的需求特征是企业吸引顾客的重要工作,企业应该了解顾客需求特征的演变和顾客的需求层次,以满足不同层次顾客的需要。

网络在从产品及服务介绍到会员注册、在线调查、在线交易、在线投诉等顾客服务中起着非常重要的作用,其双向互动的特性,能使顾客直接与企业进行交流,使传统的单向顾客服务变成了双向顾客整合。

网络顾客服务策略具体包括提供信息、反馈交互和顾客整合等方面。FAQ 的设计与使用是向顾客提供信息的一条途径,E-mail 则是企业与顾客对话的双向渠道,而即时通讯工具则使企业与顾客的实时沟通成为可能。

 思考题

1) 网络客户需求有哪些层次?

2) 网络顾客服务有哪些层次?

3) 网络顾客服务的主要工具是什么?

4) 什么是 FAQ? 如何设计 FAQ?

5) 什么是 IM? 主要有哪几种?

 **案例分析**

阅读分析一: 腾讯公司顾客服务中心

1) 腾讯公司简介

腾讯公司于 1998 年 11 月在深圳成立,是中国最早也是目前中国市场上最大的互联网即时通信软件开发商。1999 年 2 月,腾讯正式推出第一款即时通信软件——"腾讯 QQ",并于 2004 年 6 月 16 日在中国香港联交所主板上市(股票代号 700)。

腾讯已形成了互联网业务、无线和固网业务、广告业务、企业服务和品牌授权等五大业务体系,并逐步向个人即时通讯、企业实时通讯和娱乐资讯三大战略方向发展。

企业服务是以腾讯通 RTX 为核心为企业用户提供的实时通信服务,它可以帮助企业提高员工办公效率,加速企业内部、企业与客户之间的信息流通。它是即时通信服务商用化的开始,标志着腾讯公司的业务从个人向企业延伸。腾讯通 RTX 的主要功能包括即时通信、多方网络会议、讨论、手机短信(群发)与 QQ 通信等。

2) 腾讯客服中心

腾讯客服被评为 2004～2005 年度"广东省最佳客服中心"。为了能为更多的用户提供全方位的高品质服务,腾讯邀请了权威机构和专家对客服中心进行评测和指导,站在更高的角度,了解行业内的趋势和更高的要求,努力成为行业内的标杆和领先者。在为期 3 个月的评选活动中,最终腾讯客服中心以极具腾讯特色的优质服务获得"广东省最佳客服中心"大奖。这次奖项的荣获,成为腾讯客服中心展示极具特色的多渠道服务方式,传播高品质的管理理念、提升企业品牌形象的重要里程碑。"腾讯客服中心"主页,如图 6-2 所示。

图 6-2 腾讯客服中心

腾讯客户服务中心是公司所有业务的主要服务窗口,负责向客户提供各种业务咨询以及受理客户投诉。客服中心致力于不断完善服务体系,向广大客户提供全方位、及时周到的服务。

腾讯客户服务中心提供的各种服务,如表 6-1 所示。

表 6-1 "腾讯客服"项目

服 务 项 目	具 体 服 务 内 容
QQ 密码保护服务	申请保护、修改资料、重设密码、号码申诉、申诉处理公告
手机业务服务	QQ 用户查询、手机用户查询
热线服务	提供 7×24 小时的服务
客服论坛	设立 QQ 会员、QQ 秀、QQ 空间、腾讯软件等几个论坛栏目
邮件服务	用户可以通过 E-mail 和客户服务部、技术支持部、市场业务部、总公司及其分公司沟通
用户在线反馈	用户可以获得在线帮助
常见问题解答	按照以下类别为客户提供常见问题解答:会员增值服务类、娱乐交友类、腾讯软件类、号码服务类、支付中心类、语音服务类、QQ 电话、开心宝典、手机游戏订阅类、手机聊天短信

腾讯公司的客户服务具有以下特点:① 服务项目全,涵盖公司的所有业务;② 服务方式多样,从普通的 FAQ 到 E-mail、论坛、在线服务以及普通电话咨询,可以满足不同类型客户的多层次、多方面要求。可以这样说,腾讯能取得引人注目的业绩与其近乎完美的客户服务是密不可分的。

分析:从"腾讯客服"看,网络企业客服与传统企业客服有何异同?

综　合　篇

7　网络营销组合策略

【本章导入】

"封杀王老吉"的真相

一篇名为"封杀王老吉"（该品牌当时由加多宝经营）的帖子尤为火爆，"作为中国民营企业的加多宝，一下就捐款1个亿，真的太狠了，网友一致认为，不能再让王老吉的凉茶出现在超市的货架上，见一罐买一罐，坚决买空王老吉的凉茶，'今年爸妈不收礼，收礼就收王老吉！'支持国货，以后我就喝王老吉了，让王老吉的凉茶不够卖！让他们着急去吧！"这篇文章首次出现在天涯论坛就获得了极高的点击率，而后又被网友们疯狂转载。简单用"封杀王老吉"搜索了一下，百度出现了3 350个结果——真是不小的数字！光是论坛的转载就超过3 000多条。惊人的转载量、回复量和点击量让这个帖子登上了各大论坛的首页，也引起了各大传统媒体和网络媒体的报道！

思考：

通过网络了解"封杀王老吉"的详细情况，并思考"封杀王老吉"的背后体现了什么营销策略？

7.1 网络营销产品策略

7.1.1 网络营销产品概述

1) 网络营销产品的整体概念

在网络营销中,产品的整体概念分为五个层次:

(1) 核心利益层次。核心利益是产品能够提供给消费者的基本效用或益处,是消费者真正想要购买的基本效用或益处。例如,消费者购买电脑是为了使用电脑,利用电脑作为上网工具;人们购买洗衣机并不是为了获得装有某些机械、电器零部件的一只箱子,而是因为这种装置能代替人力洗衣服,从而满足消费者减轻家务劳动的需要。这就是产品的核心内容。企业在网络环境下要注意网络营销的全球性,企业在提供核心利益和服务时要针对全球市场,如在医疗服务方面,可以借助网络实现远程医疗。

(2) 有形产品层次。有形产品是产品在市场上出现时的具体物质形态,是核心利益的物质载体。也可以说,有形产品是核心利益借以实现的形式,是核心利益的物质承担者。企业的设计和生产人员将核心利益转变为有形的东西,以便卖给顾客。物质产品是建立在以消费者满意为主的基础上的,所以形式产品的设计要以顾客需求为起始点,以顾客满意为终点,质量并非越高越好,功能也并非越多越好。

(3) 期望产品层次。期望产品是指购买者在购买该产品时期望得到的东西。在网络营销中,顾客处于主导地位,消费呈现出个性化的特征,不同的消费者可能对产品的要求不一样,因此产品的设计和开发必须满足顾客这种个性化的消费需求。这种顾客在购买产品前对所购产品的质量、使用方便程度、特点等方面的期望,就是期望产品层次。

(4) 延伸产品层次。延伸产品是指顾客在购买有形产品和期望产品时所能得到的附加服务和利益,是指由产品的生产者或经营者提供给购买者的,帮助用户更好地使用核心利益的服务。在网络营销中,对于物质产品来说,延伸产品层次要注意提供令顾客满意的售后服务。顾客购买某项产品时,希望能得到与该项需要有关的一切事物,因此企业只有向顾客提供具有更多实际利益、能更完美地满足其需要的延伸产品,才能在竞争中获胜。

(5) 潜在产品层次。潜在产品层次是在延伸产品层次之外,由企业提供能满足顾客潜在需求的产品层次,是产品的一种增值服务。与延伸产品的主要区别是,当顾客没有潜在产品层次时,仍然可以很好地使用其需要的产品的核心利益和服务。在高新技术发展日益迅猛的时代,有许多潜在需求和利益还没有被顾客认识到,这就需要企业通过引导和支持更好地满足顾客的潜在需求。

2) 网络营销产品的特点

(1) 产品性质。由于网上购物对顾客的网络知识与技术有一定的要求,因此在网上销售最好是与高技术或电脑、网络有关的产品;信息类产品,如图书、音乐等也比较适合网上销售;此外,无形产品也可以借助网络的作用实现远程销售,如远程医疗等。

(2) 产品质量。网络的虚拟性使得顾客可以突破时间和空间的限制,实现远程购物和在网上直接订购,然而这也使得网民在购买前无法尝试产品。因此,顾客对产品质量尤为重视。出于对产品质量的担心,顾客只愿意购买那些质量可在网上测定的产品,如图书、软件、CD 等商品。

（3）产品式样。通过互联网对世界各国和地区进行营销的产品要符合该国和地区的风俗习惯、宗教信仰和教育水平。同时，由于网上消费者的个性化需求，网络营销产品的式样必须满足购买者的个性化需求。

（4）产品品牌。在网络营销中，生产商与经营商的品牌同样重要，一方面，要在网上浩如烟海的信息中获得浏览者的注意，必须拥有明确、醒目的品牌；另一方面，由于网上购买者有很多选择，网络销售无法进行传统购物体验，因此，购买者对品牌比较关注。

（5）产品包装。作为通过互联网经营的针对全球市场的产品，其包装必须适合网络营销的要求。例如，通过网络传送的无形商品可无任何包装，其他实体性产品应采用适合专业配送的包装。

（6）目标市场。网上市场是以网络用户为主要目标的市场，在网上销售的产品要适合覆盖广大的地理范围。如果产品的目标市场比较狭窄，可以采用传统营销策略。

（7）产品价格。互联网作为信息传递工具，在发展初期是采用共享和免费策略发展而来的，网上用户比较认同网上产品低廉的特性；另外，由于通过互联网进行销售的成本低于其他渠道的产品，在网上销售产品一般采用低价位定价。

3）网络营销产品的分类

按照网络营销产品的不同性质和形态，分为实体产品和虚体产品两大类。

（1）实体产品。实体产品是指具体物理形状的物质产品。在网络上销售实体产品的过程与传统的购物方式有所不同，表现为没有传统的面对面的买卖方式，网络上的交互式交流成为买卖双方交流的主要形式。消费者或客户通过卖方的主页考察其产品，通过填写表格表达自己对品种、质量、价格、数量的选择；而卖方则将面对面的交货改为邮寄产品或送货上门，这与邮购产品颇为相似。因此，网络销售也是直销方式的一种。

（2）虚体产品。虚体产品与实体产品的本质区别在于，虚体产品一般是无形的，即使表现出一定形态也是通过其载体体现出来的，但产品本身的性质和性能必须通过其他方式才能表现出来。在网络上销售的虚体产品可以分为软件和服务两大类。

第一，软件：软件包括计算机系统软件和应用软件。网上软件销售商经常提供一段时间的试用期，允许用户尝试使用并提出意见。好的软件很快能够吸引顾客，使他们爱不释手并为此慷慨解囊。

第二，服务。服务可以分为普通服务和信息咨询服务两大类。普通服务包括远程医疗、法律救助、航空火车订票、入场券预定、饭店旅游服务预约、医院预约挂号、网络交友、电脑游戏等；信息咨询服务包括法律咨询、医药咨询、股市行情分析、金融咨询、资料库检索、电子新闻、电子报刊等。

对于普通服务来说，通过网络这种媒体，顾客能够尽快地得到所需要的服务，从而免除排队等候的时间成本。同时，消费者利用浏览软件，能够得到更多更快的信息，提高信息传递的效率，增强促销的效果。

对于信息咨询服务来说，网络是最好的媒体选择。用户上网的最大目的就是寻求对自己有用的信息，信息服务正好提供了满足这种需求的机会。通过计算机互联网，消费者可以得到包括法律咨询、医药咨询、金融咨询、股市行情分析在内的咨询服务和包括资料库检索、电子新闻、电子报刊在内的信息服务。网络营销产品类型，如表 7-1 所示。

表 7-1　网络营销产品类型

产品形态	产品种类	产　品　品　种
实体产品	普通产品	一般为有形产品,如服装、家电、食品等
虚体产品	软　件	系统软件、应用软件
	服　务	普通服务,如医疗服务、法律服务、金融服务等
		信息咨询服务,如市场调查、投资咨询等
		网络营销服务,如网站建设和维护、网络游戏

7.1.2　网络产品生命周期与营销策略

产品生命周期是指一种产品在市场上出现、发展到最后被淘汰的全过程,是产品的更新换代。产品生命周期取决于人类创造能力的不断提高和消费习惯的变化,并受众多因素的影响,包括:产品本身的性质、特点;市场竞争的激烈程度、科技发展的速度、消费者需求的变化、企业营销的努力程度等。

产品生命周期一般分为四个阶段,即导入期、成长期、成熟期与衰退期。在产品进入市场之前,一般还有一个开发期。产品生命周期如图 7-1 所示。

把产品生命周期划分为不同的阶段,一方面,反映了产品在不同生命周期阶段存在着不同的特点;另一方面,也说明在不同生命周期阶段,企业应该采用不同的营销策略。

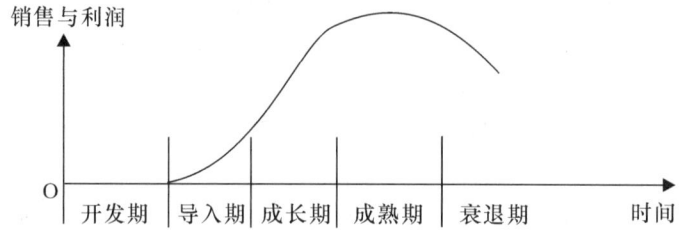

图 7-1　产品生命周期

1) 网络产品的选择

产品市场生命周期是产品从上市到落市的时间间隔。产品市场生命周期的长短,主要取决于产品上市后,市场对产品的需求变化和新产品的更新换代程度。一般而言,企业在从事网络营销时,如 B2C 网站,可首选下列产品:

(1) 具有高科技性能或与电脑相关的产品。

(2) 市场需要覆盖较大地理范围的产品。

(3) 不大容易设店的特殊产品或传统市场不愿经营的小商品。

(4) 网络营销费用远低于其他销售渠道费用的产品。

(5) 消费者从网上取得信息,即可作出购买决策的产品。

(6) 网络群体目标市场容量较大的产品和服务。

(7) 便于配送的产品。

（8）名牌产品。

2）产品生命周期与网络营销战略

（1）导入期的特点与营销策略。处于导入期的产品销量小且销售增长缓慢，利润低甚至亏损。在导入期，顾客对新产品比较陌生，多数顾客对新产品持观望态度，只有极少数猎奇者才会购买。导入期的营销策略重点是提高新产品的知名度和产品质量。具体营销策略包括：① 控制投资规模，保证新产品的质量，待销量有明显增加时才逐步扩大投资；② 广告宣传的重点是让顾客了解新产品的存在、核心利益和功效，努力提高顾客兴趣并试用新产品；③ 考虑网络营销产品的特点，产品的定价应采用低价或免费试用；④ 产品的上市范围要根据企业物流体系和潜在市场对新产品的需求程度来确定；⑤ 虚体产品可全面铺开，推向整体市场，而实体产品应优先考虑在区域市场推出，然后逐步扩大市场范围。新产品不一定都能走完所有的生命周期阶段，存在夭折的风险。

（2）成长期的特点与营销策略。经过导入期的营销努力，新产品逐渐为顾客所接受，进入成长期。在成长期，产品销售量迅速上升，销售增长率达到最高；市场规模的扩大导致竞争者不断加入，市场竞争日渐加剧。成长期的营销策略重点是创造名牌产品，提高顾客对产品的偏爱度。具体营销策略包括：① 提高产品的质量，赋予产品更多的差异化内容，使整体产品优于同类产品；② 进入新的细分市场，拓展物流渠道和范围，扩大产品销售；③ 突出品牌形象宣传，树立良好的品牌形象，提高品牌的知名度，促使潜在顾客认牌购买；④ 根据竞争的需要和形势变化，降低产品价格，争夺低收入、对价格敏感的潜在顾客；⑤ 着手为顾客提供整体解决方案和产品升级，培养顾客忠诚度。

（3）成熟期的特点与营销策略。随着市场日趋饱和，产品销售增长逐渐放慢，产品进入成熟期。在成熟期，产品的销售额达到整个产品生命周期的最高峰，市场处于饱和状态；产品利润最高，对企业贡献最大；存在行业内生产能力过剩的威胁，市场竞争进一步加剧；成熟期产品的替代新产品开始出现，产品升级成为竞争的重要手段。成熟期产品的营销管理对企业来讲最重要，具体营销策略包括：① 改进市场策略，即在使用者的人数和使用量上采用有效策略，包括提高使用频率、增加每次用量、增加新的更广泛的用途；② 改进产品策略，包括提高质量、增加产品特性、更新款式、为顾客提供增值服务；③ 改进营销组合策略，即对原有的营销组合策略进行调整，以适应激烈的市场竞争形势。

（4）衰退期的特点与营销策略。随着市场的饱和，原有产品的销售额明显下降或急剧下降，利润也随之下降甚至出现亏损，产品进入衰退期。在衰退期，企业开始寻求新的增长点；替代产品不断涌现，越来越多的消费者放弃旧产品，对替代品产生兴趣。衰退期的营销策略重点是把握退出市场的时机，减少退出损失。具体营销策略包括：① 准确判断产品是否处于衰退期，这是处理衰退期产品首先必须解决的问题；② 决定退出市场的方式和时机。退出市场的方式一般有两种：一是立即放弃，即立即停止生产该产品，或把品牌使用权转让给一些对其有兴趣的企业；二是缓慢放弃，即逐步减少投资和产品产量，放弃较小的细分市场和无利可图的渠道，减少促销预算等，直至该产品完全衰竭为止。退出市场的时机要根据产品的销售和利润情况、产品品牌或技术是否对其他企业有吸引力来决定。

7.2　网络营销定价策略

7.2.1　网络产品的价格

1) 网络产品的定价特点

（1）价格透明化。在传统营销中，消费者以什么样的价格实现购买，其价格信息的来源是有限的，提供产品和服务的商家拥有较多的相关信息，处于主动地位，它可以利用消费者对价格信息的无知，为产品制定一个较高的销售价格从而获取高额利润。而在网络营销时代，互联网的跨时空性与信息共享性，使得顾客只要坐到计算机前轻点鼠标，便能从各个相关网站上了解到所需的丰富的相关信息，从而全面掌握同类产品的价格信息。因此，在磋商、决策及交易过程中，消费者能更清楚地选择对其有利的价格。

（2）全球化与本地化相互结合。网络营销面对的是无时间限制的、开放的、全球化的市场，消费者可以在世界各地直接通过网站实施购买行为，而无需考虑自己和网站属于哪一个国家、哪一个地区。企业营销的目标市场也从过去受地区限制的局部市场，一下拓展到范围广泛的全球性网上市场，使企业在产品定价时必须考虑到目标市场范围的变化给定价带来的影响。企业面对的是全球性网上市场，但不能以统一市场策略来面对这差异性极大的全球性网上市场，必须全面地分析全球性网上市场的差异性，采用全球化与本地区特点相结合的原则定价。

（3）低价位定价。众所周知，Yahoo 公司是从为网上用户提供免费的检索站点起步，逐步拓展为门户站点，直至拓展到电子商务领域，一步一步获得成功的，它的成功主要原因是遵循了互联网的免费原则和间接收益原则。在早期互联网商用化时，许多网站想直接从互联网中盈利，结果都失败了，这主要是由于互联网使用者认为网上信息产品通常是免费的、开放的、自由的。随着互联网在商业中的推广和发展，网上消费者逐步接受了网上产品不免费的观念，但仍存在一种互联网上的信息和产品是低廉的心理期望，因此，在现阶段，网络营销产品，特别是消费品应是低价位进入市场。并且网上定价趋低化也有其理论基础。通过互联网的网络销售，可以从信息费用成本、采购成本、广告宣传费用、顾客服务成本、市场调研费用、洽谈磋商成本、产品展示成本等多方面帮助企业降低成本费用，因而企业有较大的降价空间。网络顾客在互联网上对价格进行全面比较是非常容易的，对顾客来说，只有确定自己的选择和交易是合算时，他们才会实施购买行为。

（4）顾客主导定价。所谓顾客主导定价，简单地说，是指顾客以最小成本获得最大收益；具体来说，是指为满足顾客的需求，顾客通过充分的市场信息来选择购买或者定制生产自己满意的产品和服务，同时以最小代价（产品价格、购买费用等）获得这些产品和服务。

互联网的发展使需求由过去的被动选择转变为主动选择，顾客的需求引导着企业的生产，消费者可以根据市场信息来选择购买或定制自己满意的产品和服务。在网络营销时代，根据产品成本进行定价逐步被淡化，逐渐发展为以顾客需求为导向进行定价，顾客主导定价趋势明显。

📖 资料：根据调查分析，由顾客主导定价的产品并不比企业主导定价获取的利润低，根据国外拍卖网站 eBay 的分析统计，在网上拍卖定价产品，只有 20% 的产品拍卖价格低于卖者的预期价格,50%的产品拍卖价格略高于卖者的预期价格,剩下30%的产品拍卖价格与卖者预期价格相吻合,在所有拍卖成交产品中,有95%的产品成交价格卖主比较满意。

顾客主导定价是一种双赢的发展策略,既能更好地满足顾客的需求,又能不影响企业的收益,同时可以充分了解目标市场,使企业的生产经营和产品研制开发更加符合竞争的需要。

2)影响网络定价的因素

网络营销环境下影响定价的主要因素有:

(1)定价目标。定价目标是指企业通过制定产品价格所要达到的目的。它是企业选择定价方法和制定价格的依据。企业在为产品定价时,首先必须要有明确的目标,不同企业、不同产品、不同市场、不同时期的营销目标可能会各有不同。企业的定价目标不都是单一的,而更多的是一个多元的结合体,因此,企业应相应采取不同的定价策略。

(2)成本因素。成本是商品价格构成中最基本、最重要的因素,也是商品价格的最低经济界限。在一般情况下,商品的成本高,其价格也高;反之,亦然。商品的成本因素主要包括生产成本、销售成本和储运成本。

在网络营销环境下,企业定价并不是随心所欲地制定的。从长远来看,任何产品的销售价格只有高于其成本费用,企业才能有经济效益,否则就无法正常经营。网络营销中,企业可能采用低价或免费策略,但前提是:该产品在网络销售中所占的销售份额低;低价实施的时间有限,达到目的后则要实施价格调整。对于任何企业来说,成本在任何时候都是定价时必须考虑的因素之一,对于网络营销企业,成本仍然是网络营销定价的基础之一。

(3)顾客因素。网络营销环境中,顾客处于整个营销活动的中心,是实现网络交易的主动方。网上丰富的产品和价格信息使消费者能理性地评估想购买的产品的性价比,判断其价格的合理性,只有当他们认为该产品的定价符合心目中的价值,能给自己带来最大的利益,顾客才会在众多的产品中选择它,否则,会毫不犹豫地拒绝它。

(4)市场的因素。在网络营销中,市场还处于起步阶段,企业进入网络营销市场的主要目的首先是占领市场以求得生存和发展的机会,然后才是追求企业的利润。因此,目前网络营销产品一般都是低价,甚至是免费的,以期在快速发展的虚拟市场中寻求立足机会。网络市场与传统市场一样,一般可分为消费品市场和生产资料市场两个部分。对于消费品市场来说,企业必须采用相对低价的定价策略来占领市场;对于工业品市场来说,购买者一般是商业机构和组织机构,其购买行为比较理智,企业可以采用网络技术降低企业、组织之间的供应采购成本,从而带来价值增值的双赢局面。

(5)产品因素。在网络营销中,企业产品定价主要取决于网络市场的需求及网络顾客的价格承受能力。对于需求量大而又缺乏弹性的产品或者是尚无替代产品和没有竞争者的产品,购买者可以接受较高的定价;反之,则要采用低价定价。同时,企业还应分析商品比价因素,如制成品与投入要素比价、替代品比价、连带品比价等。

7.2.2　定价目标的选择

在网络营销中,企业定价目标主要有五种。

1)以维持企业生存为目标

当企业由于经营管理不善、市场竞争激烈、顾客的需求偏好突然发生变化等原因,面临产品销路不畅、大量积压、资金周转不灵，甚至濒临破产时，企业为迅速出清积压的存货，回笼资金，一般应制定较低的价格，并希望网络目标市场的需求随着价格的降低而大幅度增加。

2）以获取理想的利润为目标

利润是考核和分析企业网络营销工作好坏的一项综合性指标，是企业最主要的资金来源。以利润为定价目标有预期收益、最大利润和合理利润三种具体形式。

（1）获取预期收益目标。预期收益目标是指企业以预期利润为定价基点，并以利润加上商品的成本构成价格出售商品，从而获取预期收益的一种定价目标。预期收益的确定，应当综合考虑商品的质量与功能、同期银行利率、消费者对价格的反应以及企业在同行业中的地位和在市场竞争中的实力等因素。预期收益定得过高，企业会处于市场竞争的不利地位，定得过低，又会影响企业投资的回收和获利能力。一般情况下，预期收益定得适中，企业能获得长期稳定的收益。

（2）获取最大利润目标。最大利润目标是指企业在一定时期内，以期望总收入扣除总成本的差额为基点，确定单位商品价格，以取得最大利润的一种定价目标。企业以获取当前最大利润为目标，必须具备一定的条件，即当产品声誉好，而且在目标市场上具有一定的竞争优势时，企业可为产品制定高价争取当期利润最大；或者，企业有意将几种产品的价格定得较低以吸引顾客，以此带动其他产品的销售，使其所经营的全部产品总利润最大化。

（3）获取合理利润目标。合理利润目标是指企业在补偿正常的社会平均成本基础上，适当地加上一定量的利润作为商品价格，以获取正常情况下合理利润的一种定价目标。企业在自身力量有限，不能实现最大利润目标或预期收益目标时，往往采取这一定价目标。这种定价目标以稳定市场价格、避免不必要的竞争、获取长期利润为前提，因而商品价格适中。

3）以保持和提高市场占有率为目标

市场占有率反映了企业在同行业的地位和竞争实力。因此，许多企业以市场占有率作为自己的价格目标。市场占有率是直接反映企业经营状况和企业产品竞争力的指标，它的高低对企业的生存和发展具有重要意义。一家企业只有在产品市场逐渐扩大和销售额逐渐增加的情况下，才有可能生存和发展。因此，企业可以通过实行全部或部分产品低价的有利条件，保持或扩大市场占有率，增强企业的竞争实力。

（1）以低价占领市场。即以低价占领市场为目标，就是在提高产品质量、降低产品成本的前提下，使商品的价格低于主要竞争者的价格，从而以低价迅速打开销路，挤占市场，提高企业商品市场占有率，待占领市场后，再通过增加和提高某些功能的方式逐步提高商品价格。

（2）以高价占领市场。即在产品投放市场初期，以高于竞争对手的商品价格，利用消费者的求新、求名心理，尽可能在短期内获取最大利润。当市场竞争激烈时，调低价格，从而击败竞争对手。

（3）以竞争价格占领市场。即在制定商品价格之前，认真研究竞争对手的营销策略，根据企业自身实力，用针锋相对的方式与对手抗衡，以便占领市场或保护既得市场。

4）以应付或抑制竞争为目标

有些实力雄厚的大企业为了有效阻止竞争者进入自己的目标市场，而将产品的价格定得较低,以降低市场的吸引力,减弱市场竞争。中小企业要应付激烈的市场竞争,一般应以市场为导向,随行就市定价,从而缓和竞争、稳定市场。

5) 以树立企业形象为目标

采用这种定价目标的企业,其产品一般都在消费者心目中享有一定的声誉,企业利用消费者的求名心理,为产品制定较高的价格。一方面,以高价体现产品质量信誉;另一方面,高价能为企业带来高利润,使企业有足够的资金来保护产品质量的领先地位,树立企业的形象。

企业在选择定价目标时一般应考虑企业的战略目标、市场定位和产品特性,以及市场整体状态,即需求方的需求强弱程度、对价格接受程度以及来自替代性产品的竞争压力的大小等,以便正确、合理地选择定价目标。

7.2.3 网络营销定价策略的种类

企业在进行网络营销决策时必须对各种因素进行综合考虑,从而采取相应的定价策略。很多传统营销的定价策略在网络营销中得到应用,同时也得到了创新。网络定价策略可分为十三种。

1) 个性化定价策略

个性化定价策略是指利用网络互动性和消费者的需求特征来确定商品价格的一种定价策略。网络的互动性能及时获得消费者对产品外观、颜色和样式等方面具体的内在个性化的需求信息,使个性化营销成为可能,也使个性化定价策略成为网络营销的一个重要策略。这种个性化服务是在网络产生后,对营销方式的一种创新。

例如,戴尔公司的用户可以通过其网页了解产品型号的基本配置和基本功能,根据实际消费者的需求特征,配置出自己最满意的产品,确定商品价格。因此,对产品价格有比较透明的认识,增加企业的信用。

目前这种尝试还只处于初级阶段,消费者只能在有限的范围内进行挑选,还无法要求企业完全满足自己的个性化需求。

2) 自动调价、议价策略

自动调价、议价策略是指根据季节变动、市场供求状况、竞争状况及其他因素,在计算收益的基础上,设立自动调价系统,自动进行价格调整的一种定价策略。同时,建立与消费者直接在网上协商价格的集体议价系统,使价格具有灵活性和多样性,从而形成创新的价格。

📖 资料:作为全球最大的中文网上图书音像城,当当网为了更好地推动图书音像商品的网上销售,迅速做大规模,近期推出"搜索比价"活动,所有其他网站销售的商品,当当网上的售价都在其90%以下。当当网技术部有关负责人介绍,智能比价是互联网经济的优势。搜索比价系统是当当网开发的智能比价系统。通过此系统,当当网将每天实时对各电子商务网站的同类商品与当当网的同类商品的价格进行对比,如对方同类商品价格低于当当网商品价格,此系统将自动调低当当网同类商品的价格,调整后的价格比对方低10%。

3) 竞争定价策略

竞争定价策略是指通过顾客跟踪系统(Customer Tracking)经常关注顾客的需求,时刻注意潜在顾客的需求变化,以保持网站向顾客需要的方向发展的一种定价策略。在多数的情况下,网站会公开申明其服务体系和价格等信息,这就为企业了解竞争对手的价格策略提供了方便。企业可以随时掌握竞争者的价格变动,调整自己的竞争策略,时刻保持同类产品在网上的相对价格优势。

4) 竞价策略

竞价策略是指厂家只规定一个底价,然后让消费者竞价,以拍卖的方式销售产品的一种定价策略。厂家所花费用极低,甚至免费。除销售单件商品外,也可以销售多件商品。目前,我国已有多家网上拍卖站点提供此类服务,如雅宝、网猎、易趣等。

5) 集体砍价策略

这是网上出现的一项新业务,是指当销售量达到不同数量时,厂家制定不同的价格,销售量越大,价格越低的一种定价策略。目前,国内的"酷必得"站点就提供集体砍价服务。

6) 特有产品特殊价格策略

这种价格策略需要根据产品在网上的供求状况来确定产品的价格。当某种产品有特殊需求时,不用更多地考虑其他竞争者,只要制定自己最满意的价格就可以。这种定价策略往往分为两种类型:一种是创意独特的新产品("炒新"),它利用网络沟通的广泛性、便利性,满足了那些品味独特、需求特殊的顾客的"先睹为快"的心理;另一种是有特殊收藏价值的商品("炒旧"),如古董、纪念物等。

7) 折扣定价策略

在实际营销过程中,网上商品可采用传统的折扣价格策略,主要有两种形式:

(1) 数量折扣策略。企业在网上确定商品价格时,根据消费者购买商品所达到的数量标准,给予不同的折扣,购买量越多,折扣越多。在实际应用中,其折扣可采取累积和非累积数量折扣策略。

(2) 现金折扣策略。在 B2B 方式的电子商务中,由于目前网上支付的欠缺,为了鼓励买主用现金购买或提前付款,常常在定价时给予一定的现金折扣。随着网上支付体系和安全体系的健全,这种定价策略将逐步消失。

8) 捆绑销售的策略

20 世纪 80 年代,美国快餐业的广泛运用使得捆绑销售这一概念引起人们关注。麦当劳通过这种销售形式增加了食品的销量。这种传统策略已经被许多精明的网上企业所应用。网上购物完全可以通过很多形式巧妙运用捆绑手段,使顾客对所购买的产品价格感觉更满意。采用这种方式,企业会突破网上产品的最低价格限制,通过合理、有效的手段降低顾客对价格的敏感性。

9) 声誉定价策略

企业的形象、声誉成为网络营销发展初期影响价格的重要因素。消费者对网上购物和订货往往会存在许多疑虑,如在网上所订购的商品,质量能否得到保证,能否及时送到等。如果网上商店的店号在消费者心目中享有声望,则它出售的网络商品价格可比一般商店高些;反之,价格则低一些。

10) 产品循环周期阶段定价策略

这种网上定价沿袭了传统的营销理论:每一种产品在某一市场上通常会经历引入、成长、成熟和衰退等阶段,产品的价格在各个阶段通常会有相应反映。网上销售的产品也可以参照这些基本规律进行定价。

11）品牌定价策略

产品的品牌和质量会成为影响价格的主要因素,它能够对顾客产生很大的影响。如果产品具有良好的品牌形象,那么产品的价格将会产生很大的品牌增值效应。目前多数名牌商品采用"优质高价"的策略,既增加了赢利,又让消费者在心理上感到满足。

12）撇脂定价和渗透定价策略

在产品刚介入市场时,采用高价位策略,以便在短期内尽快收回投资,这种方法称为撇脂定价。相反,价格定于较低水平,以求迅速开拓市场,抑制竞争者的渗入,称为渗透定价。在网络营销中,企业为了宣传网站、占领市场,经常采用低价销售策略。另外,不同类别的产品应采取不同的定价策略,如日常生活用品,由于购买率高、周转快,适合采用薄利多销、宣传网站、占领市场的定价策略。而对于周转慢、销售与储运成本较高的特殊商品、耐用品,价格可以定得高一些,以保证赢利。

13）免费价格策略

（1）免费价格内涵。免费价格策略主要用于促销和推广产品,一般是短期和临时性的策略。在网络营销中,免费不仅是一种促销策略、最有效的市场占领手段,还是一种非常有效的产品和服务定价策略。

具体说来,免费价格策略就是将企业的产品和服务以零价格形式提供给顾客使用,满足顾客的需求的一种定价策略。免费有这样几类形式:第一类是产品和服务完全免费,即产品和服务从购买、使用到售后服务的所有环节都免费;第二类对产品和服务实行限制免费,即产品和服务是有限使用的,超过一定期限或者次数后,取消这种免费服务;第三类是对产品和服务实行部分免费,如一些著名研究公司的网站公布部分研究成果,如果要获取全部成果,必须付款成为公司客户;第四类是对产品和服务实行捆绑式免费,即购买某产品和服务时赠送其他产品和服务。

目前,企业在网络营销中采用免费策略,一个目的是先让用户免费,待其使用形成习惯后,再开始收费。例如,金山公司允许消费者在互联网上下载限次使用的 WPS2000 软件,其目的是让消费者使用习惯后,再掏钱购买正版软件,这种免费策略主要是一种促销策略,与传统营销策略类似。另一个目的是想发掘后续商业价值,它是从战略发展的需要来考虑定价策略的,主要目的是先占领市场,然后在市场上获取收益。

（2）免费产品的特性。网络营销中产品实行免费策略受到一定环境因素的制约,并不是所有的产品都适合免费策略。一般说来,免费产品具有以下特性:

第一,易于数字化。互联网是信息交换的平台,它的基础是数字传输。易于数字化的产品都可以通过互联网实现零成本的配送。企业只需要将这些免费产品置于企业的网站上,用户就可以通过互联网自由下载使用,企业通过较小成本实现产品推广,可以节省大量的产品推广费用。

第二,无形化。通常采用免费策略的大多是一些无形产品,它们只有通过一定的载体才能呈现出一定的形态。例如,软件、信息服务、音像制品及电子图书等无形产品可以通过数字化技术实现网上传输。

第三,零制造成本。这里的零制造成本主要是指产品开发成功后,只需要通过简单复制就可以实现无限制的生产。对这些产品实行免费策略,企业只需要投入研制费用,至于产品生产、推广和销售则完全可以通过互联网实现零成本运作。

第四，成长性。采用免费策略的产品一般都是利用产品成长推动占领市场，为未来市场发展打下坚实基础。

第五，冲击性。采用免费策略的主要目的是推动市场成长，开辟新的市场领地，同时对原有市场会产生巨大的冲击。

（3）免费价格策略的实施

免费价格策略一般与企业的商业计划和战略发展规划紧密相连，企业要降低免费策略带来的风险，提高免费价格策略的成功率，应注意考虑以下问题：

第一，互联网作为成长性的市场，获取成功的关键是要有一个获得成功的商业运作模式，因此运用免费价格策略时必须考虑能否与商业运作模式相吻合。

第二，分析采用免费策略的产品和服务能否获得市场认可，也就是提供的产品和服务是否是市场迫切需求的。在互联网上通过免费策略已经获得成功的企业有一个共同特点，就是提供的产品和服务受到市场的极大欢迎。例如，雅虎的搜索引擎克服了在互联网上查找信息的困难，给用户带来了便利。

第三，分析免费策略产品推出的时机。在互联网上推出免费产品是为了抢占市场，如果市场已经被占领或者已经比较成熟，则要审视推出的产品和服务的竞争能力。

第四，考虑产品和服务是否适合采用免费价格策略。目前，国内外很多提供免费 PC 的 ISP，对用户不无要求，它们有的要求用户接受广告，有的要求用户每月在其站点上购买一定金额的商品，还有的要求提供接入等其他费用。

第五，推广免费价格产品和服务应作营销策划。对于免费的产品和服务，网上用户已经习以为常。因此，要吸引用户关注免费产品和服务，应当与推广其他产品一样有严密的营销策划。

7.3　网络营销渠道策略

7.3.1　网络营销渠道概述

1）营销渠道

营销渠道就是产品和服务从生产者向消费者转移过程的具体通道或路径，亦称分销渠道。具体是指产品从生产企业向消费者或用户转移时所经过的环节和通道，以及相应设置的必要的销售机构等。合理的分销渠道，一方面，可以最有效地把产品及时提供给消费者，满足用户的需要；另一方面，有利于扩大销售，加速物资和资金的流转，降低营销费用。对于从事网络营销的企业来说，熟悉网络分销渠道的结构，分析、研究不同网络分销渠道的特点，合理选择网络分销渠道，不仅有利于企业的产品顺利地完成从生产领域到消费领域的转移，促进产品销售，而且有利于企业获得整体网络营销上的成功。

2）网络营销渠道的功能

以互联网作为支撑的网络营销渠道也应具备传统营销渠道的功能。作为一个完善的网络营销渠道应有三大功能：订货功能、结算功能和配送功能。

（1）订货功能。它为消费者提供产品信息，方便消费者有效选择，同时方便厂家获取消费者的需求信息以达到供求平衡。一个完善的订货系统,可以最大限度地降低库存,减少销售费用,从而提高销售利润。因此,许多与计算机相关的企业率先发展了网上订货系统。例如,美国的戴尔公司(www.dell.com)提供网上订货系统,它的销售额就高达每天 3 000 万美元,占公司收入的 60%以上。

(2) 结算功能。消费者在购买产品后,可以有多种方式方便地进行付款,商家也有多种相应的结算方式。目前,国外流行的方式包括信用卡、电子货币、网上划款等。我国银行业还不发达,特别是在消费者缺少信用观念的情况下,很少使用信用卡进行付款,主要进行邮局汇款、货到付现、各类银行卡转账等方式付款。

(3) 配送功能。产品分为有形产品和无形产品。无形产品,如服务软件、音乐等产品可以直接通过网上进行配送,如软件下载、MP3 格式音乐下载等;有形产品配送较为复杂,它涉及运输、仓储、存货控制和订单处理等问题。国外已形成专业配送公司,我国目前的物流配送发展迅速,相信不久会有更多的企业参与其中。

3) 传统营销渠道与网络营销渠道的比较

(1) 相互作用不同。传统的营销渠道在完成了商品所有权转移的同时,也完成了商品实体和服务的转移。传统营销渠道的作用单一,它只是把商品从生产者转移到消费者,要保持其渠道的畅通,一方面靠的是产品自身的品质;另一方面还依赖于广告宣传、资金流转以及合理的层次设计及相互匹配等。

对于网络营销渠道来说,其作用则是多方面的:① 网络营销渠道是信息发布的渠道。企业的概况与产品的种类、规格、型号、质量、价格、使用条件等,都可以通过这一渠道传递给用户。② 网络营销渠道是销售产品、提供服务的快捷途径。用户可以从网上直接挑选和购买自己所需的商品,并通过网络方便地支付货款,完成交易过程。③ 网络营销渠道既是企业间洽谈业务、开展商务活动的场所,又是对客户进行技术培训和售后服务的理想园地。所以,企业是否开展电子商务,绝不仅仅标志着一个企业的信息化水平和现代化程度的高低,更重要的是电子商务能够给企业带来实实在在的好处。例如,电子商务的市场规模大、信息传递快,商品品种多、可靠性能强,流通环节少、交易成本低,因此,网络营销渠道能使企业在迅速变化的环境中,灵活地把产品及时提供给消费者,满足用户的需要,并有利于扩大销售、加速物资和资金的流转速度,降低营销费用。

(2) 结构不同。传统营销渠道按照有无中间商可以分为直接渠道与间接渠道。直接渠道是指由生产者直接把商品卖给用户的营销渠道;间接渠道是指包括 1 个以上的中间商的分销渠道。传统的间接渠道包括一级、二级、三级,甚至级数更多的渠道。网络营销渠道也可分为直接渠道和间接渠道,但与传统的营销渠道相比,网络营销渠道的结构要简单得多。

网络的直接渠道和传统的直接渠道都是零级分销渠道,这方面没有太大的区别。而对于间接渠道而言,电子商务的网络营销中只有一级渠道,即只有一个信息中介商(商务中心)来沟通买卖双方的信息,而不存在多个批发商和零售商的情况,所以也就不存在多级渠道,从而使商品流通的费用降到最低。

(3) 费用不同。网络营销渠道与传统营销渠道相比大大减少了流通环节,有效地降低了流通成本。

企业通过传统的直接渠道销售商品,通常采用两种具体方法:

第一,直接出售,没有仓库。例如,企业在某地派出推销员,但在那里不设仓库。推销员在那里卖了货物后,把订单寄回企业,企业把货物直接寄给购物者。采用这种方法,企业只需要支付推销员的工资和日常的推销费用即可。

第二,直接出售,设有仓库。采用这种方法,企业一方面要支付推销员的工资和推销费用,另一方面还需支付仓库的租赁费。

通过网络直接渠道销售产品,网络管理员可以从互联网上直接受理世界各地传来的订单,然后直接把货物寄给购物者。这种方法所需的费用仅仅是网络管理员的工资和极为便宜的上网费用,而不再需要支付人员的出差费用和仓库的租赁费用。

4) 网络营销渠道的特点

(1) 由于网络具有实时性和交互性的功能,网络营销渠道从过去单向信息沟通变成双向直接信息沟通,对销售商品的数量几乎没有限制,查找非常方便,每天 24 小时开业,一些服务项目,如订报纸、预约服务等,也都可以通过网上直销实现,这是传统商业所不具备的优势。

(2) 网上营销渠道可以提供更加便捷的相关服务。一是生产者可以通过互联网提供产品服务,顾客可以直接在网上订货和付款,然后就等着送货上门,这一切大大方便了顾客;二是生产者可以通过网上营销渠道为客户提供售后服务和技术支持,特别是对于一些技术性比较强的行业,如 IT 业,提供网上远程技术支持和培训服务,在方便顾客的同时,可以以最小成本为顾客服务。

(3) 网上营销渠道的高效性,大量减少了传统分销渠道的流通环节,有效降低了成本。对于网上直接营销渠道,生产者可以根据顾客的订单按需生产,做到实现零库存管理。同时,网上直接销售还减少了过去依靠推销员上门推销的销售费用,最大限度地控制了营销成本。

利用互联网的信息交互特点,网上直销市场得到大力发展。因此,网络营销渠道可以分为两大类:一类是通过互联网实现的从生产者到消费(使用)者的网络直接营销渠道(简称网上直销),这使传统中间商的职能发生了改变,由过去环节的中坚力量变成为直销渠道提供服务的中介机构,如提供货物运输配送服务的专业配送公司、提供货款网上结算服务的网上银行等;另一类是通过融入互联网技术后的中间商机构提供网络间接营销渠道。传统中间商由于融合了互联网技术,大大提高了中间商的交易效率、专门化程度和规模经济效益。

7.3.2　网络直接营销

美国直销协会(DMA)对直接营销的定义是:"一种互动的营销系统,它利用一种或多种广告媒体对各地的消费者产生影响,借以获得加以衡量的反应或交易。"我们认为,直接营销是通过不同广告媒体(如直接信函、电话、目录与邮购、电子零售、有线电视、报纸、杂志、广播、电子目录)和其他媒体与消费者或企业进行沟通的一种互动式营销方式。

网络直销是指生产商通过网络直接销售渠道直接销售产品。目前通常的做法有两种:一种是企业在互联网上建立自己的网站,申请域名,制作主页和销售网页,由网络管理员专门处理有关产品的销售事务。另一种是企业委托信息服务商在其网站上发布信息,企业利用有关信息与顾客联系,直接销售产品。

网络直销与传统直接营销渠道一样,都没有营销中间商,网络直销渠道也具有订货功能、支付功能和配送功能。与传统直销渠道不一样的是,生产企业可以建设网站,顾客可以直接从网站进行订货。与一些电子商务服务机构,如网上银行合作后,可以通过网站直接提供支付结算功能,解决资金流转的问题。在配送方面,网络直销可以利用互联网技术构造有效的物流系统,也可以通过互联网与一些专业物流公司进行合作,建立有效的物流体系。

与传统渠道相比,网络直销有许多优点:

(1) 能够促成产需直接见面,企业可以直接从市场上收集到真实的第一手资料,合理安排生产。

(2) 网络直销对买卖双方都会产生直接的经济利益。由于网络营销降低了企业的营销成本,从而使企业能够以较低的价格销售自己的产品,而消费者也能够以较低的价格购买所需产品。

(3) 营销人员可以利用网络工具,如 E-mail、公告栏等,随时根据用户的愿望和需要,开展各种形式的促销活动,迅速扩大产品的市场份额。

(4) 网络直销使企业能够及时了解用户对产品的意见、要求和建议,从而使企业针对这些意见、要求和建议向顾客提供技术服务,解决疑难问题,提高产品质量,改善企业经营管理。

当然,网络直销也有其自身的缺点,由于越来越多的企业和商家在互联网上建立网站,网络访问者面对大量分散的域名,很难有耐心一个个地去访问一般的企业主页,特别是对于一些不知名的中小企业,大部分网络漫游者不愿意在此浪费时间,或者只是在“路过”时走马观花地看一眼。因此,企业做好网络直销必须尽快建设好具有高水平的专门服务于商务活动的网络信息服务点,重视公共关系,重视消费者需求的差异性,在网页和信息创新方面下工夫,树立企业良好的形象,扩大访问者的数量。中小企业可以借助知名度较高的信息服务商,开展营销活动,因为这些信息服务商的知名度高、信誉好、信息量大,用户一旦查到企业信息或商品信息自然会想到利用它们,这样,检索访问的人数会有大幅增加。

7.3.3　网络间接营销

网络间接营销是指通过信息化的网络营销中间商提供的网络间接营销渠道开展网络营销。它通过与生产者的网络连接,可以提高信息透明度,最大限度地控制库存,实现高效物流运转,降低物流运转成本,同时也可以进一步扩大规模,实现更大的规模经济,提高专业化水平。

1) 网络间接渠道客观存在的原因

(1) 网络商品交易中介机构简化了市场交易过程间接营销渠道由于有中间商的参与,使交易过程简化了许多。假设市场上有 3 个生产者和 3 个消费者,在没有中间商进入的情况下,每一个生产者要想把自己的产品销售出去,都必须面对 3 个消费者,每一个消费者要想购买需要的商品,也需要面对 3 个生产者,共需发生 9 次交易关系。

如果生产者和消费者之间增加一个中介机构,发挥商品交易机构集中、平衡和扩散的功能,则每一个生产者只需通过一个中间商的途径与消费者发生交易关系,每个消费者也只需通过一个中间商的途径与生产者发生交易关系。这样,从直接营销渠道必然发生 9 次交易减少到有间接渠道的 6 次交易。如果生产者和消费者数量增加,交易简化程度会更大。

（2）网络商品交易中介机构有利于平均订货量达到规模化。大型工业企业的规模化生产性质决定了生产者必须追求平均订货规模的扩大。但是，我国现有的营销渠道难以适应生产企业的这种要求，这就造成了流通成本过高。有时还会造成工业生产能力的极大浪费，严重影响企业竞争能力。为避免此类问题的一再出现，需要有连接消费者和生产者的网络商品交易机构，以克服传统商业的弊端。因为，网络交易中介机构能以最短的渠道销售产品，满足消费者对商品价格的需求，同时通过计算机进行有效分析，组织商品的批量订货，满足生产者对规模经济的要求，从而有效地降低订货成本，提高资金资源的利用率。

（3）网络商品交易中介机构促成交易活动的常规化。在传统的交易活动中，价格、运输方式、数量、交货时间和地点、支付方式等，每一个环节出问题都可能导致交易失败。而这些变化的因素，往往又导致其效率低下。网络商品交易中介机构能在一定程度上解决这一矛盾，使变量在一定条件下常规化，从而降低交易成本，提高交易的成功率。网络商品交易中介机构在虚拟市场上进行全天候的运转，避免了时间上和时差上的限制；买卖双方的意愿通过固定的统一表格和规范予以表达，又避免了相互扯皮；中介机构有自己所属的（或紧密合作的）配送公司分散在全国各地，可以最大限度地减少运输费用；网络交易严密的支付程序日渐成熟，增加了买卖双方彼此间的信任感。

2）电子中间商的类型

目前出现许多基于网络的提供信息服务中介功能的新型中间商，我们称之为电子中间商（Cybermediary）。例如，以信息服务为核心的电子中间商包括：

（1）目录服务。利用互联网上的目录化的 Web 站点提供菜单驱动进行搜索（目前这种劳务是免费的，将来可能收取一定的费用）。现在有三种目录服务：第一种是通用目录（如Yahoo）对各种不同站点进行检索，所包含的站点分类按层次组织在一起；第二种是商业目录（如互联网商店目录），提供各种商业 Web 站点的索引，类似于印刷出版的工业指南手册；第三种是专业目录，针对某个领域或主题建立的 Web 站点。目录服务的收入主要来源于为客户提供互联网广告服务。

（2）搜索服务。与目录服务不同，搜索站点为用户提供基于关键词的检索业务，站点利用大型数据库分类存储各种站点介绍和页面内容。

（3）虚拟商业街。虚拟商业街是指在一个站点内连接 2 个或 2 个以上的专业站点。虚拟商业街与目录服务的区别是，虚拟商业街定位于某一地理位置和某一特定类型的生产者和零售商，在虚拟商业街销售各种商品、提供不同服务。此类站点的主要收入来源依靠其他商务站点对其的租用。例如，我国的新浪网开设的电子商务服务中，就提供网上专卖店店面出租。

（4）网上出版。网络信息传输及时而且具有交互性，使网络出版 Web 站点可以提供大量有趣和有用的信息给消费者，目前出现的联机报纸、联机杂志就属于此类型。其内容丰富而且基本上免费，此类站点访问量特别大，因此出版商利用站点做互联网广告或提供产品目录，并根据广告访问次数进行收费。

（5）虚拟零售店（网上商店）。虚拟零售店不同于虚拟商业街，虚拟零售店直接将产品销售给消费者。通常这些虚拟零售店是专业性的，定位于某类产品。它们直接向生产者进货，然后以一定折扣销售给消费者。目前，网上商店主要有三种类型：第一种是电子零售型（E-Tailers），这种网上商店直接在网上设立网站，网站中提供一类或几类产品的信息供选择购买;第二种是电子拍卖型(E-Auction),这种网上商店提供商品信息,商品价格通过拍卖形式由会员在网上相互叫价确定,价高者就可以购买该商品;第三种是电子直销型(E-Sale),这种网上商店是由生产型企业开通的网上直销站点,它绕过传统的中间商环节,直接让最终消费者从网上选择购买。

(6) 站点评估。消费者在访问生产者站点时,由于内容繁多、站点庞杂,往往显得束手无策,不知道应该访问哪一个站点。提供站点评估,可以帮助消费者根据以往数据和评估等级,选择合适站点访问。通常,一些目录服务和搜索站点也提供一些站点评估服务。

(7) 电子支付。电子商务要求在网络上交易的同时,能实现买方和卖方之间的授权支付。现在授权支付系统主要是信用卡(如 Visa)、电子等价物(如支票)、现金支付(如数字现金),或通过安全 E-mail 授权支付。这些电子支付手段,通常对每笔交易收取一定佣金以降低现金流动风险和维持运转。目前,我国的商业银行也纷纷上网提供电子支付服务。

(8) 虚拟市场和交换网络。虚拟市场提供虚拟场所。任何一件符合条件的产品都可以在虚拟市场站点内进行展示和销售,消费者可以在站点中任意选择和购买,站点主持者收取一定的管理费用。例如,由我国商务部主持的网上市场站点——中国商品交易市场就属于此类型。当人们交换产品和服务时,实行等价交换而不用现金,交换网络就可以提供这种以货易货的虚拟市场。

(9) 智能代理。智能代理是一种软件,它根据消费者偏好和要求预先为用户自动进行初次搜索,软件在搜索时还可以根据用户自己的喜好和别人的搜索经验自动学习优化搜索标准。用户可以根据自己的需要选择合适的智能代理站点获得服务,同时支付一定的费用。

3) 电子中间商的功能

与传统中间商一样,电子中间商起着连接生产者和消费者的桥梁作用,同样帮助消费者进行购买决策,帮助生产者掌握产品销售状况,降低生产者的成本费用。

但电子中间商与传统的中间商存在着很大区别:

(1) 存在前提不同。传统中间商的存在是因为生产者和消费者直接达成交易成本较高;而电子中间商是对传统直销的替代,是中间商职能和功效在新的领域的发展和延伸。

(2) 交易主体不同。传统中间商是要直接参加生产者和消费者交易活动的,而且是交易的轴心和驱动力;而电子中间商作为一个独立主体存在,它不直接参与生产者和消费者的交易活动,只提供一个媒体和场所,同时为消费者提供大量的产品和服务信息,为生产者传递产品和服务信息及需求购买信息,高效促成生产者和消费者的交易实现。

(3) 交易内容不同。传统中间商参与交易活动,需要承担物质、信息及资金等交换活动,而且这些交换活动是伴随着交易同时发生的;而电子中间商作为交易的一种媒体,主要提供的是信息交换场所,具体的物质、资金交换等实体交易活动则由生产者和消费者直接进行,因此交易中间的信息交换与实体交换是分离的。

(4) 交易方式不同。传统中间商承担的是具体实体交换,包括实物、资金等;而电子中间商主要是进行信息交换,属于虚拟交换,它可以代替部分不必要的实体交换。

(5) 交易效率不同。通过传统中间商达成生产者和消费者之间的交易需要 2 次,而且中间的信息交换特别不畅通,造成生产者和消费者之间缺乏直接沟通;而电子中间商提供信息交换可以帮助消除生产者和消费者之间的信息不对称,在有交易意愿的前提下实现具

体的实体交换,减少了因信息不对称造成的无效交换和破坏性交换,最大限度地满足双方
需要。

7.4　网络营销促销策略

7.4.1　网络促销的概念及特点

1) 网络促销的概念

促销是指企业为了激发顾客的购买欲望,影响他们的消费行为,扩大产品销售而进行
的一系列宣传报道、说服、激励、联络等促进性工作。企业的促销策略实际上是对各种不同
促销活动的有机组合。网络促销是指利用现代化的网络技术向虚拟市场传递有关产品信
息,引发消费者购买欲望和购买行为的各种活动。

与传统促销一样,网络促销的核心问题也是如何吸引消费者,为其提供具有价值诱因
的商品信息。

2) 网络促销的特点

(1) 通过网络传递有关信息。例如,传递产品和服务的存在、产品的功效等信息。它建
立在现代计算机和通讯技术相结合的基础上,因此从事网络促销的营销者,不仅要熟悉传
统营销知识和技巧,而且需要相应的计算机网络技术知识。

(2) 网络促销活动是在虚拟的互联网市场上进行的。由于互联网聚集了广泛的人口,
融合了多种文化成分,所以从事网络促销的人员必须分清虚拟市场和实体市场的区别,跳
出实体市场的局限性。

(3) 网络促销迫使所有的企业面对世界全球性统一的市场,也迫使每个企业都必须学
会在全球统一的大市场上做生意,否则,就会被淘汰。

3) 网络促销的作用

(1) 发布功能。企业通过网络进行促销活动,把企业的产品、服务和价格等信息传递给
目标公众,引起他们的注意。

(2) 说服功能。网络促销的目的是解除目标市场对产品和服务的疑虑。例如,在同类
产品中,不同品牌的产品往往只有细微的差别,用户难以察觉。企业通过网络促销活动,宣
传本企业产品区别于同类产品的特点,使消费者充分了解本企业产品的独特优势,认识到
本企业的产品可能给他们带来的特殊效用和利益,进而乐于购买本企业的产品。

(3) 反馈功能。网络促销能够通过 E-mail、网站意见箱和 BBS 等及时收集消费者的需
求和意见。网络促销所获得的信息具有准确、及时、可靠性强等特点,对企业经营决策具有
较大的参考价值。

(4) 引发需求。网络促销活动不仅可以诱导需求,而且可以引发创造需求,发掘潜在的
消费群体,扩大销售量。

(5) 稳定销售。市场环境变化的不确定性,使得产品市场地位不稳定,一个企业的产品
销售量会时高时低,波动很大。企业通过适当的网络促销活动,树立良好的产品形象和企
业形象,就有可能改变用户对本企业产品的认识,加深用户对本企业产品的印象,使更多的

用户对本企业产品产生偏爱,达到稳定销售的目的。

7.4.2 网络营销促销与传统营销促销的区别

传统促销和网络促销一样,都是让消费者认识、了解、熟悉本企业的产品,最终提高消费者的兴趣,激发他们的购买欲望,并付之行动。由于互联网本身所具有的多种特性,使得网络营销促销在时间和空间、信息传播模式以及顾客参与程度上与传统营销促销相比有很大的区别。

1) 两者在时空观念上有区别

传统营销促销建立在工业化社会精确的时间和空间上,而网络促销则打破了时间和空间上的限制。以产品流通为例,传统产品的生产、销售和消费者之间存在着时间和空间的限制,使得有些有能力生产某种产品的企业最终没生产,或是没有实现某些销售目标。网络促销则大大突破了这种限制,从订货、生产、运输到购买可以串行进行,也可以并行进行。因此,企业的网络促销人员必须认识到这种时空观念的变化,调整自己的促销策略和具体实施方案。

2) 两者在信息沟通方式上有区别

促销的基础是买卖双方信息的沟通。在网络上可以传输多种媒体的信息,如文字、声音、图像等信息,信息的交换也是以多种形式进行的,同时这种双向的、快捷的、互不见面的信息传播,能够充分表达买卖双方的意愿,也留给对方充分的时间思考,促进了交易的实现。传统的促销是在人员推销和非人员推销基础上完成的,信息沟通是通过与人员的当面交流及借助广告、报纸等媒体完成的。

3) 两者在面对的消费群体和消费行为上有区别

传统营销促销面对的消费群体和消费行为相对是稳定的,或者是容易发现的。在网络环境下,消费者的概念及其消费行为都发生了很大的变化。上网购物者是一个特殊的群体,具有不同于一般大众的消费需求特点,他们普遍进行大范围的选择和理性的购买。这些变化对传统的促销理论和模式产生了重要的影响。

促销人员应当充分认识到这三种区别所带来的机遇与挑战。借鉴传统营销的方法,结合互联网的特点,及时调整本企业的营销战略和营销策略,使本企业在激烈的市场竞争的环境中立于不败之地。

7.4.3 网络促销方法

1) 网络促销的实施程序

网络促销是伴随着互联网而出现的一种新兴的营销方式。所以,对于任何企业来说,实施网络促销都要了解在网络上传播产品信息的特点,分析网络信息的接收对象及其特点,设定合理的网络促销目标。网络促销的实施程序包括六个方面内容,即确定网络促销对象、设计网络促销内容、决定网络促销组合、制定网络促销预算方案、衡量网络促销效果、网络促销过程的综合管理和协调。

(1) 确定网络促销对象。网络促销对象是指在网络虚拟市场上可能产生购买行为的消费群体。随着互联网的普及,在虚拟市场上进行消费的网络群体也在不断壮大。网络促销群体主要包括三部分人员:

第一，产品的使用者。即实际使用或消费产品的人，通过各种网络促销形式抓住这一部分消费者，网络销售就有了稳定的市场。

第二，产品购买的决策者。即实际购买产品的人。在虚拟市场环境下，由于大部分上网人员都有独立的决策能力，也有一定的经济收入，这就使产品的使用者和决策者往往是一致的。但在另外一些情况下，产品的购买决策和使用者则是分离的。例如，中小学生在网络光盘市场上看到富有挑战性的游戏，非常希望购买，但实际的购买决策者往往是学生的父母。所以，网络促销应当把购买决策者放在重要的位置上。

第三，产品购买的影响者。产品购买的影响者只是在看法或建议上对购买决策者产生一定的影响。在低值易耗日用品的购买决策中，产品购买的影响者的影响较小，而在高价耐用品的购买决策上，其影响力较大。

（2）设计网络促销内容。网络促销的最终目标是引起需求，产生购买行为。这个目标是通过具体的信息内容来实现的。所以，设计网络促销内容对实现这个目标是十分重要的。消费者的购买过程是一个复杂的、多阶段的、波动性的过程，促销内容应当根据产品所处的生命周期的不同阶段和购买者目前所处的购买决策过程的不同阶段来决定。

一般来讲，一项产品完成试制定型后，从投入市场到退出市场，大体上要经历投入期、成长期、成熟期和衰退期四个阶段。新产品刚刚投入市场的开始阶段，是消费者对该种产品还非常生疏的阶段，促销活动的内容应侧重于宣传产品的特点，引起消费者的注意。当产品在市场上已有了一定的影响后，促销活动的内容则需要偏重于唤起消费者的购买欲望；同时，还需要创造品牌的知名度。当产品进入成熟期后，市场竞争变得十分激烈，促销活动除了针对产品本身的宣传外，还需要对企业的形象做大量的宣传工作，树立消费者对企业产品的信心。在产品的衰退期，促销活动的重点在于密切与消费者之间的感情沟通，通过各种让利促销延长产品的生命周期。

（3）决定网络促销组合。企业的产品种类不同、销售对象不同，促销方法与产品种类和销售对象之间将会产生多种网络促销的组合方式。因此，同一行业内部，各个企业在选择什么样的促销组合、如何分配促销预算的做法上有极大的不同。

（4）制定网络促销预算方案。企业遇到的最棘手的网络营销决策之一是究竟花多少钱在促销项目上。在互联网上促销，对于任何企业及任何营销人员来说都是一个新问题。

企业在建立整体促销预算前应该清楚以下几个问题：① 企业应该认真比较各网站的服务质量、服务价格、知名度和服务广度，从中选择适合本企业的信息服务网站。② 需要确定网络促销的目标。即是树立企业形象，还是宣传产品，或宣传售后服务。确定了促销目标之后，再策划促销的内容，包括文案的数量、图片的多少、投放时间及内容更换的时间间隔等细节。③ 需要明确希望影响的是哪个群体。各个站点的服务对象是有很大差别的。例如，华夏旅游网的服务对象是爱好旅游的网民，8848网的服务对象是侧重于产品消费者。所以，企业促销人员应当熟知自己产品的销售对象和销售范围，根据自己的产品特点在适当的同站上进行促销。

（5）衡量网络促销效果。任何企业必须对已经实施的网络促销活动进行评价，衡量一下促销的实际效果是否达到了预期的促销目标。对促销效果的评价主要依赖于两个方面的数据：一方面，要充分利用互联网上的统计软件，及时对促销活动的好坏作出统计。在互联网上，可以依靠统计软件统计网站的访问人数，统计广告的阅览人数，甚至可以告诉访问者,他是第几个访问者。利用这些统计数据,网络促销人员可以了解自己在网上的优势与弱点,以及与其他促销者的差距。另一方面,促销量的增加情况、利润的变化情况、促销成本的降低情况,有助于判断促销决策是否正确。

(6) 网络促销过程的综合管理和协调。在衡量网络促销效果的基础上,对偏离预期促销目标的活动进行调整是保证促销取得最佳效果必不可少的程序。同时,在促销实施过程中,不断进行信心沟通的协调,也是保证企业促销连续性、统一性的需要。

2) 网络营销促销的主要方法

网络促销是在虚拟市场上进行的促销活动,其促销形式有网络广告、网络直销、网上销售促进和公共关系(其中网络广告请参考第五章内容,公共关系将在下一节中讲解),这里主要介绍网上销售促进。

📖 资料:最近,《麦肯锡季刊》(McKinsey Quarterly)在研究了大量成功的网上零售商经验之后,同样得出一个近乎是常识性的研究结论:实体商店在搭建网上商店后,需要一整套网站推广策略才能促进网上销售。

McKinsey Quarterly 研究了 100 个北美大型零售商,包括 Home Depot、Target 和 Wal-Mart 这样的大型传统零售商场的网上商店。McKinsey 总结说:这些网站不仅为用户提供丰富的商品选择和使用便利,并且都采用了网站推广策略从而带来大量访问量。比如,Home Depot 和 Wal-Mart 吸引访问量的网站推广手段包括优惠券、媒体广告、E-mail 通讯等。他们的网站不仅向顾客展示实体商场中销售的商品,而且利用网站推广他们的高额利润商品,如床上用品、服装等。麦肯锡还认为,吸引尽可能多的访问量是那些商品利润低、规模大、基于实体商店的网上商场的必需手段。

根据这项研究,有些商场采用三种渠道销售商品:商店＋目录＋网站,如 J. C. Penney 和 Williams-Sonoma 等,他们的网站使用方便、产品信息丰富、价格更新迅速及时、商品促销做得非常出色。不过对于这类商场来说,他们必须调查清楚使用这三种渠道的顾客各自的使用特点,以提供有针对性的营销办法。在 2005 年,这种采用三种渠道销售的商场销售额达到 60 多亿美元,网上实现的销售部分占 19%。

网上销售促进。网上销售促进是指企业在营销网站上开展的、直接针对购买行为的,采用各种富有创意的激励方式对顾客进行强烈刺激,以激发顾客强烈的购买欲望,促成迅速购买的一种促销方式。互联网作为交互的沟通渠道和媒体,具有传统渠道所没有的优势,在刺激产品销售的同时,还可以与顾客建立互动关系,了解顾客的需求和对产品的评价。

一般而言,网上销售促进的主要形式有:

第一,有奖或抽奖促销。这是网上应用较广泛的促销形式之一,是大部分网站乐意采用的促销方式。抽奖促销是以一个人或数人获得超出参加活动成本的奖品为手段进行商品和服务的促销,网上抽奖活动主要附加于调查、产品销售、扩大用户群、庆典、推广某项活动之上,目标顾客或访问者通过填写问卷、注册、购买产品或参加网上活动等方式获得抽奖机会。

📖 资料:例如,搜狐商城 2006 年开展的"2·14 情人节购物中大奖"促销活动,在活动时间内当日购物金额在 214 元以上的顾客均可参加抽奖,抽奖时间为每日中午 12 点,抽取的订单范围是前一天(0:00~23:59)所有购物金额在 214 元以上并处于已发货状态的订单,抽奖结果即时公布。

第二，拍卖促销。网上拍卖是一种新兴的拍卖形式，由于快捷方便，吸引了大量用户参与网上拍卖活动。

第三，免费促销。免费促销是企业在网络促销过程中为了提高网站客流或者促进产品销售而提供全部或部分免费资源的促销策略。互联网的开放性和自由性，使得一些易于通过互联网传输的产品非常适合在网上进行促销，如许多软件厂商为吸引顾客购买软件产品允许顾客通过互联网下载产品，在试用一段时间后再决定是否购买等。

免费促销的另一种形式是免费资源促销，主要目的是推广网站。所谓免费资源促销，就是通过为访问者无偿提供各类资源(主要是信息资源)吸引访问者访问网站，并从中获取收益。目前，利用提供免费资源获取收益比较成功的网站很多，如提供搜索引擎服务的雅虎和搜狐，提供网上实时新闻信息的新浪等。这类网站通过提供免费资源，扩大网站的影响力，增加网站的访问量，使网站具有传统媒体的作用，并通过发布网上广告来获得赢利，也有提供免费网上 E-mail 空间、个人网站空间的站点，如国内的 163. net。

利用免费资源促销时要注意：首先，要考虑提供免费资源的目的是什么；其次，要考虑提供怎样的免费资源才可能在资源丰富的网络上获得成功；最后，要分析利用免费资源促销的最后收益是什么。

第四，打折促销。打折促销是指网络促销活动中，为了显示网络销售低价优势以激励网上购物，或者为了调动本网站购物人气、烘托网站购物气氛以促进整体销售，而采取的对所销售全部或部分产品同时标出原价、折扣率或折扣后价格的促销策略。

第五，购物返券促销。购物返券促销是指网上商店在商品销售过程中推出的"购 x 元送 x 元购物券"的促销方式。购物返券的实质是商家让利于消费者的变相降价，返券促销的目的是鼓励顾客在同一商场重复购物。

　　📖 资料：2006 年，当当网网上商城开展了"购音像满 100 返 100"的促销活动，单张订单购音像品满 100 元，返 2 张 50 元礼券；满 200 元，返 4 张 50 元礼券；以此类推，多买多赠；礼券为电子礼券，2 月 7 日前款到当当网且订单出库后直接放入"我的账户"中，随后当当网发送 E-mail 提醒顾客礼券到账。

第六，电子优惠券。电子优惠券(E-coupon)是直接价格打折的一种变化形式，有些商品在网上直接销售有一定的困难，便结合传统营销方式，从网上下载、打印电子优惠券或直接填写优惠表单，到指定地点购买商品时可享受一定优惠，或以所选择打印的电子优惠券上约定的优惠价格购买优惠券所指定的商品。例如，麦当劳、肯德基都经常采取这种促销方式。

第七，"买×加×元赠×"促销。这是一些网上商城为了促进商品销售，而实施的"买×加×元赠×"的促销活动。

　　📖 资料：例如，卓越网实施的"买男孩、女孩的情人节 CD，送怡口莲巧克力太妃糖""新年促销装，买一赠一，买一赠二(飘柔、玉兰油、佳洁士、激爽)""购物满 50 元，送雕牌肥皂粉30g"等促销活动。又如，搜狐商城实施的"全场购物满 128 元加 1 元送《功夫》DVD"促销活动。

此外，还有单纯的赠品促销活动。目前，这种方法在网上的应用不算太多，一般情况下，在新产品试用、产品更新、对抗竞争品牌、开辟新市场的情况下，利用赠品促销可以达到比较好的促销效果。

赠品促销的优点在于：可以提升品牌和网站的知名度；鼓励人们经常访问网站以获得更多的优惠信息；能根据目标顾客索取赠品的热情程度，总结分析营销效果和产品本身的反应情况等。

第八，积分促销。积分促销是商务网站预先制定一定的积分制度，根据顾客在网上购物次数、金额或参加某次活动的次数来增加积分来发放奖品。

网上商城采用积分促销有两大好处：一是通过这种简单有效的促销，能够和客户建立良好的关系；二是刺激用户的购买，通过时间上的控制，能够促使对产品有需求但对时间不敏感的老客户迅速购买。

现在不少电子商务网站"发行"的"虚拟货币"可以说是积分促销的另一种体现，如西单网上商城的"E 元"、酷必得的"酷币"等。网站通过举办活动来使会员"挣钱"，同时可以用仅能在网站上使用的"虚拟货币"来购买本站的商品，这实际上是给会员购买者相应的优惠。

第九，网上联合促销。由不同商家联合进行的促销活动称为联合促销。联合促销的产品和服务可以起到一定的优势互补、互相提升自身价值等效应。如果应用得当，联合促销可起到相当好的促销效果，如网络公司可以和传统商家联合，以提供在网络上无法实现的服务。

第十，会员制营销。会员制营销是指企业以某项利益或服务为主题将人们组成一个俱乐部形式的团体，开展宣传、销售与促销活动。顾客成为会员的条件是缴纳一定的会费，或购买一定数量的产品等，成为会员后就可以在一定时期内享受入会时约定的权利。以组织和管理会员的方式开展网上商务活动的优点，一是了解顾客信息，认证顾客身份；二是通过会员制锁定目标顾客群。

有些商务网站还根据某项条件把会员区分为普通会员与 VIP（贵宾）会员。还有些网站根据会员购买行为进行积分，以区别对待，激励购买消费。

　📖 资料：搜狐商城规定：顾客在搜狐商城成功注册后即成为普通会员，享受购物积分，消费 1 元积 1 分；累计消费金额 800 元或一次性购物金额满 500 元，成为 VIP 会员后享受购物积分消费 1 元积 2 分。

7.5　网络公共关系策略

7.5.1　网络公共关系概述

网络公共关系是指企业为了提高自己的知名度和美誉度，以争取公众舆论支持，而有计划地通过互联网、利用各种网络技术与资源开展的各类活动的总称。

企业开展网络公共关系的主要目的就是处理好各方面关系，形成一种有利于企业"内讲团结，外求发展"的良性网络营销关系状态与和谐的网络营销环境。

网络公共关系的工作内容基本上可以概括为一个中心、两个目标、三个基本要素、四个基本步骤。一个中心就是以塑造企业形象为中心；两个目标就是以提高企业知名度与美誉度为目标；三个基本要素是网络公共关系主体、网络公共关系客体与媒体；四个基本步骤是网络公共关系调查、网络公共关系策划、网络公共关系实施与评估。目前网络公关活动越来越受到企业的青睐和关注。

1) 网络公共关系的特点

网络公共关系借助互联网作为媒体和沟通渠道，突出了网络的开放性和互动性特征，使得网络公共关系有新的特点。

(1) 增强网络公共关系主体的主动性。网络所特有的互动性使企业在网络公共关系中的主动性得以增强，企业通过互联网开展公共关系活动几乎在整个活动中的任何环节都可以拥有主动权。例如，利用新闻媒介开展公共关系活动，在传统公共关系活动中，从事企业公共关系活动的人员要撰写新闻稿件或通过其他方式引起新闻媒介的关注，有时甚至通过"制造新闻"来达到公关的目的。企业的新闻能不能够在媒体上报道，取决于多方面的因素，如新闻媒体的记者、编辑或导演是否感兴趣，媒体的版面或播出时间是否已排满，企业新闻与当地的媒体报道的主题是否相符以及与新闻媒体的关系是否融洽等。这一系列的因素决定了企业能否及时地开展公共关系活动，而对于这些因素的某些部分企业是无法左右的，这就使得企业无法按照其公共关系活动计划随心所欲地、及时地传播信息。而在网络公共关系活动中，企业就可以避免这种事情的发生，企业可以通过网络论坛、BBS、新闻组和 E-mail 等直接面向目标市场及时发布新闻，不受篇幅、媒体时间与空间的限制，不需要通过新闻媒介的审批，打破了传统公共关系活动利用新闻媒介的局限性，在利用新闻媒介方面的主动性得到了加强。

📖 资料：2005 年 3 月，肯德基的几种产品被查出含有苏丹红成分。经检测，麦当劳的产品虽然不含苏丹红成分，但是，消费者容易从肯德基联想到麦当劳，因此会受到牵连。在此情况下，麦当劳推出"麦辣鸡腿汉堡，辣乎乎，停不了"的推广活动，其网站在 2005 年 4 月打出了"敬请放心食用！经国际检测机构 INTERTEK 证明：麦当劳麦辣鸡腿汉堡和麦辣鸡翅所使用的原料，不含苏丹红 1 号"的网络广告，并指明麦辣鸡腿汉堡从环境的严格控制到鸡肉的恒温运输再到餐厅内的食品安全检查及精心烹调，整个流程共经过 108 次品质检定。以此消除不利影响，开展网络危机公关。

(2) 强化网络公共关系客体的权威性。网络公共关系客体即网上消费者，是指与网上企业有实际或潜在的利害关系或相互影响的个体或群体。企业网上的消费群体构成了企业赖以生存的两大类网络社区：一类是围绕网上企业由利益驱动形成的垂直网络社区，包括投资者、供应商、分销商、顾客、雇员及目标市场中的其他成员。另一类是围绕某一主题形成的横向网络社区，包括生产、销售类似产品或提供相似服务的其他企业或组织等。其主要的活动场所是各类网络论坛、新闻组、邮件列表等。网上消费者的主动性体现在他们虽然是公共关系活动中的客体，是公共关系活动的对象，但网上消费者不是消极的被影响、被作用、被动接受信息的对象，他们的意见和行为是企业无形的财富，是关系企业生存和发展的决定性因素。在网络公共关系活动中，网上消费者对网上企业的影响变得更直接、更迅速。因为在传统公共关系活动中，信息的传播和反馈过程相对过长，消费群体从了解到行动有一段时间，企业从事公共关系的人员可以利用这段时间进行调整，改进下一步的行动。而在网络公共关系活动中，信息的传播与反馈速度快、范围广，涉及消费群体的层次多，有关企业的信息迅速在整个网络上传遍，引起消费群体的反应，导致企业处于被动状态；同样，消费群体的意见、态度、观点和行为也会迅速在网络上扩散，对企业产生重大影响,甚至会决定企业的成败。因此,从事网络公共关系的人员必须充分认识到消费群体在网络公共关系活动中的重要性,事先控制信息传播的内容、方向、范围,监控消费群体的反应,及时采取有效措施,化解对企业的不良影响。

（3）提高网络公共关系传播的效能性。网络作为公共关系传播的媒体,彻底改变了传统公共关系的信息传播方式。传统公共关系所采用的传播媒介,无论是报纸、杂志、电视,还是广播,其传播方式都是大众传播,是单向的沟通方式。企业与公众之间的沟通又由于受到传播媒介的限制,而使传播的广度、功效、力度大大降低。而在网络上的传播是双向互动式的个体沟通,这种互动式的个体沟通方式,使接受信息的消费群体在阅读信息的同时,可以与企业的有关人员或其他网民开展讨论,还可以对信息内容、信息的传播形式进行控制,使企业在传播信息时有必要根据消费群体的不同需要、不同的反应程度,提供个人化的信息服务。

（4）网络公共关系传播时空更广泛。开展网络公共关系使得传播时空大为扩展。从传播空间上来看,传统公共关系活动中所撰写的新闻稿件,受到版面、播放时间的制约,必须简洁明了,许多重要的信息只好忍痛割爱,消费者也很难从简短的新闻中获得完整的、感兴趣的信息;而网络公共关系活动中没有这种限制,企业有足够的时间和空间传播内容详尽的信息,并可通过与其他相关信息的超链接增加信息容量,实现企业与消费者之间的即时互动。从传播时间上看,传统公共关系传播媒介都有固定的播放和发行时间,如报纸和杂志是按日、周、月等期限发行的,电视和广播虽然可以连续播映,但也有固定的栏目和时段分配;而在网络上,可以全天 24 小时随时发布新闻,消息一有更新即可播出,不必为传统媒介的时间限制大伤脑筋。

2）网络公共关系的组成

应该说网络公共关系较传统公共关系更具优势,如降低公关费用、提高办事效率等,所以网络公共关系越来越被企业一些决策层所重视和利用。一般说来,网络公共关系涉及以下几个方面:

（1）与网络新闻媒体合作,主动传播公司信息。互联网被称为新兴的区别于报纸、杂志、无线电广播和电视的第四类媒体,它吸引着越来越多的用户通过网络获取信息,因此,互联网具有媒体的功能。网络新闻媒体有两大类:一类是传统媒体上网,通过互联网发布媒体信息;另一类是新兴的真正的网上媒体,它们没有传统媒体作为依托。对于后者,一方面,由于没有自己完整独立的采编人员获取新闻,所以要依赖传统媒体新闻稿源;另一方面,这些媒体也通过自己的优势挖掘新的信息来源,发布自己的新闻,如新浪网有自己的体育新闻记者等。对于前者,企业开展公共关系活动的手段与传统公关活动手段类似。不管是哪一类媒体,互联网出现后,企业与新闻媒体的合作更加密切了,可以充分利用互联网的信息交互特点,更好地进行沟通。通过与网上新闻媒体良好的合作关系,将企业有价值的信息通过网上媒体发布和宣传,以引起消费者对企业产品的兴趣,同时通过网上新闻媒体树立良好的社会形象。

（2）宣传与推广产品。网络公共关系的重要职能之一是宣传和推广产品。互联网最初是作为信息交流和沟通的渠道,因此建有许多新闻组和公告栏。企业利用新闻组和公告栏介绍和展示产品,可以在短时间内提高产品的知名度,起到良好的宣传作用。企业也可以选择借助公关推广理念达到间接推销产品的目的。例如,强生公司(中国)网站通过网络送知识,积极开展消费者教育并取得良好效果。

　　📖 资料:强生公司(中国)网站注意到目前正处生育年龄的年轻人工作节奏越来越快,没有更多的时间照顾家庭和孩子,却又有强烈的重视孩子培养的意识。于是,网站提供了许多育儿知识,并在新浪网门户站建立"新浪亲子中心——强生婴儿健康呵护中心"站点。例如,宝洁公司的佳洁士产品网站,并不标价卖产品,而是提供了许多如何保护牙齿的知识。

　　这些网站并没有直接做产品广告与促销,而是通过一种细致的关心和精心的服务,赢得网络公众的认可与接受。这些企业借助网络公关策略推广的是"营销消费"新理念,而不是产品。通过专业消费知识、生活知识的普及,使目标顾客逐步接受企业的理念,然后按照这个理念到传统的商场、超市选购企业的产品,并确保目标顾客认为只有该企业的产品才能满足自己的需要。

　　(3)建立沟通渠道。企业的网络营销网站就是为企业与企业、企业与消费者建立沟通渠道。由于同站具有交互功能,企业通过网站可以与消费者直接进行沟通,了解消费者对产品的评价和消费者提出的还没有满足的需求,保持与消费者的紧密关系。同时,企业通过网站对企业自身及其产品的介绍,让对企业和企业的产品感兴趣的群体充分认识和了解企业及其产品,提高企业在群体中的知名度。

7.5.2　网络公共关系的实施

1)网络公共关系的方式

(1)站点宣传。站点宣传也称网站推广,其目的是通过对企业网络营销站点的宣传,吸引用户访问,达到宣传和推广企业以及企业产品的效果。所以,网络营销站点是企业在网上市场进行营销活动的阵地,网站的访问量是实现网络促销目标的关键。

　　很多企业设立自己的网站,并通过网站开展公共关系活动。对于这一类企业,网络公共关系的主要任务之一就是宣传企业网站,提高企业网站的知名度。企业网站是网上企业的总部,建立自己的网站不但可以起到广告宣传的作用,更是树立企业形象的最佳工具。因此,企业建立网站后,首先,要在有影响力的新闻媒体上宣布站点的建立,以使公众了解并访问企业站点。其次,要不断更新网站的内容,吸引更多的公众访问或再次访问企业的网站。最后,鼓励其他网站复制本企业网站的内容或创建与本企业网站的链接。此外,还可以通过网络论坛、邮件列表等方式宣传企业网站。

　　如何吸引网民访问网站或再次访问呢? 首先,要让网民知道网站的存在,同时让网民能很容易地找到网站的地址;其次,要不断改善服务和充实内容,吸引网民再次访问网站。网站推广可以分两步进行:一是改进网站内容,改善网站服务,或建立"访问渠道"以便让网民能很容易地访问网站,达到扩大网站知名度的目的,从而吸引用户,达到推广效果。二是利用传统媒体渠道和网上新兴渠道两种方式宣传网站。目前,比较常用的还是利用网上新兴渠道方式进行推广宣传,因为这种方式可以直接把网民吸引到自己的网站,比较直接有效。

　　(2)网上新闻发布。网上新闻发布完全摒弃了传统新闻发布需要花费大量的人力、物力、财力进行筹划和安排的缺点,可以以较少的费用、最快的速度将新闻传播出去。

　　网上新闻发布可以通过以下几种方式实现:

第一，通过网络新闻服务线发布新闻。许多记者和公众都习惯通过在线网络新闻服务获取信息，企业利用网络新闻服务线发布新闻，可以确保企业新闻能够及时传播出去。虽然，提供网络新闻服务线的服务商要收取一定的费用，但与召开新闻发布会相比可为企业节约许多费用，如招待费、场地费、打印费以及其他管理费用。

第二，通过企业自己的网站发布新闻。大多数企业的网站都会设立单独的网页用来发布新闻，企业可以在该页面直接面向公众动态地发布新闻。如果是重大新闻可以放在主页上发布。另外，在网站上应该有联系信息，使记者和公众能够与企业快速地取得联系，增加新闻稿件的互动性。

第三，通过相应的新闻组或邮件列表发布新闻。一些简短新闻，如出版社的新书预告、软件公司的软件升级及新产品的信息等，可以在符合主题的新闻组上发布，或者通过企业掌握的邮件列表资源发布。

（3）栏目赞助。由企业对网站的某些栏目提供赞助，访问者可以通过赞助页面直接链接到企业的页面，从而扩大企业页面的知名度。企业赞助对象一般是一些会议、公共信息、政府或非营利性的活动，如赞助一个电视剧的播出页面，以吸引观众对自己的企业、产品和服务的注意。

（4）参加或主持网上会议。各网络服务商的网络论坛经常举办一些专题讨论会，有的网络会议吸引了许多消费者参加。网络会议的参加者可以看到其他人提交给会议的发言，同时自己的发言也会受到许多人的关注。参加与企业有关的专题论坛并积极发表意见，可以提高本企业的形象和知名度。企业可利用网络服务商提供的网络会议服务，自己组织网上会议，有可能的话，还可以邀请一些著名的专家作为客串主持，利用专家的知名度吸引公众，树立企业在公众心目中的良好形象。

（5）发送电子推销信。网络公共关系的一种常见形式就是给新闻记者或编辑发送电子推销信，在信中简述企业的新闻内容及对他的请求；也可以向某些老顾客发送一些企业的信息，如新产品的介绍等。这就要求企业从事公共关系的人员要与新闻记者或编辑，以及某些老顾客建立起稳定的联系，通过多种途径收集 E-mail 地址。

2）实施网络公共关系的要点

（1）建立广泛的网络媒体联络，及时发布新闻。这是网络媒体的一大优势。当公司有新产品或新服务出台时，最好能及时通过广泛的网络媒体，发送一些消息给那些希望发布此信息的网络媒体。企业也可以建立自己的用户邮件列表，或通过网站邮件列表收集对本企业产品感兴趣的用户的 E-mail 地址，并及时向其发布企业的最新动态。

（2）传统媒体和网络媒体相配合。通过网络寻找信息、浏览新闻已被越来越多的人认可和接受，但是传统媒体在人们生活和工作中仍占重要的地位，发挥着重要的作用。如果公众在两种媒体中都能看到企业的同一条新闻，将会大大加深企业在公众中的印象。

（3）加入其他公司的链接。企业的网上新闻公告中应该包括商业伙伴、客户等信息，还可以在公告中加入指向它们的链接。虽然这可能会转移一部分浏览者的注意力，但也会从一定程度上提升企业形象。

（4）分析和监控网络舆论。正确运用、分析网络舆论，对企业有效地拓展公共关系、树立良好的形象，都具有重要意义。因为网络舆论可以突破时间和空间上的障碍，使各方面的意见及时、广泛地进行交换。

7.6　从 4PS 到 4CS 的营销组合

7.6.1　从产品策略到满足顾客需求策略

在传统 4PS 的营销组合中,产品策略是很重要的一部分。但是,随着社会的网络化和信息化进程,产品策略中信息因素所占的比重越来越多。传统的产品策略开始发生倾斜,逐渐演变为满足消费者需求的营销策略。

1) 产品从"物质"到理念的变化

传统意义上的产品多是一种物理的概念,即实实在在的东西。而信息化社会中产品的概念会发生变化,从"物质"的概念演变为一个综合服务的概念。也就是说,企业售出的不全是一些物质型的产品,而是一种综合服务的理念。它包括:① 直接消费市场或生产资料市场中的各类产品和商品;② 产品的售后服务或纯服务类型(无形)产品;③ 产品形象、产品文化和后续产品的标准系列化;④ 围绕消费者需求的新产品开发策略。

用户通过联机注册后,随时都可以反映或询问使用中的问题,并很快地通过网络得到来自世界各地的解答。这样可使企业加强用户在线服务,同时公司可以及时得到信息反馈。通过对这些问题的统计和分析,公司很快就能知道什么类型的人在使用什么样的软件产品,主要使用的功能是什么,遇到最多的问题是什么,原软件在哪些方面没有满足用户需求,在哪些方面用户认为使用不方便等。

2) 组织内部的实时沟通

将网络技术和商务信息的传递作用于企业内部管理,企业内部各单位、各成员、各销售点之间的沟通是提高工作效率、保证经营管理质量和保持企业活力的重要保障。各单位组织内部之间及时沟通商务信息,也是企业营销的重要组成部分。这些信息包括原材料的价格、金融期货市场的状况、商品信息和物流配送公司的动态联系、厂家的产品信息和生产状况等。

另外,通过文化和感情上的沟通,在网络上树立自己企业和产品的形象也是 4CS 营销组合中的重要内容,这部分内容也会像商标、商誉等一样成为企业重要的无形资产。文化和感情上的沟通使企业在树立企业和产品形象的同时,了解消费者的兴趣所在,开始构思新的产品、开发新的服务和不断丰富、完善这个形象的过程。

3) 产品生命周期的变化

在网络环境下,产品生命周期的概念逐步淡化。由于生产者和消费者可以在网上建立直接的联系,所以满足大部分消费者的需求就是新产品开发的正确投向。另外,由于能在网上及时了解消费者的意见,产品一旦投入市场,就可以从消费者的反馈中了解应改进和提高的方向。于是,当老产品还处在成熟期时,企业就开始了下一代系列产品的研制。系列产品的推出取代了原有产品的衰退期,使产品永远朝气蓬勃,保持旺盛的生命力。

7.6.2　从价格策略到成本策略

在以往的营销策略中,企业生产出产品以后,如何定价是技术性非常高的工作。例如,高报价、低底价,在打折和讨价还价的过程中,以尽可能高的价位将产品售出;人为地拉大批零价差,给经销商创造更大的利润空间,以鼓励经销商推销产品的积极性;按消费心理定价等等。这些都是以往价格策略中人们常用的操作伎俩。

价格策略中的这些伎俩之所以能够流行,其主要是由于信息不对称和交易过程不透明引起的。网络和电子商务技术的出现极大地促进了各类商务信息之间的交流,使得传统的"价格游戏"失去了它原有的作用,把成本放在了一个非常突出的地位。

1998年,一些价格比较网站纷纷出现,这些网站不但广罗产品价格信息,而且还主动帮助客户进行价格比较。价格比较网站的出现,打破了信息的不对称,导致传统高位定价、折扣销售和暗箱操作等价格游戏一夜之间失灵。

另外,还有许多价格信息网站从不同角度为企业提供各种产品的价格信息。通过这些网站,人们可以从事价格查询、性能价格比较等。由于网络导致了信息对称、价格透明,成本就成为新形势下企业竞争的关键,按成本定价已经成为部分发达国家企业的时尚做法。

在市场信息对称、交易过程透明的情况下,同样质量和功能的产品,谁的成本最低,谁将赢得客户、赢得竞争、赢得市场。因为在网络环境下,市场信息是公开的、对称的,生产某种产品的原料价格、加工成本人人皆知,加工过程规范化、产品结构标准化,市场竞争空前激烈。网络和电子商务极大地促进了商务信息的交流,使得传统的"价格游戏"失去了它原有的作用,将成本放在了一个非常突出的地位,任何欺瞒客户的做法,都会导致客户流失,最终使企业自己受害。

在成本策略下,企业的应对策略通常是:加大对产品研发的技术投入,增加产品的技术含量和差异化程度,提高产品生产的附加值;在标准件和基础材料领域,增加生产批量、加强内部管理、降低生产成本;开展网上采购、网络营销,理顺物流和供应链渠道,降低外部经营环节的成本,参加市场竞争。

在成本策略环境下,产品的定价过程与传统产品的定价有两个明显的不同:一是产品的功能不是由设计人员闷在设计室中确定的,而是根据市场调查的结果和客户需求共同确定的;二是要加上服务成本这一带有明显个性化、差异化的成本内容。由于产品功能是由市场和客户需求确定的,而利润又是市场能够认可的。因而,该策略制定出来的价格风险小,容易为市场所接受。

7.6.3　从地点和分销渠道到方便的购买技术

在传统的营销活动中,地点和分销渠道是非常重要的。适当的产品在适当的地点,启用适当的分销渠道,是传统的市场营销关注和研究的重点。选择不同的地点和分销渠道对企业经营产生的效果是不同的。

📖 资料:例如,在中关村卖百货。北京的中关村地区高新技术公司云集,IT企业开一家"火"一家。然而,在中关村丁字路口曾开过一家百货商店,生意冷淡,最后不得不改为快餐店。又如,在王府井卖电脑。北京的王府井商店云集,人们戏说:"在这里卖凉水都能赚钱。"但是,王府井也曾开过几家电脑商店,就是不赚钱,最后不得不搬到中关村。

上述实例说明地点和分销渠道的选择对传统的营销是非常重要的。但在目前情况下,网上采购和物流配送是比以往任何一种分销渠道和地点都更为方便、便宜的购买形式,而且也是采购方或消费者乐于接受的形式。

在这种方式下,不但企业的采购变得十分方便,而且还可以利用网络建立起固定的供应链管理系统,降低商品或原材料库存,提高企业经济效益。就目前我国的具体情况而言,在 B2C 业务中,购买的方便性可能会受到诸多限制,但在 B2B 领域中,作用和效果都十分明显。

7.6.4 从推出式的促销策略到双向交流/沟通

产品的促销方式在传统营销组合中至关重要,以往的促销都是企业预先策划好一种推销或促销方式,然后大规模地推广和宣传,以吸引客户,促进销售。顾客只能被动地选择"接受"或者"不接受",属于单向的交流方式。在目前市场竞争激烈的情况下,要想靠这种方式牢牢地吸引客户购买、提升客户兴趣已经比较困难了。

双向交流沟通则不同,它通过客户参与、同客户充分沟通来了解市场需求,制定促销策略。在一些类似于"不经意"的双向交流中,宣传和促销产品,引导消费趋势,其效果要比以往强制性的宣传和促销好得多。

1) 网站将成为双向沟通的桥梁

在网络中,企业的客户分布在全国乃至全世界各地。要想与客户保持双向、动态的沟通,而且不受时间和空间的限制,企业可以通过网站巧妙地吸引客户的注意、了解客户的兴趣、宣传自己的产品、听取客户的建议。网络这种双向沟通的结果,一方面,调动了双方参与创作的积极性;另一方面,展示了网上产品信息,促进了商品的销售。通过顾客访问企业网站,一方面,企业可以切实了解顾客主要关心些什么;另一方面,企业可以巧妙地通过这些宣传来传达对企业有利的信息和消费观念。

2) 多种形式和媒体的沟通

2000 年以来,随着各种通信工具和各类网络技术的不断发展,特别是移动通信和移动互联网技术的发展,这种基于网络环境的双向沟通也呈现出多渠道、多媒体的形式。

例如,在许多商务或政府采购网站中,就大量采用了多种渠道的信息沟通方式。只要有新的商务信息或政府采购招标信息,政府采购办公室就会同时通过 E-mail、手机短信、呼机短信、传真、信函等各种方式通知已注册的政府采购经销商或供货商,通知他们上网去查看具体细节。

又如,在金融和保险行业中,经常建立以呼叫中心、商务网站、CRM 数据库为核心的客户关系管理系统。客户如有任何问题,可以用电话、上网浏览等各种方式向公司寻找专业化的信息服务。同时,公司也可以通过对客户记录的分析和挖掘向客户推荐更进一步的业务和更专业化的服务。

单 元 小 结

本章论述了网上营销组合,包括网络产品、定价、网络营销渠道、网络营销促销、网络公共关系五个方面的含义以及 4CS 组合的特点。研究了网络营销产品生命周期策略、网络营销品牌、网络产品的定价目标,网络直接和间接的营销方式,网络促销与传统促销的区别,网络公关的实施,从 4PS 到 4CS 的营销组合转变的基本内容。

思考题

(1) 网络营销中产品的概念与特点是什么?

(2) 网络产品的生命周期与营销策略分别有哪些?

(3) 网络营销定价的特点有哪些?

(4) 网络营销定价策略主要有哪些? 试简明扼要地对每种策略作一说明。

(5) 免费价格策略的内容有哪些?

(6) 如何进行网络直销?

(7) 网络营销渠道的特点有哪些?

(8) 新型电子中间商有哪些?

(9) 网络促销与传统促销有什么区别?

(10) 结合 1~2 个实例谈谈网络公共关系的重要性。

(11) 如何认识从 4PS 到 4CS 的营销组合转变? 结合某个具体网站谈谈你的想法。

(12) 结合所学的知识,为某公司制作一个网络促销的方案。

(13) 登录联想集团手机网站(www. lenovomobile. com),点击创意无限,了解企业如何利用网络实现产品开发。

(14) 搜易得数码科技有限公司(www. soit. com. cn)是中国领先的 IT 数码购物门户,是中国第一家由消费者协会指定的"先行赔付"电子商务网站,定位为"IT 数码专家诚信购物门户"的搜易得,将立志成为中国最杰出的电子商务企业。登录其网站并分析其产品组合策略。

(15) 登录当当(www. dangdang. com)、雅宝(www. yabuy. com)、易趣(www. ebay. com. cn)、一拍网(www. cn. auctions. yahoo. com)、淘宝(www. taobao. com)等拍卖网站。分析各网站在商品售卖页面设计、拍卖方式、商品分类、报价方式等方面的相同点、区别点与优缺点。

案例分析

阅读分析一: 百事可乐网络营销

百事可乐建立了与其公司形象和定位完全统一的中英文网站,以游戏、音乐、活动为主题,其背景则依然是创新的标志和年轻的蓝色。

百事可乐的网络营销策略,具体体现在三个方面。

1) 媒介策略——与 Yahoo 携手

2000 年 4 月,百事可乐公司首先宣布与 Yahoo 进行全面网络推广合作;在音乐站点,如 MTV. com 的投放力度加大;同时还涉足于体育类网站,如 NBA. com、美国棒球联盟等。

网络广告投放活动是长期行为,从 2000 年 1 月至今从未间断。每年 3~4 月份随着气温的升高,伴随饮料消费高峰期的来临,网络广告投放高峰期便告开始,通常会延续至当年 11 月。

2) 创意策略——推崇激情

比之可口可乐的传统广告,百事可乐的网络广告较为活泼,无论是画面构图,还是动画运用,都传达着一种"酷"的感觉。在 2000 年这一年间,便有拉丁王子瑞奇、马丁、小甜甜布兰妮和乐队 Weezer 先后出现在百事可乐的广告中。从 NBA 到棒球,从奥斯卡到古墓丽影游戏和电影,百事可乐的网络广告总能捕捉到青少年的兴趣点和关注点。

2001 年,中国申奥成功,百事可乐的网络广告独具匠心,气势非凡的画面采用了有动感的水珠,传达出了百事可乐品牌的充沛活力。醒目的文字表达出百事可乐对北京申奥的支持。广告方案利用"渴望无限"和"终于解渴了"的双关语,将中国人对奥运的企盼巧妙地与百事可乐产品联系在一起,并与其他宣传高度一致。

3) 竞争策略——针锋相对

(1) 体育角逐。可口可乐是冬奥会的指定饮料,可以拿冬奥会大做文章。而百事可乐则通过 NBA 和美国棒球联盟寻找平衡点,在其中文网站设有百事足球世界、精彩足球,包括 2001 年百事可乐足球联赛、百事全能挑战足球赛、百事预祝十强赛中国足球超越梦想等等。

(2) 音乐角逐。这是百事可乐最精彩的策略之一,包含了百事音乐的主题活动,巨星、新星、音乐卡片、音乐流行榜等。

(3) 活动角逐。这是为自己创造吸引品牌注意力的最好机会之一。例如,百事可乐在网上发动网民投票评选百事可乐最佳电视广告片等。

分析:百事可乐的网络营销组合策略给我们带来什么启迪?

阅读分析二:王者之尊——通用汽车网络营销

1999 年 9 月 27 日至 29 日,第五届《财富》全球论坛在我国上海顺利举办,世界 500 强跨国公司的顶尖人物云集沪市。关注历年《财富》杂志评选的世界 500 强名单,人们会发现,有一家企业连续多年排名第一,这就是通用汽车公司(以下简称通用)。该企业 1998 年年营业收入 1 781.74 亿美元,这一数字超过了"中国工业 500 强"的销售总额。

通用(www.gm.com)是世界上最大的汽车公司,它是由威廉杜兰特于 1908 年 9 月在别克汽车公司的基础上发展起来的,成立于美国的汽车城——底特律。除生产销售汽车外,还涉足航空航天、电子通讯、工业自动化和金融等领域。从汽车产量看,该公司占美国汽车产量的一半左右,而小轿车则占 60% 左右。通用在美国最大 500 家企业中居首位,在世界最大工业企业中位居第二。

通用在美国本土共有 6 个轿车分部,分别为别克分部、奥兹莫比分部、卡迪拉克分部、雪佛莱分部、旁蒂克分部及 GMC 分部。另外,在世界各地还有不少分公司,其中通用欧洲公司最大,欧宝和弗克斯豪尔两家的汽车年产量已过百万。不久前,通用又收购了世界上最先进的跑车研究生产部门——英国的莲花汽车工程公司,使通用家族再添实力。

通用是美国最早实行股份制和专家集团管理的特大型企业之一。通用生产的汽车,典型地表现了美国汽车豪华、宽大、内部舒适、速度快、储备功率大等特点。而且通用尤其重视质量和新技术的使用,因而其产品始终在用户心目中享有盛誉。在通用的站点上,我们可以了解到通用的历史、现在,并预测到未来。综观通用的站点,我们会发现,通用在网站的设计上,充分利用了网站的分帧分层,既连续又间断的特点,将营销主题以渗透性的表现手法化解在各层各页上,具备十足的商业感召力。在首页设计上充分体现了"关系唯上,客户至尊"的营销主题,阐明了通用始终以顾客为中心的营销思想。通用在其品牌优势的基础上,致力于建立与强化和公众的关系,利用互联网辐射力开展关系营销。"企业自身目标应放在管理客户关系组合上,而不是放在管理一种产品组合或资产组合上,这样就可通过积极有效地获取发展并保持与客户的联系,最终使企业价值最大化。"通用网站的设计正是抓住了这一营销主体,并始终体现这一主体。网站按公司和产品两大部分来组织内容,配以经销商的评价或是公司管理层对企业方针的阐述,而背景多为春风得意地驾驶的各国顾客,这既体现了通用的顾客分布全球,更突出了通用一贯以人为本的营销思想。在信息组织脉络上,分为产品介绍、企业介绍和汽车导购,使访问者不但可以查询到遍布世界的汽车经销商、零售商和各种型号汽车制造分厂的目录,还可以查阅到通用汽车的历史和新闻及汽车求职等消息,更可以向访问者提供多渠道多选择的产品查询与购买方案规则,网上汽车导购成为站点不变的主题。同时,通用希望自己新建立的 B2B 网站(gmbuy power.com)。通用还将加大在消费类电子商务市场上的投入力度,让自己每年高达 870 亿美元的采购业务全部通过 TradeXchange 电子商务系统来完成。分析家指出,这意味着在今后 5 年时间里,通用有望每年增加 50 亿美元的收入。1921 年,通用汽车远东办事处从马尼拉迁至上海,促进了别克在中国的销售业务,别克已开始进口到中国。1929 年,通用汽车中国公司在上海成立,首家别克销售办事处同时在沪开业。20 世纪 30 年代,别克已成为中国政界要人、名流巨富的首选坐骑之一。1935 年,通用汽车中国公司在国内 25 个不同的城市建立别克经销商网络。1940 年,通用汽车中国公司在国内建立 8 个汽车流动维修站,成为中国第一个提供此类服务的汽车公司。

今天,别克的风采再次在神州大地展现。1997 年 6 月,上海汽车工业(集团)总公司与美国通用汽车公司合资组建的上海通用汽车有限公司(www. shanghaigm. com. cn)在沪成立。1998 年 12 月 17 日,第一辆由上海通用汽车生产的别克轿车正式下线。1999 年 4 月 12 日,上海通用汽车正式批量生产 GL、GLX、新世纪三款别克轿车。在中国制造的别克轿车,保留了其品牌的优良传统——世界水平的生产技术和服务质量,将为中国市场的消费者提供世界级轿车的全新体验。在上海通用的网站的首页上,可以看到不久前在北京汽车展上推出的别克 GL8 公用商务旅行车的图片。作为首辆国产中高档旅行车,别克 GL8 以其独特的"一车多用"的优势充分满足了当今商界人士对于车辆功能日趋多元化的需求。在突出其多功能性的同时,别克 GL8 承袭了别克品牌汽车一流的安全性、舒适性和高能性。同时,网站还对其他各款新车作了介绍,并且列出了遍布全国的零售商网络,以方便各地购车人。在整体设计上,突出了通用的魅力和服务无限的宗旨。例如,在别克魅力的首页中,除 4 款新车以亮丽的色彩出现外,整个页面以灰色调为主,浅淡的色彩给人一种视觉上的亲和力,在"别克魅力"这幅图片中,蓝灰色的图片充满动感,强调了别克的优良性能及对高速度的追求。

通用汽车中国公司日前正式启动改版后的网站(www. gmchina. com)。该网站以中文和英文两种语言向广大互联网用户提供有关通用的相关产品、合作及服务领域的最新信息。通用汽车中国部总裁善能先生指出:在众多国外汽车制造商中,通用汽车是第一家在中国建立双语网站的公司。该网站内容广泛而且是专门针对中国市场设计的,随着互联网在中国的迅速发展,建立一个信息丰富并以客户为中心的网站对于通用来说是非常重要的。通用汽车中国网站向广大用户提供了大量信息,其中包含面向内地及香港市场销售的别克、欧宝、凯迪拉克及雪佛莱等产品的相关信息,还有客户服务信息。用户可以保修登记表格,查寻最近的通用汽车授权服务中心或零部件供应商,还可以查询某一特定产品的信息。此外,用户还可查询通用汽车中国合资厂的背景资料及通用汽车中国发布的最新消息。

通用的站点将通用汽车各项规格指标与竞争对手加以比较,以专业技术的开放性战略使之不落后于微软等信息技术网站的"汽车销售点"网站的发展,通用将该站点视为客户信息、客户联系技术,以及客户经济状况的采集窗口,既是客户与企业的联系纽带,又是企业客户信息管理的外延。在互联网呈指数级增长的今天,通用将如何保住自己在世界经济领域的地位,成为新一代的霸主,我们将拭目以待。

分析:通用的网络营销组合策略给我们带来什么启迪?

8 网络营销战略

学习目的

1）了解网络营销的基础条件，掌握网络营销战略规划的内容；
2）掌握企业行业与网络营销战略，掌握企业规模与网络营销战略，掌握市场地位与网络营销战略，能制定网络营销的初步战略；
3）掌握网络品牌的内涵，了解网络品牌识别系统，掌握网络品牌的推广，能对企业网络品牌建设与维护提出合理的方案。

【本章导入】

华龙集团网站的宣传推广

面对中国互联网的迅猛发展，越来越多的传统企业的决策者考虑到如何凭借这一新经济浪潮再创辉煌。因此，就有了方便面与互联网这两个乍一看没有关联的词借助于电子商务的完美结合。

"华龙面，天天见"，这句广告语妇孺皆知。推出这一品牌的，就是河北华龙集团。该集团是以生产方便面为主的国家大型企业集团，现占地面积为 40 万平方米，总资产13 亿元，员工共计 6 600 余人。目前，集团年生产能力达 36 万吨，产销量位居全国同行业前三位，是极具活力和发展潜力的民族方便面食品工业主力军。如何借助互联网的优势提升企业形象，增强集团竞争力，进一步扩充市场，是集团董事长兼总裁范现国着重思考的问题。于是，集团于 1999 年 9 月成功注册了华龙集团的国际域名（www. hualong. com）和国内域名（www. hualong. com. cn），并于 1999 年 9 月开始筹建华龙集团网站，制作了中、英文两个版本，共计 70 多个网页。经过 3 个多月的筹建，华龙集团网站于 2000 年 1 月正式开通，进入试运行阶段。接下来，集团大力开展宣传推广工作：

（1）为了让访问者更加方便、快捷地检索到网站的信息，向 30 多个重要的中文搜索引擎（搜狐、中文雅虎等）和 300 多个英文搜索引擎进行了注册登记。

（2）在相关的典型网站，如人民日报、中国食品流通网、燕赵信息港、中国商品交易市场等，做了大量宣传。

（3）与传统媒体宣传相配合，在电视广告、名片等传统媒体策划中加入了企业网址宣传，多方面宣传企业网站，提高企业网站的知名度。

（4）与中国食品流通网、食品商情网、河北之窗、邢台信息港等网站交换友情链接，提高网站访问量。

通过传统媒体与新兴互联网媒体的互补式宣传,华龙集团成功地树立了企业网站形象,让更多的人,特别是国外的访问者了解华龙集团及华龙的产品。

思考:

网络时代企业如何与时俱进,合理规划其网络营销策略?

8.1 网络营销战略概述

企业根据自身在市场中的地位、机会、目标和资源,寻找最合理的策略,为长期生存和发展选择整体战略的过程称为营销战略规划。

战略规划为企业的其他计划工作指明了步骤和目标。战略规划通过定义清晰的企业使命,实行支持性的企业目标,规划合理的业务组合以及协调各个职能战略来实现这一目的,如图 8-1 所示。

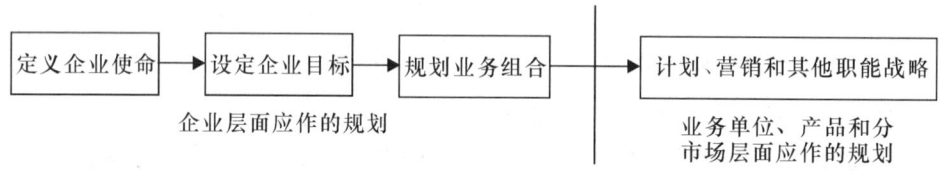

图 8-1 企业战略规划的任务、阶段与步骤

在企业层面上, 首先,应界定企业整体目的和使命,这个使命接下来就被转化为详细的支持性目标以引导整个企业的发展。然后,企业总部应确定怎样的业务组织和产品最适合,对于各项业务和各种产品应当分别给予怎样的支持。与此相应,各个业务和产品单位都要制定详细的营销计划和其他事业部计划,以支持公司的整体战略。因此,营销规划要在业务单位、产品和市场三个不同级别上制定,针对特定的营销机会制定诸多详细的计划,而这些计划反过来又支持着整个企业的战略规划。

对大多数企业而言,选择网络营销战略理应进行详细的规划。调查显示,在电子商务的浪潮中,大量企业争先恐后地上网,很多企业在从事网络营销时都过度重视设备、技术投资,而缺乏整体商业战略的规划,甚至是没有规划。忽视的结果当然是钱花了,收效却微乎其微。

8.1.1 网络营销的基础条件

网络营销是现代信息技术在企业商务活动中的应用,是企业电子化经营的基础,但开展网络营销又需要一定的支持条件,包括企业外部的基本环境和内部的基本条件。

1) 企业外部的基本环境

只要具备上网的基本条件,就可以开展初步的网络营销活动——基于无站点的网络营销。由于网络的普及和技术的成熟,大多数企业都会建设自己的网站。采用不同的形式,其功能、费用等方面都有所不同。对于其他的基础设施,如网络带宽问题等,虽然对企业网站的速度和信息浏览速度有直接影响,但不是由一个企业可以决定和改变的,因此,在现有条件下,选择一家"好"的网络接入服务商(ISP),对增强网络营销的效果具有重要意义。选择 ISP 一般应该考虑的问题有费用问题、网络连接速度、ISP 提供的服务种类、ISP 服务的连续性及设备的稳定性等。

2) 企业内部的基本条件

一般来说,企业在选择从事网络营销时,需对下列四个方面进行调研,即产品特性、行业竞争状况、财务状况和人力资源。

(1) 产品特性。企业是否需要在网上开展营销活动,这在很大程度上取决于行业的特点和产品的特性。开展网络营销是为了顺应营销手段的发展而不是为了赶时髦。如果一个行业的特点决定了其市场营销利用传统方法更加有效,那么大可不必考虑网络营销。

(2) 行业竞争状况。互联网的发展,为行业竞争状况分析提供了便利。同行业的企业由于生产类似的产品和服务,往往被收录在搜索引擎或分类目录的相同类别,只需到一些相关网站查询一下,并对竞争者的网站进行一番分析,对行业的竞争状况就会有大致的了解。当竞争者,尤其是实力比较接近的竞争者已经开始了网络营销,甚至已经取得了明显收益时,你就需要认真考虑自己企业的网络营销战略了。

(3) 财务状况。用于网络营销的支出不是消费,而是一项投资,而且是一项长期投资,有时还需要不断地投入资金。决策人员应该根据企业的财务状况制定适合自身条件的网络营销战略,如企业内部网的建立、Web 网站建设方式、网络营销组织结构、推广力度等。

(4) 人力资源。网络营销与传统营销相比,有其自身的特殊性,如互联网本身的互动性、信息发布的即时性以及网络营销的基本手段——网站建设和推广等。这就要求网络营销人员既要有营销方面的知识,又要有一定的互联网技术基础。这种复合型人才目前比较短缺。企业是否拥有高水平的网络营销人才,对网络营销的效果有直接影响。

8.1.2 网络营销的战略思考

企业开展网络营销时,首先要确定目标优势,分析实施网络营销能否促进本企业的市场增长,实现收入增长或降低营销成本。其次是在分析计算收益时,要考虑战略性需求和未来收益。最后是综合评价网络营销战略,主要考虑三个方面:① 成本效益问题,成本应小于预期收益;② 能带来多少新的市场机会;③ 考虑企业的组织、文化和管理能否适应采取网络营销战略后的改变。

与企业其他战略决策一样,网络营销战略的调整必须有充足的理性思考,它的绩效必须有可观的投入产出效益。因此,要规划网络营销的战略,必须从现实着眼,从掌握、评估企业的现有资源与经营状态入手。网络营销作为一种在新的媒介上展开的营销活动,既遵循营销的一般规律,又有其不同于传统营销方式的特点。向恰当的目标受众传播恰当的营销信息,是营销的一般规律。如何实践这一规律,取决于各企业产品、经营的具体情况以及网络媒介的特点。

网络营销作为信息技术的产物,具有很强的竞争优势。企业在规划网络营销战略时必须考虑企业的业务需求和技术支持两个方面。

业务方面的考虑有：企业的目标、企业的规模、客户的数量和购买频率、产品的类型、产品的周期以及竞争地位等；技术方面的考虑有企业是否有能力支持技术投资、决策时技术发展状况和应用情况等。

互联网的技术手段让人眼花缭乱，各自的商业应用范围也千差万别。比如，对那些规模庞大、知名度极高、产品系列众多、已建立成熟销售渠道的大企业，其上网的商业意图主要是通过网站提供出色的售后支持，如应急指南、FAQ、用户 BBS、销售及售后服务、联系方法等，以节省相应成本、提高服务效率。更进一步考虑依靠互联网运行客户关系管理（CRM）、供应链管理。相应地，很多适合中小企业的营销策略，对它们来说都不大能用得上，甚至于到目录指南、搜索引擎去登记注册这样的"基本功"，都是可有可无的雕虫小技，因为其传统的营销攻势，足以让其网站家喻户晓。

对于绝大多数企业来说，开展网络营销既有为现有业务提供信息流支持、降低运营成本的目标，又有开拓新收入来源的重任，而且"守业"与"创业"的业务之间通常是连贯的，而不是像财大气粗的大企业、跨国公司那样，出于战略投资、风险投资等商业战略的考虑，可以另起炉灶。所以，大多数企业需要选定一个与现有业务相关的细分市场作为突破口，界定明确的市场定位，以信息为营销的强力工具，以持续的客户开发策略，给予客户在网下无法获得的价值，巧妙组合各种互联网技术手段来展开营销攻势。

8.1.3　网络营销战略规划的步骤

战略是一种模式或计划，它应把一个企业开展网络营销的主要目的、程序和活动，按一定的顺序，组合成一个紧密的整体，以形成某种战略属性和竞争优势。

网络营销不是一种简单的新营销方法，它是通过新技术来改造和改进目前的营销渠道和方法，如果不进行有效规划和执行，该战略可能只是一种游离于公司整体战略之外、缺乏有机联系的营销方法，不仅无法体现战略的竞争优势，相反还会增加企业的营销成本和管理的复杂性。

网络营销的营销手段有别于传统的市场营销，它在控制成本费用、市场开拓和与客户保持关系等方面有很大竞争优势，但网络营销的实施不是某一个技术问题或某一个网站的建设问题，它涉及企业整个营销战略方向、营销部门管理和规划以及营销策略制定和实施等方面。

1）确定网络营销的战略地位与长期目标和短期目标

开展网络营销首先要明确其在企业中所占的战略地位，将之与传统营销有效地整合，切不可游离于公司业务之外。与传统营销管理一样，网络营销管理同样要设置明确的目标。只有确定了明确的目标，才能对网络营销活动作出及时的评价。

在现阶段，许多企业开展网络营销并不在于直接实现网上销售量，而是着眼于网络营销所带来的其他效应。例如，通过网络营销提升企业形象；向潜在客户提供有用的信息使之成为购买者；提高品牌知名度；建立客户的忠诚度，从而留住客户；支持其他营销活动；减少营销费用和节约营销时间等。因此，要根据自己的特点及目标客户的需求特性，确定在开展网络营销时通过何种机制达到何种目的，选择一种合理的网络营销模型，并明确不同阶段要达到的营销目标，如图 8-2 所示。

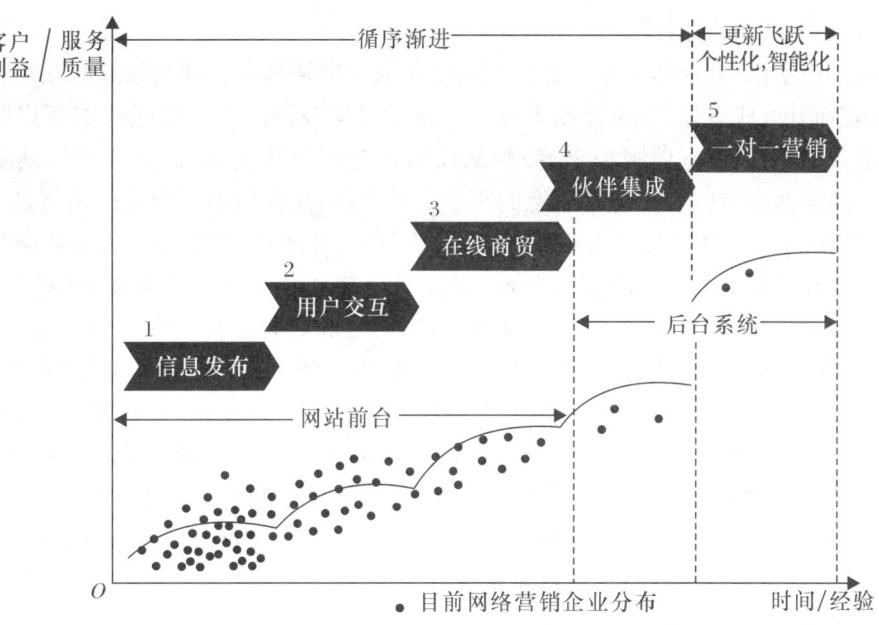

图 8-2　企业网络营销的阶段目标

2）技术规划

网络营销需要有专门技术的投入和支持。因此,信息系统的开发、购买、安装以及人员培训都应统筹安排。

3）组织规划

实现网络营销后,企业的组织需要进行调整以配合该策略的实施。网络营销既涉及营销部门又涉及信息技术(IT)、财务、物流等部门,所以公司应明确地规定网络营销的负责部门,制定新的业务流程,对网络营销活动涉及的部门作全面而有序的安排,使网络营销活动能责任明确、有条不紊地展开。

4）管理规划

组织变化后必然要求管理的变化,建立完善的网络营销系统需要从企业的组织、管理和生产上进行配合,企业的管理必须适应网络营销的需要。

网络营销战略的实施是一个系统工程,首先,应加强对规划执行情况的评估,评估是否充分发挥该战略的竞争优势,该战略是否有改进余地;其次,要对执行规划时的问题及时识别和加以改进;再次,是对技术的评估和采用。目前的计算机技术发展迅速,在成本不断降低的同时功能却显著增强,如果不跟上技术发展步伐,很容易丧失网络营销的时效性和竞争优势。采取新技术可能改变原有的组织和管理规划,因此,对技术进行控制也是网络营销中的一个关键点。企业采用的网络营销战略将因企业的业务类型、规模、市场地位、目标客户、产品生命周期的不同而有所差异。

8.1.4　网络营销战略模式

在对开展网络营销的市场环境进行充分调研、对企业资源与经营状态进行充分评估,明确了企业开展网络营销的战略地位、长期目标和短期目标之后,就可选择不同阶段的网络营销战略模式。目前,比较成功的网络营销模式有六种。

1）留住客户、增加销售

现代营销学认为，保留1个老客户相当于争取5个新客户。网络的双向互动、信息量大且可选择地阅读、成本低、联系方便等特点决定了它是一种优于其他媒体的客户服务工具。通过网络营销，可以更好地服务于客户，从而密切与客户的关系，建立客户忠诚度，永远留住客户。满意而忠诚的客户总是乐意购买企业的产品，从而增加了企业的销售量。

📖 资料：例如，德国的媒体集团"贝塔斯曼"在上海总部以"贝塔斯曼书友会"的形式开展网络营销和传统营销并行的销售活动。在开始的阶段，"贝塔斯曼书友会"将工作放在发展新会员上，取得了一定效果，但是后来发现，不断增加的新会员并没有给公司增加相应的销售额，而老客户的减少却使销售量有较大幅度的下降。针对这种情况，"贝塔斯曼书友会"在留住老客户、增加销售量上做文章，策划了许多相关的营销活动，果然取得了比较理想的效果。又如，江苏小天鹅集团通过大量的市场调研，得出一组营销数据，即1∶25∶8∶1。也就是说，1个客户使用小天鹅产品并得到了满意的服务，他会影响周围其他25位客户，因为这比广告宣传更具有客观、公正的特点。同时，其中8个人会产生购买欲望，1个新客户会产生购买行为，这就是客户的市场辐射效应。

2）提供有用的信息来刺激消费

本模式尤其适用于通过零售渠道销售产品的企业。它可以通过网络向客户连续地提供有用的信息，包括新产品信息、产品新用途、新的促销措施等，而且还可根据情况适时地变化，保持网站的新鲜感和吸引力。这些有用的新的信息能刺激客户的消费欲望，从而增加了购买量。

3）简化销售渠道，减少管理费用

通过网络进行销售对企业最直接的效益来源于它的直复营销功能，即通过简化销售渠道、降低销售成本，最终达到减少管理费用的目的。本模式适用于将网络用作直复营销工具的企业。

利用网络实施直复营销，对客户而言，购买方便，减少购物的时间、精力和体力的支出与消耗；对企业而言，可以简化销售渠道、降低销售成本、减少管理费用。在网上，网上书店、鲜花店和礼品店等商店是这种模式的最好应用，如图8-3所示。

图8-3 天使之约鲜花快递网站首页

4）鼓励客户参与，提高客户的忠诚度

新闻业已有一些成功运用此模式的例子。报纸和杂志出版商通过它们的网站来鼓励客户的参与，它们的网站使客户能根据自己的兴趣形成一些有共同话题的"网络社区"，同时也提供了比传统的"给编辑的信"的参与程度高得多的读编交流机会。携程旅行网开辟了吸引众多网民参与的旅行网社区，有效地提高了客户的忠诚度。许多电影、电视片的制作商也采用此模式提高产品的知名度。

5）提高品牌知名度

企业可以通过网站设计，突出品牌宣传，树立整体的企业品牌形象，提高品牌知名度，实现市场渗透，最终达到提高市场占有率的目的。例如，可口可乐公司不是将网络作为直复营销的工具，而是将网络作为增强品牌形象的工具。

6）数据库营销

网络是建立强大、精确的营销数据库的理想工具，因为网络具有即时、互动的特性，可以对营销数据库实现动态的修改和添加。拥有一个即时追踪市场状况的营销数据库，是企业管理层作出动态的、理性的决策的基础。传统营销学中的一些仅停留在理论上的梦想，通过网络建立的营销数据库可以实现，如对目标市场的准确细分、对商品价格的及时调整等。数据库营销模式是传统营销模式的现代化，具有科学性和预测性的优势。

在上述营销战略模式中，企业可以根据自己的特点及目标客户的需求特性，有所侧重地选择某种模式，逐步积累经验，根据市场需求增加其网络营销的功能，创造更多的效益。

8.2 网络营销战略规划

8.2.1 企业行业与网络营销战略

在确定了网络营销的战略地位和作用之后，企业应根据自己所在行业的特点以及所处的市场环境，选择合适的网络营销策略，最终达到企业的网络营销目标。下面分类讨论不同性质的企业如何采用适合自己的网络营销策略。

1）制造业

制造业作为工业经济时代的主要产业，在网络时代到来时所面对的更多的是挑战。制造业根据目标市场不同，可以分为工业组织市场和一般消费者市场。前者主要是生产资料市场，面对的是企业，如飞机、车床制造企业等；后者面对的是一般消费者，是大众性市场，如家电、计算机生产企业等。对于前者，由于目标市场相对比较稳定，客户群体比较少，所以，网络营销的重点是通过密切客户关系，建立长期稳定的合作伙伴型的协作关系，主要是借助互联网为客户提供服务和产品信息，降低双方交易费用，最大限度地控制营销费用，增加双方的价值。

📖 资料：波音公司有分散在世界各地的上千家零配件供应商，同时又把飞机卖给多家航空公司。过去，航空公司需要零配件，就要先找波音公司，波音公司再同零配件供应商联系，零配件供应商把所需的零配件寄给波音公司，波音公司再把零配件寄给航空公司。为克服不必要的中转问题，波音公司建立了具有信息中介功能的网络营销站点和配套的信息管理系统,航空公司通过网站就可以了解到各地零配件供应商的情况,在波音网站上下订单后,零配件供应商可直接向其供货。

对于面向大众消费者市场的制造企业,由于面对的消费者群体人数多而且差异性比较大,网络营销将提供更多的机遇。企业利用网络营销可以拓展新的市场和采用更有效的营销策略。这类企业利用网络营销时主要采用8.1.4通用的战略模式。

需要指出,网络营销的几种策略并不是互相排斥的,而是可以整合使用的。当然,同时采取多项营销策略可能引起资源配置冲突和管理上的冲突,但只要加强协调和管理,上述网络营销策略是完全可以互相配合的。

2) 信息行业

信息行业的产品和服务主要是以信息方式表现出来的,如媒体、软件、音乐等。它们的产品和服务都可以通过互联网进行传送,无需通过传统的物流配送网络来实现。

互联网给信息类企业带来的既是机遇又是挑战。企业面对的机遇是通过互联网可以改变传统产品形式和销售方式。面对的挑战是由于产品形式变化而带来的营销策略整体化的冲击。例如,音乐产品制作成CD来销售时,比较容易控制发行;而现在可直接在网上下载,这对传统音乐制作公司的营销策略和管理带来很大的冲击。信息行业由于突破了传统的实物配送限制,因此营销的关键是建立品牌和吸引消费者对产品的了解和关注,从而购买和使用产品。

目前,信息行业可以采用上述所有策略,只是所针对的对象不同。例如,对于有形产品的制造企业来说,提供很好的服务需要很强的售后服务队伍和上门服务条件;而对于信息行业来说,加强服务主要是一种信息的传播,因此与有形产品的服务相比,其形式要简单得多,但服务内容的知识含量和技术要求则高得多。

3) 服务行业

服务行业具有生产和消费一体化的特征,使得服务性行业受到时间和空间的限制。互联网作为一种跨时空限制的信息沟通渠道,给服务行业带来的更多的是机遇。服务行业可以通过网络营销实现远程服务,如银行业开通网上服务可为客户提供全天候而且不出门即可享受的服务。同时,服务行业还可以通过网络营销加强对客户的服务,减少客户消费服务的不便。例如,北京某些医院开通了网上预约挂号服务,缩短了病人到医院看病时等待的时间。

目前,许多服务性企业,如金融类的证券、银行、投资和保险等企业都开设了网上服务,实施网络营销策略并取得了巨大竞争优势。

8.2.2 企业规模与网络营销战略

网络营销的虚拟性,使得传统的以规模大小来划分企业的标准成为过去。一些小型企业也可以通过开展网络营销活动占领以往只有大规模企业才可以进入的市场,因此不同规模的企业在制定网络营销策略时应结合企业特点来进行。

资料:地处贵州偏远山区的贵州味美食品工业有限公司,自从事网络营销之后,已陆续获得了中国台湾地区、日本、爱尔兰、新加坡甚至非洲的订单,每年出口海外的产品销售额达到1 000万元。康师傅、统一、华龙、华丰、德芙、黑五类等食品生产企业都成为它的客户。2003年,其销售额突破了4 000万元,其中95%都是通过网上订货的,公司规模也翻了几番,其网站首页,如图 8-4 所示。

图 8-4　贵州味美食品工业有限公司首页

对于中小型企业来说,开展网络营销更多的是一种机遇,企业可以在网上虚拟市场开展营销活动,将企业目标市场拓展到以前传统营销无法涉及的市场。

首先,中小型企业由于规模较小,各方面的资源都比较有限,因此在开拓目标市场时一般要受到企业规模和地理位置的限制,无法同时跨多个地区经营,更谈不上开拓国外市场;但通过网络营销企业可以在无约束的网上虚拟市场同大企业开展竞争,因为网上市场竞争的是产品质量和服务,至于地理位置和企业规模大小则不是主要因素。

其次,通过网络营销可以获取新的竞争优势。虚拟市场不同于传统市场,传统市场的优势力量在虚拟市场不再起作用,因此中小型企业有机会在新的市场上利用全新网络营销策略占领市场,也可以迅速成为新的强大企业,如 Amazon.com 就是利用虚拟市场空间迅速壮大的。

此外,通过网络营销可以加强企业的客户服务并树立良好的品牌形象。利用网络营销中小型企业亦可突破时间和空间限制提供全天候服务,同时树立企业在网络市场上的品牌形象。

在传统市场上,中小型企业一般处在被动地位,但它们可以充分利用互联网的虚拟特性,整合外部有效的资源为实现企业的营销目标提供有效的营销活动支持。如企业的产品生产力量不雄厚,可以借助互联网实现外包,企业只需专注于开发新产品、建立品牌以及提供服务等高附加值的经营活动即可。

对于规模较大的企业来说,由于在传统市场占有一定的优势,所以容易忽视新兴的网上虚拟市场,有的企业虽然已关注到,但还是想等待网上市场成熟后再进入。这些企业的稳健做法,很容易受到一些新兴的成长型的充分利用网络资源的企业的挑战。

8.2.3　市场地位与网络营销战略

与企业规模大小类似,企业在市场上的地位对企业的网络营销策略也有很大影响。总的来说,对于弱者,网络营销是一种机遇和成长机会;对于强者,网络营销更多的是一种挑战,因为这些传统强势企业的传统营销策略可能在网络时代失去竞争优势。根据市场地位不同,一般可以将企业分成领导者、挑战者和追随者三类。

1) 领导者

该类企业由于传统营销策略优势或其他方面的优势,在传统市场上占有领导地位,是传统市场的强者。该类企业制定网络营销策略时,首先考虑的是竞争者网络营销策略对新兴市场和传统市场带来的威胁和冲击;然后根据时机选择合适的网络营销策略进行对抗和防御,以保持在传统市场和新兴市场上的竞争优势和领导地位。

📖 资料:Wal-Mart 公司利用其先进的物流管理信息系统,对其全美 3 800 多家超市进行统一管理、统一采购、统一配送,最大限度降低销售费用,从而降低价格获取市场竞争优势。当它面对网上商店,如 Amazon 等公司的挑战时,采取了积极的对策。在了解和把握网上市场特征后,Wal-Mart 公司已推出了它的网上商店服务,并且积极与 AOL 公司进行合作,扩大其网上虚拟市场的品牌知名度。

2) 挑战者

该类企业由于在传统市场上拥有一定实力,而且不断尝试成为市场领先者,因此一般都将网络营销看作是竞争的有力武器,制定网络营销策略时一般采取的是积极的全力投入的态势。但要注意的是,企业利用网络营销作为新的竞争手段,要控制网络营销投资的风险以及对经营理念带来的冲击。

📖 资料:联想公司作为市场挑战者,它积极利用互联网来改造和整合企业营销策略,设计满足中国人需要的网络时代的天禧计算机,积极拓展电子商务,利用互联网整合传统营销渠道,在 1999 年年底就一举成为亚太市场占有率第一的计算机公司。

3) 追随者

该类企业在市场上处于缝隙中求生存的地位,网络营销对企业的生存和发展既是机遇也是挑战。比如,在传统市场上利用地理位置和消费群体差异而生存的企业,可能在网络营销时代难以生存,因为大企业凭借网络营销可以突破市场的地理位置限制,也可以通过其高效率的营销系统对过去难以覆盖的市场进行覆盖。因此,这类企业必须采取积极的网络营销策略应付挑战,在新兴市场上挖掘机会并寻求成长和发展。这类企业开展网络营销时,由于企业规模一般较小,可以采用跟随挑战者的网络营销策略,在实施中充分发挥网络营销给小企业带来的机遇,寻找机会迅速成长。为数不少的小企业已经利用互联网获得了前所未有的成功,这也正是小企业热衷上网的重要原因。例如,我国大别山老区的农民利用互联网,将他们的布鞋市场拓展到全国和海外,营销费用降低了近 4/5。

8.3　网络营销品牌战略

8.3.1　网络品牌的概述

1) 网络品牌的概念

为了详细说明网络品牌的概念,我们有必要先回顾一下市场营销中品牌的概念。美国市场营销协会对品牌的定义是："品牌(Brand)是一种名称、属性、标记、符号或设计,或是它们的组合运用,其目的是借以辨认某个销售者或某群销售者的产品或服务,并使之同竞争对手的产品和服务区别开来。"从这个定义来看,主要强调了品牌的可辨识性因素,即企业品牌存在的特征。那么什么是网络品牌呢?简单来说,企业品牌在互联网上的存在即网络品牌。网络品牌有两个方面的含义:一是通过互联网手段建立起来的品牌;二是互联网对网下既有品牌的影响。两者对品牌建设和推广的方式和侧重点有所不同,但目标是一致的,都是为了企业整体形象的创建和提升。

2) 网络品牌的特点

相对于传统意义上的企业品牌,网络品牌具有以下特点:

(1) 网络品牌是网络营销效果的综合表现。网络营销的各个环节都与网络品牌有直接或间接的关系。因此,网络品牌建设和维护存在于网络营销的各个环节,从网站策划、网站建设,到网站推广、顾客关系和在线销售,无不与网络品牌相关,网络品牌是网络营销综合效果的体现,如网络广告策略、搜索引擎营销、供求信息发布各种网络营销方法等均对网络品牌产生影响。

(2) 网络品牌的价值只有通过网络用户才能表现出来。正如科特勒在《营销管理》一书中所言,"每一个强有力的品牌实际上代表了一组忠诚的顾客",网络品牌的价值也就意味着企业与互联网用户之间建立起来的和谐关系。网络品牌是建立用户忠诚度的一种手段,因此对于强化顾客关系的网络营销方法对网络品牌营销同样是有效的,如集中了相同品牌爱好者的网络社区,在一些大型企业(如化妆品企业、保健品企业、汽车企业、航空公司等)比较常见,网站的电子刊物、会员通讯等也是创建网络品牌的有效方法。

(3) 网络品牌体现了为用户提供的信息和服务。Google 是最成功的网络品牌之一,当我们想到 Google 这个品牌时,头脑中的印象不仅是那个非常简单的网站界面,更主要的是它在搜索方面的优异表现,Google 可以给我们带来满意的搜索效果。可见有价值的信息和服务才是网络品牌的核心内容。

(4) 网络品牌建设是一个长期的过程。与网站推广、信息发布、在线调研等网络营销活动不同,网络品牌建设不是通过一次活动就可以完成的,不能指望获得立竿见影的效果,从这个角度也可以说明,网络营销是一项长期的营销策略,对网络营销效果的评价用一些短期目标并不能全面衡量。

当我们看到一个知名企业网站时,会联想到该企业的形象,如果企业网站看起来比较专业,可以为用户提供有价值的信息和服务,那么会对该品牌产生正面影响;反之,亦然。知名品牌企业的网络品牌策略主要是品牌形象从网下向网上的延伸和发展。而非知名企业和新创企业的网络品牌策略则是品牌形象近乎全新的创建过程,对于网络用户来说,从网上获得的印象几乎就是对于企业的全部印象,因此这些企业在向用户传递品牌信息时更应细心。在这方面,网络品牌与基于互联网业务的纯粹网络企业有一定的相似性。

3) 网络品牌的层次

网络品牌包含三个层次:

(1) 网络品牌要有一定的表现形态。一个品牌之所以被认知,首先应该有其存在的表现形式,也就是可以表明这个品牌确实存在的信息,即网络品牌具有可认知的、在网上存在的表现形式,如域名、网站(网站名称和网站内容)、电子邮箱、网络实名/通用网址等。在全球商业网站多如牛毛的情况下，消费者对品牌的忠诚度会越来越低，网站品牌形象的建立，也就比传统营销时代更加重要。在网络时代的数字战场上取得成功，需以品牌作为引导，将品牌带入与消费者的互动中。

（2）网络品牌需要一定的信息传递手段。仅有网络品牌的存在并不能为用户所认知，还需要通过一定的手段和方式向用户传递网络品牌信息，才能为用户所了解和接受。网络营销的主要方法，如搜索引擎营销、许可 E-mail 营销、网络广告等都具有网络品牌信息传递的作用。因此，网络营销的方法和效果之间具有内在的联系，如在进行网站推广的同时也达到了品牌推广的目的，只有深入研究其中的规律，才能在相同营销资源的条件下获得综合营销效果的最大化。

（3）网络品牌价值的转化。网络品牌的最终目的是为了获得忠诚顾客并达到增加销售的目的，因此，网络品牌价值的转化过程是网络品牌建设最重要的环节之一，用户从对一个网络品牌的了解到形成一定的转化，如网站访问量上升、注册用户人数增加、对销售的促进效果等，这个过程也就是网络营销活动的过程。

品牌是无形价值的保证形式，消费者在网上购物时会更关注品牌。这是因为，消费者的购买行为是经由认知、信任进而产生行动的过程。传统品牌把大量预算花在品牌形象的塑造上，就是因为这种形象能够缩短购买的时间。如果把网站建设的最终目的界定为"销售"，那么，网络上的购买行为更需要品牌形象的支持，品牌带来的信誉和保证在某种程度上抵消了虚拟环境给消费者带来的不安全感。随着 Web 不断扩充，网站营运者数量增多，一方面，推动了互联网的发展；另一方面，由于规章约束滞后，信息和内容良莠不齐，难以保证所有信息绝对可靠，一些网站成为推销劣质商品和发布伪消息的中心。在缺乏高品质目录及传统标识界定的环境中，用户依据品牌辨别差异。与传统营销一样，良好的品牌形象在用户潜意识中就是信誉保证。

品牌还可以抵制网络传闻带来的冲击。网络营销成功的秘诀就在于创造了一个响当当的网络品牌，从为网站所取的名字、与其他热门网站签约招揽网民，到不断投资市场，都证明了品牌对于网络营销的重要性。

8.3.2　网络品牌的建立

互联网的交互、快捷、全球化、媒体特性等优势，为提高企业知名度、树立企业品牌形象、更好地为用户服务等方面提供了有利的条件，并且，网络的这些特性对于每一个企业都是公平的，因此，企业应该根据自身的产品和服务特点利用网络创建自己的网络品牌。

1）注意力经济与网络品牌

有人说信息经济是注意力经济。在势均力敌的商业环境中，企业之间的竞争筹码大同小异，产品的差异化可以在极短的时间内消除，配销方式与渠道也很容易遭到竞争者的效仿；并且，产品的成本基于进货渠道的畅通与透明，使竞争者之间也不会有太大的差异；在销售环节与零售商在定价策略上获得的优势也越来越不明显，因此，能够产生差异化利益的营销手段只有在流通与传播领域了。而传播的目的之一就在于吸引受众的注意力，并以此增强企业提供的产品和服务的品牌效应。

在传统的营销环境中，企业通过大量的广告投入控制大众媒体，以吸引大众的注意力，从而达到营销的目的。而在网络商业环境中，受众对信息的选择、接收、处理等活动具有积极主动的特性,他们有较强的控制信息获取与分发的能力。而且互联网的公平原则使竞争的企业在用户面前一览无余,无处遁形。例如,用户要在互联网的搜索引擎中查询"洗衣粉",或许 P&G 公司的"碧浪"、"汰渍"与国产的"浪奇"会同时呈现在用户的计算机屏幕上。因此,在网上市场环境中,消费者的购买依据已不是产品设计、价格、配销等营销变数的组合,而是在于商品与品牌的价值、商誉、服务等因素。在网络商业模式的品牌策略中营销就是传播,沟通与传播将成为网络的营销主力。

2) 网络品牌的特性

(1) 网络品牌是传统品牌的延伸。在基于一对多的传统营销模式中,企业只是借助媒体提供信息、传播信息,消费者只能凭借单向式的宣传和消费尝试建立对企业及品牌的形象;在网络营销中大众传播变成了个人传播,大众营销演变为一对一营销,互联网的交互性和超文本链接与多媒体形式,使网上传播更具操作性和可信性,更易建立品牌形象和加强与客户沟通,增强品牌的知名度、美誉度和忠诚度。

(2) 网站使品牌的内涵得到扩充。网络品牌的内涵已经延伸到售后服务、产品分销、与产品相关的信息与服务等方面,加拿大亨氏公司(www. heinzbaby. com)通过站点向用户提供丰富的婴幼儿营养学知识、营养配餐、父母须知等信息,展开传播与营销。通过这样的沟通方式,使用户在学习为人父母、照顾婴幼儿等常识的同时,建立起对亨氏品牌的忠诚度。人们对亨氏品牌的理解就不仅局限于婴幼儿的营养产品,而且包含了丰富的营养学知识的内涵。

(3) 良好的公共关系是创建网络品牌的关键。网上的公共关系涉及的对象包括网站的访问者、企业的合作伙伴、行业协会等。

📖 资料:"中汽虹网"就是由中国汽车工业总公司联合一汽、东风汽车、上海汽车总公司等组建的中国汽车工业电子商务网,它所提供的商务、信息目录、媒体宣传、信息增值(动态价格指数、市场分析报告)和专家咨询等服务,不仅能实现汽车及配件在网上的调集和销售,而且还建立起以汽配及整车企业为核心的网上汽车虚拟社会团体。

(4) 网站的交互能力是维系品牌忠诚度的基础。与客户间及时有效的沟通是提高品牌生命力、维系品牌忠诚度的重要环节。网站的交互特性为营销中的交流和沟通提供了方便有效的手段。一方面,客户可以通过在线方式直接将意见、建议反馈给经营者;另一方面,经营者可以通过及时答复客户的意见赢得客户的好感和信任,从而增强客户对品牌的忠诚度。

网络品牌具有更广泛的包容性,一个企业甚至可与其他企业共同建设新的网络品牌,形成一个新的网络品牌联盟。

3) 网络品牌的建设

(1) 借助传统媒体。越来越多的企业开始利用电视、杂志、报纸、户外标牌广告等传统广告形式树立品牌形象,以便那些暂时还不是网民的消费者在上网前就接受其宣传的品牌,同时也增强网民在离线状态下对品牌的认知程度。例如,Lycos 为其搜索引擎进行品牌宣传,为了达到最佳的宣传效果,"Get Lycos or get lost"的广告语曾在四个不同电视频道的黄金时间播出,并且持续了 12 周。除了 Lycos,其他如 AOL、Amazon 也在非网络媒体投入了大量的资金以塑造品牌。

(2) 借助专业的品牌管理策划人员。创建网络品牌的基础是建设企业的网站,但它的开发与运作却不应完全由技术人员来实施。因为,品牌的创建、维护、管理需要专业的商业知识。1998 年,世界最大的电子邮件出版发行商 Mercury mail 更名为 InfoBeat,为树立 InfoBeat 成为个人信息分发领导者的形象,专门聘请了 P&G 公司一位有 22 年产品包装经验的资深策划人员进行策划。

（3）借助原有的品牌优势。由消费者行为分析可以知道,虽然网上市场可以让消费者更方便地购买到与网下市场相比更便宜但品质相同的商品,但消费者仍愿意花更高的价格购买日常生活中熟悉的品牌商品,而这些商品品牌往往是传统业者通过经年累月的广告投入和店铺印象树立起来的。因此,为了在网络中取得竞争优势,企业在进入网络这一新的经济环境后,除需制定一些特殊的品牌策略,让用户认识到网上市场的优越性外,还必须与既有品牌的传统业者合作,发挥原有品牌的优势,让用户通过网上市场获得与原有品牌相同的产品和服务。

（4）以自己的经营特色创建品牌。Amazon 是电子商务的一面旗帜,其成功有多方面的因素,但其核心策略是以服务和广告迅速创出品牌,并产生品牌效应,进而占领市场。凭着这种品牌效应,Amazon 除售书之外,营业范围扩大到销售礼品、CD 和录像带,并在 CD 的销售方面超过竞争对手,成为网上最大的 CD 销售商。Amazon 的经验提示人们要注重培养品牌。在网站建设的初期,规模宁可小些,但要有自己的经营特色。

8.3.3　网络品牌识别系统

那些为世人瞩目的传统的伟大品牌,之所以现在拥有丰富而清晰的品牌含义,是花费了几代经营者数十年甚至数百年的时间,持之以恒地传播累积而得到的。然而,网络是没有地域界限的市场,其竞争形势已不允许如此长时间的等待了。因此,创立品牌更有远见的做法是:从一开始就把它看成一个确立的品牌、一个充满意义的品牌,赋予品牌独特明确的内涵和意义。也就是说,网络企业需要以一种"自上而下",而不是"自下而上"的方式开展品牌工作。贝索斯曾告诉《品牌周刊》(Brandweek)的记者:品牌有时候像水泥,刚和好时可塑性极佳,时间久了,它就成型了,难以塑造。因此,要在创立品牌的一开始就确立品牌识别系统,规划品牌发展的远景。

具体地说,品牌管理者要为品牌建立全面的识别系统,不只是为品牌起个名称或设计一个标志那么简单。那么,什么是"品牌识别"呢? 国际上主流的品牌专家认为:品牌识别是动用一切有形和无形的要素筑起一层层坚实的品牌保护圈,筑起强有力的市场竞争壁垒,躲避市场上的明枪暗箭的攻击与挑战。其核心是品牌的精髓、本性和存在意义(可比喻为品牌指纹或品牌基因),外圈则是品牌围绕其核心价值而展开的各种表现,它们组成一个由里及表的、动态的、展开的品牌识别系统,这个系统构成了消费者对品牌的总体感觉和体验。说其动态,是因为品牌的核心价值要保持不变,而外层表现出的产品、技术、广告主题、细分市场要不断更新,从而保持品牌的持久活力;说其展开,是需要品牌价值主张、品牌定位和品牌个性来执行品牌识别。

品牌识别系统包含品牌名称、标识和图案,但远远不止这些符号要素。网络品牌的识别系统能保护网络品牌不受网络空间纷杂过量的信息交流的干扰。那些不法的假冒者可以用一个相似的品牌名称或标志,但无法复制整个品牌识别系统,无法控制全方位的品牌接触点,因而无法操纵消费者对品牌整体意义的感觉和体验。

比起品牌识别,品牌形象是一个更常用的概念,它是借助传播推广品牌识别而得到的受众认知结果,或者说,品牌识别是品牌形象背后的含义。企业的价值观往往会为品牌识别注入积极的含义。

📖 资料:Amazon 公司以快速安全的送货系统及以客为尊的价值观吸引人们访问他们的网站。以客为尊的价值观其实包括很多要素,核心要素是价格、品质、送货速度、服务态度以及技术革新等。这五种传统的企业价值观,Amazon 全都采用。它以一定折扣出售书籍,因而被认为是引起实体书店价格战的罪魁祸首;Amazon 的 1-Click 专利软件提高了它们的服务品质,同样的,只要有人访问 Amazon 网站,它就提供个性化服务;Amazon 的配送中心涵盖范围横跨全美,遍及全球,能提供最迅速安全的送货服务;Amazon 网站一天 24 小时皆可进入,虽然访问者很多,下载速度却很快,能提供最便捷的服务。Amazon 经由自创或购并不断进行技术革新,不但让该公司保持科技领先的地位,还会有更多人因为对新兴科技有兴趣而造访 Amazon 网站。

这些价值观基本上都是传统的企业价值观。尽管对 Amazon 公司很重要,但毕竟电子商务不同于传统产业,Amazon 公司在传统的价值观中加入了新的价值观,那就是"购物乐趣"。这项价值观承诺消费者在上网选购时乐趣无穷。因此,进入 Amazon 网站后,不管你有没有购买该公司的产品,你都可以看到丰富的信息,参加像 e-Bay 那样的拍卖会,或寄张电子问候卡给朋友。

从品牌识别的理论看,网站名称代表的意义更为重要。Amazon 有着比商品性质本身更为深远的意义,这使得 Amazon 能够从单纯的书籍中脱离出来,经营更多的商品,提供更多的服务。它在打响品牌以后引进更多商品,网站以商品多样化及高水准的服务著称,它的名称就是它的品牌,而这个品牌是根据周围环境来制定的,这让它能不断增加商品种类。

8.3.4　网络品牌的推广

提高站点内容的丰富性和服务性,还须注重对域名及站点的发展问题,以尽快发挥域名的商标特性和站点的商业价值,避免出现影响企业形象的有关问题。创建网络品牌其实与建立传统品牌的手法大同小异。

(1)多方位宣传域名是一个符号和标识。当企业进入互联网时,其域名还鲜为人知,这时企业应利用传统的平面与电子媒体宣传其网址,利用各种机会让网址多方曝光。此外,也应通过建立相关链接扩大知名度。

(2)通过产品本身的品质和客户的使用经验来建立品牌。这一点对网络品牌格外重要。两大网上顾问公司 Jupiter Communications 和 Forrester 都不约而同地指出,广告在客户内心激发出的感觉,固然有建立品牌的功效,却比不上网民上网体会到的整体浏览或购买经验。例如,戴尔电脑让客户在线上根据个人需求订制电脑,Yahoo 和 AOL 都提供一系列的个性化服务工具。

(3)利用公关造势建立网络品牌对新兴网站非常重要。

(4)遵守约定规则。互联网在其最初阶段是非商用的,这使其形成使用价格低廉、信息共享和相互尊重等原则。商用后,企业通过互联网提供服务最好是免费或者费用低廉的,并应注意发布信息的道德规范,未经允许不能随意向客户发布消息,以此赢得顾客的信任。

(5)持续不断地塑造网络品牌形象,对于一些年轻的网上企业来说可以快速建立其品牌,但这并没有违背传统营销的金科玉律——永垂不朽的品牌不是一天造成的。想要成为网上的可口可乐或是迪士尼,需要长久不断的努力与投资。在瞬息万变的网上世界中,只有掌握这个不变的定律,才能建立起永续经营的基石。

单 元 小 结

战略规划通过定义清晰的企业使命,实行支持性的企业目标,规划合理的业务组合以及协调各个职能战略来实现这一目的。企业开展网络营销时,首先,要确定目标优势;其次,分析计算收益;最后,进行综合评价。

网络营销的营销手段有别于传统市场营销。它在控制成本费用、市场开拓和与客户保持关系等方面有很大竞争优势,网络营销涉及企业整个营销战略方向、营销部门管理和规划以及营销策略制定和实施等方面。

企业应根据自己所在行业的特点以及所处的市场环境,选择合适的网络营销策略,不同规模的企业在制定网络营销策略时应结合企业特点来进行,最终达到企业的网络营销目标。

与企业规模大小类似,企业在市场上的地位对企业的网络营销策略也有很大影响。网络品牌的三个层次,为提高企业知名度、树立企业品牌形象、更好地为用户服务提供了有利的条件。网络的这些特性对于每一个企业都是公平的,因此,企业应该根据自身的产品和服务特点,利用网络创建自己的网络品牌。创建网上品牌其实与建立传统品牌的手法大同小异。

 **思考题**

(1) 企业开展网络营销包含哪些基础条件? 企业网络营销战略规划的内容有哪些?
(2) 简述企业性质与网络营销战略的关系。
(3) 简述不同规模企业的网络营销战略。
(4) 简述不同市场地位的企业的网络营销战略。
(5) 什么是网络品牌? 有何特征? 有哪几个层次?
(6) 如何建立企业网络品牌? 如何推广网络营销品牌?

 **案例分析**

阅读分析一: 商战圣手——索尼公司网络营销策略分析

索尼公司(www. sony. com 及 www. sony. com. cn)不是百年老店,该品牌从出道到如今独耀于世只经过了短短数十年,这不仅是日本,也是世界工业史上的奇迹,它是世界公认技术创新能力极强的一家公司。近年来,根据美国《财富》杂志的统计,索尼公司每年要推出1 000种新产品和零件。其中800件是以前推出的产品的改进型,约200件则是针对新市场推出的崭新产品。索尼公司在20世纪90年代平均每年推出182件新产品,等于每个营业日就有1种产品推出。

索尼公司创建之初,井深和盛田昭夫就有一个梦想:把电子和工程的综合技术应用于生产消费产品领域,并要领导世界电子产品新潮流。在许多人的印象中,索尼仅仅是某种电器的品牌。对此,索尼美国公司董事长兼首席执行官(CEO)霍华德·斯金格先生表示:在今天,索尼的品牌已经有了新的含义。索尼不仅从事开发制造音视频产品,还经营音乐、影视等文化产业。因此,索尼品牌是更加抽象的"高品质"的象征。

索尼公司近几年的发展非同寻常。当日本众多大企业在亚洲金融危机的阴影下徘徊不前时,索尼公司的业务却在突飞猛进地发展,索尼美国公司在影视、娱乐业取得了很大成功,这无疑为索尼实现家电信息技术同影视音乐等娱乐业融合的目标奠定了坚实的基础。

索尼公司是传统家用电器的制造企业,但自从出井伸之1995年出任公司总裁及1998年兼任CEO以来,他开始把重点放在家庭网络上,出井伸之"让索尼成为网络公司代名词"的努力已变成现实。继亚马逊公司网上销售火暴之后,越来越多的公司先后开展了网上销售。在这种情况下,索尼公司日益感到有必要早日加入网上销售这一市场巨大、利润丰厚的新兴行业中。为此,索尼公司建立了专门负责网上销售和服务部门,并准备加大其在公司业务中所占的比重。索尼公司还正在加紧宽带因特网的研究开发工作。事实上,出井伸之现在已取得了很大的成功。现时的索尼已经在网上直销其娱乐产品,广播电台、有线电视台、唱片销售店以及影音制品售卖点等一系列中间环节均被一一取代。这种直销方式使索尼电影和音乐的主要发布者甚感满意。他甚至还想将不那么有名的索尼财务服务公司变成一家在线银行。

企业在互联网上的竞争优势,源于上网前的战略策划,企业上网如作战,"多算胜,少算不胜,而况无算乎!""算"企业上网前的营销战略策划。索尼的网络营销战略是:一手硬(产品设备)、一手软(影视娱乐),两手密切配合,软硬兼施。精良的设备能将新奇的游艺引入胜境,影视娱乐又为视听产品销售铺垫旺途,两者在营销关系上互补,达阴阳调和至善之境。

企业上网前的"妙算"是指,将其经营模式和方针在网络环境中重新规划整合一番,使企业营销体系与互联网的各种功能有机结合成新的网络营销体系。该体系中包括寻找新的商机,抑制竞争对手,发现、吸引并留住顾客,通过不断增加的产品和服务为自己的品牌增值等等。

索尼制定了旨在"将公司网站建设成全球在线娱乐场"的网络战略宏旨,声称:"我的目标是要创造一个能为顾客提供新型娱乐场所的公司……索尼公司将努力实现数字时代的梦想。"数字化、娱乐化和寻求梦幻境界的技术、软件及产品,成为索尼网站的定位。

索尼以创造人们的需求为豪,上网后更致力于增值服务,形成其独具的竞争力。尽管该网站取得了成功,但索尼从未想过要维持现状,站点仍在不断自我更新,其目的是抢在模仿者和追随者之前,增加新内容,提高技术,创造一个永远值得用户访问的环境。

索尼网站由索尼旗下几大公司协作共建而成。日本本部索尼电器公司和索尼设备公司长于产品的研发与制造;美国的索尼音乐娱乐公司、索尼影片娱乐公司等则长于影视娱乐的制作,两者如舟之双楫,相得益彰。所以,虽然索尼的每个公司都具有其独立的特征,在利用网络实现业务目标时各有其独特的方式,但在主站每帧网页上,索尼还是将其统领于一个旗帜下,既体现了统一的索尼网络风格,又实现其"硬中有软,软中带硬"的站点营销主旨。

"索尼美国在线"中设有"音乐""影视""电器""娱乐站""在线游戏"等栏目,各自链至不同的索尼子公司站点。例如,索尼音乐和索尼影片网站提供音乐和电影促销、声像剪辑和艺术家访谈,索尼电器则介绍款式齐全的新型家电产品。除了娱乐外,索尼也同 Visa 国际公司合资建立了在线商场,使顾客能在线购买索尼产品。音乐、影视产品的营销有相当的难度,但也最容易形成以文化为背景的特殊竞争优势,且这种竞争优势一旦形成后,一般对手难以用模仿战术或替代战术来抗争。

以索尼音乐栏目为例,它的成功是索尼新技术公司和索尼音乐公司员工、艺术家和音乐迷们的协同努力,独具智慧的创意,高效、集中的服务器维护和公司间通信系统灵活机动结合的结晶。运作后就体现了该站点网络战略的许多特色:定期提供具有附加价值的最新内容,不断将其添加到网络服务器中去;向公众提供当红歌手的录音和数据、歌手旅行计划和新歌发行计划等信息,使站点能快速有效源源不断地提供新鲜生动的内容。为此,两公司员工每周要与主要录音公司代表见两次面,协调艺术家们的出品发行计划,并为上网设计相关特色。为进一步开发国际用户,索尼音乐公司已在日本、德国、加拿大等建立了网络服务器,它不仅与东京的索尼网络中央站互联,还利用所在国语言提供资料,反映当地民族的爱好和乐迷们的要求。该网站堪称企业利用国际互联网的全球性以实现企业自身跨国经营、吸引全球用户的典范。

索尼音乐网站尚且如此,其影视网站的精彩更不待言。互联网本身最贴近于影视传媒,这使该网站独占天时;"索尼在线"以美国本地化操作、本地节目为主,再得地利;其麾下哥伦比亚电影公司幕帐中人才济济,星光灿烂,更兼索尼社长大贺典雄本人就是艺术家和并购的鼻祖,使之更具人和。三才具备,如此网站焉能不盛?

索尼电器是公司安身立命之本,强中之强。索尼素以技术力和开发力称雄于世,自然也曾有"试验小鼠式企业"的烦恼。这更促使索尼一个接一个地研发出更新的产品,以保持其技术始终居于领先地位。这种令人钦佩的索尼风格必将反映到其站点上,称之为"电器新品、精品总汇"亦不过分。站中设有电子设备、计算机、无线通讯设备、媒体技术、专业级设备、半导体器件类等分栏目,每栏目中又有按目录分列的产品的图文详细介绍。

最能体现索尼技术实力与高精综合研究成果的,应属其微电子机器人开发领域。这是网上的机器人发烧友、软件迷、人工智能研究家和智力过剩者的决胜天堂。设有"机器人足球杯赛""电子宠物竞赛队""梦幻圣斗士"之类的栏目。世界各地的资深研究人员、电子专家、仿生学家等在此自动分为各个赛队,根据彼此认同的游戏规则,设计出亦真亦幻的微电子机器人来举行足球比赛等竞技活动。"机器人足球杯赛"实际是场高智力竞赛,它不仅是场幽默的小闹剧,更是 4 年一次的人工智能、可学习性与可移动性机器人设计与性能的比赛,代表着该领域科技的最新进展,引起各国专家的关注和参与。

索尼始终横溢着卓越、独创、活力和强烈的新技术研发与市场拓展欲望。索尼的技术根基在于电子设备制造,在收购了唱片公司、美国电影公司后,大大增益其文化消费品的生产能力,从而形成其在市场上互补性、扩张性、王道与霸道兼备的多元化经营格局。这股"索尼神风"刮到互联网上,产生了无以匹敌的威力。例如在营销上,索尼总裁就承诺要提供"一种机会,创造一种利润丰厚的新型硬件,它不仅可以和网络联结,同时还可以独立运行索尼软件。"意图使凡借助于索尼设备上网的,无论是游戏机、电脑还是手提通讯器材,都可以看到别人无法得到的东西。

出井伸之要让索尼公司成为宽带网络社会的"龙头大哥",他的目标不仅仅是使索尼持续盈利和增长,更要使索尼走在潮流的前面,使它从一个全球最大的消费电器生产商和媒体集团,转变成为一个举足轻重的互联网公司。

索尼公司是一家最具国际化的日本公司,它不仅有最具国际化的领导人——公司总裁出井伸之,也拥有一大批最具国际化的高级管理人员,这使得索尼不仅在音视频产品的开发制造方面领先于其他同类公司,而且在进军影视音乐娱乐业方面也获得了成功,索尼美国公司的营业额已占索尼公司总营业额的1/3。在数码网络时代,索尼将把自己生产的优秀影视音乐作品通过网络传递给每一个人,索尼既要继续成为硬件厂商,同时也要成为信息源的提供者,将这两者完美地结合,便是索尼正在迎接的最大挑战。

分析:索尼公司的网络营销策略有哪些可以借鉴?

阅读分析二:饮食搭台　茶叶唱戏——立顿公司网络营销策略分析

成功的网站都是相似的,失败的网站则各有各的败因。企业网站最常见的失败原因,是其立意不清,定位不明。站点定位综合反映了企业对市场、顾客、产品和服务诸关系的理解,及其经营理念等,并直接影响其网站的结构、内容、营销策略和服务模式等。所以,即使同一行业的企业网站,因其定位不同,在观众眼中会有极大差别。同样是企业网站,定位于"物"与定位于"人"是根本不同的营销层次,其效果迥异。许多企业的主导产品多年一贯制,消费者已对其极为熟悉,如欲上网营销,在定位上就须独辟蹊径,另筑题材。

从行业上看,立顿(www.lipton.com)无疑是知名品牌,但在世界著名商标中,立顿不是强势品牌,该企业与500强相差甚远;从整个网络上看,立顿属于小站点。所以,在网站立意上以一种人人都熟悉的超市食品货架为背景,以饮食为切入点,定位于居家过日的普通民众,创意新颖、视觉形象生动、感召力强,在网络营销上则独具特色。

立顿公司是家制销茶叶的公司,想象中其网站自然以大诵茶经为本。但实际上,茶叶制品在该站点中并不占首栏首位,其先导栏目竟是美食经——《各国食谱大全》及按季节时令变化的《每日烹调一课》!仅此一栏,就会使许多各国美食家、家庭主妇和王老五们成为该站的铁杆回头客。这一"食论茶"创意,在题材定位上是很成功的,因为该企业茶制品就是那尽人皆知的几款几型,网站如"以茶论茶"则无助于建立人气,培养回头客。

在营销时序上,该网站也独具匠心。站中先导入一位拥有高超传统厨艺的意大利老太太为"妈妈的小屋"栏目的主角;一位芳踪不定却精于品尝各类巧克力、甜点、饼干等各种零食、寻求"浪漫生活"栏目的年轻女士为另一代消费者的代表,待她们在网上大侃各种各色浓汤大菜,观众们饱览一通温淳甘脆、醇浓肥厚的主食和点心后,该站的主角——茶叶(立顿清茶、红茶、黑茶等)终于上场了。此时再谈茶品茗,味道当然不同!立顿站点致力于体现其文化、亲情与品位的倾向是十分明显的。站点的文化气息体现在立顿的许多菜肴都富于诗意的介绍,再进一步加上一层亲情的烘托,使网站整体意境在亲情关爱中得以升华,迥异于一些冷冰冰的生意站点。

所以,营销网站的建立是一门艺术,其语言可如诗,页面可比图。古人所谓"诗外有诗,方是好诗;词外有词,方是好词",企业网站也忌讳无情无景无顾客,上网一味干吆喝的俗套。可见,网络营销并不是直接将企业产品手册找来,不作任何改动地翻版到站点上去。它需要建站者根据对网络环境的理解,从营购题材和栏目时序上重新设计一番才行。

　　早期的企业网站，多将其理解为电子广告，站点内容就是其产品页的网络版。随着网上站点数的爆炸性增长、网页数以亿计，人们才意识到，在"争夺眼球之战"中，企业网站要想吸引眼球、留住观众、培养忠诚顾客是何等之难！企业网站在如此白热化的竞争环境中要想脱颖而出，只有定位于"服务为本、与众不同"才有可能争得一席之地。当然，为此必须有投入与付出，甚至是越来越大的投入才行。

　　立顿也必须经常收集并推出菜谱，那位老太太的"妈妈的小屋"栏中必须常有花样，萨曼莎女士的"妈妈的小屋"也得不断写下去……否则，站点人气一散，营销功能尽失。而网站营销最有效的手段就在于提供个性化、互动式服务。所以，企业网站最终要能提供特色化、个性化、实时化和互动性服务，这样才能聚集人气，培养忠诚顾客，发挥商业功能。当然，这样的企业网站投入也是巨大的。

　　国内企业对品牌的推广刚刚觉醒，还在跌跌撞撞地练习平四的时候，国外品牌已经熟练地跳着华尔兹、探戈、伦巴，向我们展示其品牌战略的成熟技巧。这是初学乍练的国产品牌无法比拟的。对于实力不强的企业来说，面前只有两条路：在国外强势品牌前投降消亡，或是奋起而反击。

　　业内人士介绍，国产品牌明显地受到国外品牌的冲击，是在 1993 年之后。这时改革开放力度加大，不少海外名牌蜂拥而入，不但带来新产品，更带来新的营销理念。目前独资、合资和国外品牌已经成为不少专业市场的主角，除了家电等少数行业国内知名品牌控制国内市场以外，大部分行业面临严峻考验。

　　没有消费者的需求，营销也没有什么意义，当我们正处在一个不断膨胀的市场中的时候，产品必须继续出现在人们的意识中，所以形象化的营销是第一要紧的。所以，从立顿的站点上，我们应该学到更多的营销策略与方法，以饮食搭台，由茶叶唱戏，并以文化、亲情与品位为烘托，在网络的世界中树立自己的品牌。

　　分析：立顿为何不大诵茶经，其网络策略有何可取之处？

阅读分析三：留住精彩的网上瞬间——柯达的网上营销

　　让陌生人从网站了解柯达；

　　让业余摄影爱好者从网站认识柯达；

　　让专业摄影爱好者在网站参与柯达、享受柯达。

　　近年来，国内很多企业办网站、制网页，但其中不少是为了赶时髦。该类企业的网站，不是网页形式一成不变，就是内容数年如一日，更不用说网上营销了，就连最基本的企业形象宣传效果都难以达到。柯达公司为介绍产品，树立形象，以成像后的增值性服务及争取客户为使命，利用网站大作营销文章，值得借鉴。

　　1）拍照，后续处理

　　柯达网站首页给人的第一感觉是有点怪异。作为照片业的始祖，柯达本可在数以亿计的图片中选择精美绝伦的人物或风景来装饰其首页，然而它却单挑了一帧残阳下几片枯枝败叶作篇眉，梯形栏目选择条很像导向手指，指根是那全球无所不在的著名柯达商标，看上去似乎要将人领向日薄西山之地；受众还未来得及从这伤感景象中喘过气来，下方黑道上就又跳出个如怪似幻的人来伸手剪径……

　　其实，这才真正体现了那句老话，叫作"内行看门道。"实际上，柯达站点自开通以来，在其首页页眉和下方活动图框中，就已经展示过许多幅精美的照片。页眉处均为滤镜处理后的长卷特写,活动框中则展示了一些不朽的摄影作品。而上述两幅图片恰是在展示其胶卷的非凡品质。

对彩色照片来说,色彩还原、物体质感、层次和明暗的表现等综合指标才是衡量其质量的根本所在,而不是一味的大俗大艳的才佳。对皮肤、落叶等色彩并不艳丽且略偏暖黄基色的物体,能逼真地还原其本色的彩卷才是优质的胶卷,这就是柯达篇眉的真正立意所在。

正如柯达总裁所指:"如果我们认为我们过去是造胶卷,我们今后是搞数码,那我们就会出问题。但是,如果我们清楚地知道我们过去的业务是照相,今后是照片的话,那么我们就会利用一切现有的技术。"于是,今天的柯达网站就以首页上的"拍照,后续处理"为标题。

2）建网上摄影百科全书

柯达网站围绕照片、成像及相关设备,设置了如下栏目:

拍照——下设"拍出好照片"(技术、实例、在线教程)"胶卷指导""胶卷使用及一次性相机""柯达 Advantix 系统""数字化相机及技术"(扫描仪、印相机、PhotoCD、CD-R)等栏目;

后续处理——下设"照片后续处理"(比相册即影簿更佳)"柯达在线图片网"(照片上网后再加工与共享)"制作明信片和像卡""新颖有趣的图片编辑法"等子栏目;

柯达介绍——下设"关于柯达""出版中心""柯达在世界各地""柯达助您捕获节假日中的精彩瞬间""用柯达庆贺图片系统创作个人节日卡""您在拍摄"(与 AOL 联办)等子栏目;

专业图像——下设"专业图像处理""运动图像处理""商业及办公图像""应用图像""医疗保健用图片""政府、地质勘探、宇航和科学摄影""教育图片"等子栏目。

可以看出,柯达建站的目标,是要构建网上摄影百科全书、世界图片资料总汇和摄影教学中心。目前仅其图像库中就有数以万计的全球风光、人文景物和空间航拍等分类照片,且每类均收集了各类名家和专业摄影师的作品,这使得柯达站点从一开始就大受欢迎。

3）拍摄后的增值服务

行业领先地位也好,超级产品质量也罢,最后都必须落实到市场上。首先,网站的成功与否取决于争得客户的多少;对于胶卷这种低值消费品来说,争得客户一时的宠爱并不算成功,成功当算争得客户的一世珍爱;再有,技术进步使拍摄傻瓜化,初学者也能拍出专家级的佳作,因此没有理由让用户对某种胶卷情有独钟。

鉴于此,柯达网络营销没有放在一般的宣传产品上,而是重在培养客户对其品牌、网址的忠诚度上,采取"别具一格"的策略,切实推出了一些能在网上实施、对大众常规摄影作品起增值作用的服务项目来,主要内容是:

教育培训——这是面向公众的有效营销措施。柯达传统影视媒体广告主题都以"留置精彩的美好瞬间"为题,在网络上,它可以从容地、分步骤地教导摄影者如何拍出上佳之作,这在柯达站点中占有相当的比重。"拍好照片"培训从器材、技术、胶卷、用光、拍摄和合成等栏目介绍摄影概况,又提出"10 大技术"等等,每栏都有在线索引、相关问题解答的参考目录等,循环一周,相当于就读纽约摄影学院。

佳作素材库——柯达将大量分类图片库放在网上,既作为摄影楷模,又让用户自己选择素材,下载后和自己的照片一道加工合成。这类增值服务为其赢得了良好的口碑,这对营销成功的作用是巨大的。

在线服务——柯达通过与 AOL 合作,开办了"您在拍摄"热线,建立了影迷论坛和交流中心等,培养了一大批忠实用户。近来更发展了一个在线图片加工中心,对用户原作进行有趣的编辑再加工。影迷们只要将照片发到网上,就能重新组合或共享。如果有困难,只要招呼一声,就会有热心的高手来帮忙。还有,采用柯达数码相机拍摄后的照片,可寄存在其网络电子相簿中。若再花上少量的钱,就可以用其魔术成相机将自己的照片印到一个拉拉队员身上,或者和日本大怪兽一起合影,或者坐上越野车在火星上拍照。

总之,拍摄已是傻瓜能为之事,而柯达将网络竞争点定位在拍摄后的增值服务"高端"上。

4) 为柯达增收节支

当柯达公司首次在互联网上开通3 500页面的站点、每天吸引多达15万多人次访问时,被广泛认为是商业价值营销效果最好的站点。

为确保网络能提供优质服务,公司还进一步将站点开发扩展到整个企业的各个部门,并将其信息系统部、国际互联网营销部和公共关系、营销和销售单位连接起来。这种协作确保了用户反馈和查询被迅速准确地传给公司,同时也确保服务人员能立即作出反应。目前,公司认为,采取网络营销方式和用户发生相互作用以及从事直接商业的潜力是巨大的。1989年,当柯达公司宣布将其所有的电脑资产与运作全部外包时,就震惊了全美企业界。而当时柯达公司是将其视为增收节支、强化竞争力、实现企业主要目标的一项重要举措,现如今则演化成为颇具规模的综合性营销与服务站点。从利用该站点来为顾客解答问题、发布产品信息、为数字摄影器材下载驱动程序等多项服务来看,仅1996年1年,该网站就节约了400多万美元。此外,公司不仅取消了受话方付费的800咨询电话,减少了负责顾客咨询、处理订单的员工名额,同时还降低了全球的邮资和运输费用。

分析: 请访问柯达网站,从营销策略角度分析其网站。

实 训 篇

9 网络营销实训

9.1 网络营销认知实训

【实训目的】

（1）掌握网络营销与传统营销之间的区别和联系，能对网络消费者购买动机进行调查与分析，并评价网络营销的利弊。

（2）通过著名网络交易平台的实践，掌握如何利用网络交易平台来进行交易，了解网络消费者的购买过程。

【实训要求】

（1）认知网络营销概念、环境，浏览网络营销的网站，设计调查问卷，调查并分析消费者的购买动机。

（2）进行网上购物实践，并分析消费者的行为。

【实训内容】

（1）进入易趣网（www.ebay.com.cn），购买自己喜欢的 3 件物品，3 件物品必须是不同数量，然后选择一种适合自己的付款方式，并记下订单号，了解网上购物的程序。

（2）进入淘宝网，通过拍卖的方式发布一件物品，让同班同学来竞拍，看谁能以更低的价格拍到。

（3）分别访问国内一些著名的网上商城，如搜狐、网易、新浪商城，浏览一些著名的商务网站，如当当书店、卓越网、阿里巴巴、戴尔、淘宝网、易趣网、中国商品交易中心等，查看这些网站网上交易、支付和物流配送的操作流程，设计一份网上调查问卷，用于调查和分析消费者购物的特点。

（4）角色扮演。首先，全班每 10 人左右为一组，分别扮演图书、玩具、手机三类商品的购买者，访问卓越网或当当网，浏览图书、玩具、手机三类商品并尝试购买。接着，每组选派组长，调查其他两组同学的购买动机。然后，由组长总结。最后，将结果向全班汇报。

（5）在网上购 3 种商品，根据购买过程填写表 9-1，以分析消费者的行为特征。

表 9-1　消费者的行为特征分析

	商品 A	商品 B	商品 C	说　明
诱发需求				
收集信息				
比较选择				
购买决策				
购后评价				
简评				

（6）浏览易趣网，分别以"一口价"和"竞标"的方式拍卖或购买1件自己需要的小物品。体会网络交易平台如何进行交易，分组讨论易趣网如何来评价商家的信誉，如何来控制交易风险。

9.2 网络营销技术实训

9.2.1 安全电子邮件收发

【实训目的】

（1）掌握用 Outlook Express 收发各种电子邮件。

（2）了解通过 E-mail 开展网络营销的优缺点。

【实训要求】

（1）掌握用网络营销工具 Outlook Express 收发各种电子邮件。

（2）掌握 Outlook Express 的各种邮件的安全收发。

（3）体验通过 E-mail 开展网络营销的优缺点。

【实训内容】

（1）注册1个免费电子邮件，用 Outlook Express 收发普通邮件。

（2）上广东省电子商务认证中心下载证书，同学之间相互发送签名邮件和加密邮件。

（3）搜索免费邮件列表，申请加入邮件列表，并根据需要订阅邮件。在申请的过程中，记录申请的流程，分析这种流程设计的利弊，填写表 9-2。

表 9-2 邮件列表申请过程记录表

申请步骤	申请内容	优　点	缺　点
1			
2			
3			
4			
5			

（4）将全班同学分成若干组，模拟成几个公司，公司内部作合理分工，体验电子邮件营销。

9.2.2 使用搜索引擎进行网络信息的查询

【实训目的】

（1）学会常用的搜索引擎的使用方法。

（2）学会在网络上查询信息的方法。

【实训要求】

（1）利用 Google 和 Baidu 搜索相关信息。

（2）掌握 Google 和 Baidu 的高级使用技巧。

【实训内容】

（1）以"中国旅游"为关键词，用以下搜索引擎查找，列出查找结果的前三项，并点击察看连接是否可用，填写表 9-3。

表 9-3 搜索引擎查找结果

搜索引擎	第一项		第二项		第三项	
	链接地址	是否可用	链接地址	是否可用	链接地址	是否可用
www. baidu. com						
www. google. com						
www. yahoo. com. cn						
www. search. sohu. com						
www. sogou. com						
www. iask. com						

（2）练习搜索引擎的常用技巧，填写表 9-4。

表 9-4 搜索引擎查找方法比较

搜索方法	举例	搜索结果	优缺点
简单查找	旅游		
使用双引号精确查找	"旅游"		
用加减号限定查找	中国＋旅游＋酒店		
使用逻辑符号辅助查找	中国 AND 旅游 AND NOT 酒店		

9.2.3 博客的使用与营销

【实训目的】

对博客有一个基本的了解和认识，深入分析博客的营销价值。

【实训要求】

开设博客，体验博客营销。

【实训内容】

（1）尝试建立自己的博客。

（2）点击浏览新浪博客频道点击率排名前 30 的名人博客，并进行分析。

（3）你对博客如何定义？你对博客的看法如何？博客具备哪些潜在的商业价值？

9.2.4 域名管理

【实训目的】

掌握域名注册及管理。

【实训要求】

（1）注册会员。

（2）注册顶级域名。

（3）管理域名。

【实训内容】

申请1个域名(可以全班申请1个域名)并进行管理。

9.2.5　主机(空间)管理

【实训目的】

（1）掌握主机注册及管理。

（2）掌握FTP软件的使用。

【实训要求】

（1）申请主机。

（2）管理主机。

（3）文件上传。

【实训内容】

（1）申请一个主机配合以上域名进行管理。

（2）利用FTP软件上传网页并进行远程管理。

9.2.6　自建网上商店

【实训目的】

掌握自建网上商店的步骤和方法。

【实训要求】

以淘宝网(www.taobao.com)和中商网(www.chinaec.com)为例说明借助第三方交易平台建立自己网上商店的流程,尝试建立在一定时限内免费使用的网上商店,或使用自己架设的服务系统作为网络平台。

【实训内容】

（1）登录淘宝网"网上开店"栏目。

（2）了解自建网上商店的流程。

（3）建立一个免费试用的网上商店。

9.2.7　加入商务会员

【实训目的】

掌握仿阿里巴巴商务网站会员的操作。

【实训要求】

借助第三方交易平台(B2B站点)建立自己的网上会员站点。

【实训内容】

（1）登录仿阿里巴巴商务网站注册会员。

（2）了解商务网交易的流程。

（3）维护企业信息，相互进行交易。

9.2.8 微信公众平台管理

【实训目的】

掌握微信公众平台的应用。

【实训要求】

注册并使用微信公众平台。

【实训内容】

（1）注册微信公众平台（https：//mp.weixin.qq.com/）。

（2）管理微信公众平台（实时消息管理、用户管理、群发消息、素材管理、自动回复、投票管理）。

9.3　网络调查实训

【实训目的】

（1）了解在线调查形式。

（2）学会利用在线调查获得网络营销的调研数据。

（3）模拟市场调研过程，对调研数据进行整理分析及撰写调研报告。

【实训要求】

（1）以网络消费者的身份参与在线调查，体验在线调查的调查方式。

（2）在线调查方案的设计与实施。

（3）对调查结果进行分析、整理，并撰写在线调查报告。

【实训内容】

（1）将全班分成若干小组，选择一名大家生活中某类常用商品作为小组的产品，并针对其设计一份调研表格，问题个数不可少于 7 个，问题类型大于三类。

（2）挑选另一小组与你们合作，互相交换问卷并填写。

（3）收集数据、分析数据并完成调查报告。

（4）指定一名同学介绍你们的调查问卷，并公布调查结果。

9.4　网络营销组合策略实训

9.4.1　网络营销产品的选择

【实训目的】

（1）掌握网络营销产品的选择方法。

（2）掌握不同周期网络产品营销策略的选择。

（3）掌握网络销售的方式与评估方法。

【实训要求】

(1) 适合网络营销的产品类别辨别。

(2) 网络产品市场生命周期及营销策略选择。

(3) 网络销售的方式与评估。

【实训内容】

(1) 在表 9-5 中列出网络产品市场不同生命周期的特点及营销策略。

表 9-5 不同生命周期的特点及营销策略

市场生命周期	特 点	相应营销策略
引入期		
成长期		
成熟期		
衰退期		

(2) 产品策略实践训练。

第一，组织形式。

在教师指导下，由学生自由组合成以 4～8 人为一组的研究性学习小组，并确定负责人，经教师确认选择 2～3 个类型的产品作为研究的样本。

第二，要求。

首先，各小组组织市场调研，针对样本产品的整体概念、市场生命周期等问题收集市场信息、确定所研究产品的整体概念和市场生命周期阶段。然后，根据研究结论，针对该产品的竞争和营销现状提出改进方案。主要回答以下问题：① 某产品的产品整体概念可以怎样表达？② 该产品处于生命周期的哪个阶段？③ 该产品有何进一步开发的机会？④ 该产品的品牌能否延伸？产品营销组合方式如何调整？

9.4.2 网络营销定价策略与分析

【实训目的】

(1) 了解常用的网络营销定价策略。

(2) 掌握定价决策的分析方法。

【实训要求】

(1) 了解常用的网络营销定价策略。

(2) 网上销售的商品价格的定价体验。

(3) 定价决策分析。

【实训内容】

(1) 进入下列商务网站，分析该网站网络产品营销定价策略，并填写表 9-6。

表 9-6 不同商务网站价格策略

商 务 网 站	定 价 策 略
www.ebay.com	
www.haier.com	
www.amazon.com	

（2）列出网络产品营销定价策略的特点,并填写表 9-7。

表 9-7　网络营销定价策略

定　价　策　略	特　　　　　　　点
低于进价策略	
差别定价策略	
高价策略	
竞价策略	
集体砍价	

9.4.3　网络营销渠道

【实训目的】

（1）掌握网络直接销售和间接销售的流程。

（2）能够根据产品的特点设计网络营销渠道。

【实训要求】

（1）戴尔直销模式案例分析与讨论。

（2）访问中国商品交易中心网站,体会网络间接销售流程,总结其优点,进行某产品的网络营销渠道设计。

【实训内容】

（1）每 3 个人组成 1 个小组,每个小组选 1 个组长,负责组织讨论和分工,撰写设计方案。

（2）讨论选择 1 种产品,描述产品的特点。

（3）讨论设计该产品可能的渠道形式,说明渠道的网络建设工作内容,如组织结构、组织建立、渠道的层级、网络及宽度等的设计理由。由记录员记录,确定其渠道及网络。

（4）每小组提交 1 份设计方案。

9.4.4　网络促销方法

【实训目的】

掌握网络促销的方法。

【实训要求】

实际查看各网站网络促销的方法。

【实训内容】

通过搜索引擎或其他方式,搜寻有关下列网络促销方式的应用实例：① 网上直接折价促销；② 网上变相折价促销；③ 网上赠品促销；④ 网上抽奖促销；⑤ 积分促销；⑥ 会员注册；⑦ 在线优惠券；⑧ 免费策略。

9.4.5　网络客户服务

【实训目的】

了解网上顾客服务的主要方式及使用。

【实训要求】

查看网站并比较分析。

【实训内容】

（1）登录新浪网（www. sina. com. cn）、当当书店（www. dangdang. com）、易趣（www. eachnet. com）、卓越网（www. joyo. com）、通用汽车（www. gm. com. cn）等网站，分别使用它们提供的客户服务功能。

（2）分析上述网站都使用了哪些网上客户服务手段？站在用户的角度考虑，哪些服务手段有特色、有效果？哪些方面还需要进一步完善、改进？

9.5 网络广告实训

【实训目的】

（1）掌握常用的网络广告形式，并进行网络广告的基本设置。

（2）了解网络广告选择和投放的基本技巧，根据商务要求选择网络广告形式，掌握网络广告的发布操作。

（3）了解监测和评价网络广告的基本常识。

【实训要求】

（1）网络广告浏览，了解网络广告的常见形式。

（2）制作网络广告，在网站发布。

【实训内容】

（1）浏览下列发布网站，并练习在其中发布网络营销广告。

第一，宣传易广告联盟 www.1133. cc。

第二，阳普广告网 www.15668. com。

（2）自己制作一个旗帜广告或其他形式广告，并在自己公司或自己的个人网站发布。

（3）分别访问搜狐、网易、新浪首页，比较在这些网站首页所投放的广告的差异，填写表 9-8。

表 9-8　门户网站首页广告差异

	搜　狐	网　易	新　浪
受众定位（性别、年龄、地区、收入、受教育等）			
广告主要形式			
与网站内容的配合			
创意表现			

（4）第一种情况，假定在 A 网站投放的 BANNER 广告在 1 个月内获得的可测量效果为：产品销售 100 件（次），点击数量 5 000 次。

第二种情况，假定在 B 网站投放的 BANNER 广告在 1 个月内获得的可测量效果为：产品销售 120 件(次),点击数量 3 000 次。

根据一般的统计数字,每 100 次点击可形成 2 次实际购买。

用这种方法判断上述两种广告投放效果的区别,并从这个例子总结一下网络广告的效果会反映在哪些方面?

9.6　网络营销商情分析实训

【实训目的】

(1) 掌握网络营销调查方法及资料的整理。

(2) 掌握调研资料的统计分析,建议运用 Excel 分析。

(3) 掌握调查分析报告的撰写。

【实训要求】

(1) 查看商情分析报告的撰写要求及样文。

(2) 根据调查数据撰写一份商情分析报告。

【实训内容】

(1) 对本地区旅游市场进行网上调查,并撰写该市旅游市场商情分析报告。

(2) 对网上花店的经营状况进行网上调查,并撰写商情分析报告。

9.7　网络营销战略规划实训

【实训目的】

熟悉网络营销战略规划的主要内容。

【实训要求】

搜索完整的网络营销战略规划书案例并比较分析。

【实训内容】

(1) 上网搜索完整的网络营销战略规划书案例。

提示:注意使用相近的关键词组合,如网络营销战略计划、网络营销规划、网络营销策划、网络营销方案、网络营销计划、网络营销实施方案等。

(2) 根据收集到的信息尽可能详细地列出网络营销战略规划的主要内容提纲。

9.8　网络营销综合应用课程设计

【实训目的】

(1) 掌握网络营销综合应用技能。

(2) 重点掌握在线市场调研、企业网站的策划及其推广、网络营销效果分析和管理等方面的应用。

【实训要求】

（1）作为企业网络营销的主管人员，应如何分析评价企业网站的现状及问题？

（2）制定网络营销策略。

【实训内容】

（1）假设你是某市场营销策划公司的经理，你所在的公司承接了一家企业的液态奶制品的营销推广制作方案业务。现在请你撰写一份完整的液态奶上市推广方案销售策划书。销售策划书应包括：① 目标市场分析；② 当前的营销环境分析；③ 市场机会与问题分析；④ 营销目标；⑤ 营销战略（具体行销方案）；⑥ 策划方案的各项费用预算。

（2）假设你是某房地产公司负责房屋销售的经理，你所在的公司现在某花园建设 500 套商品房（70～120 平方米不等），预计明年 6 月后全部完工，现准备进行销售，请你撰写一份完整的房屋销售策划书。销售策划书应包括：① 商品房建设进度计划；② 商品房的卖点；③ 可供选择的付款方式；④ 房屋的销售合同与产权处理方式；⑤ 顾客关心的其他问题。

（3）与行业、企业合作，通过校外实训基地，分批组织学生到这些企业进行实习锻炼。首先，让学生开展市场调查，收集信息，准备后台的数据资料，为建立网站做好准备。其次，学生收集到信息后，进行分析，策划建立网站的素材、风格、内容等，形成完整的网站策划推广方案（如果企业已经建立网站，可以根据调查研究提出改版方案）。最后，网站建立好后将其正式发布运行，并负责后期的网站维护和更新。

参 考 文 献

［1］胡理增,许忠荣. 网络营销. 北京：中国物资出版社,2005.

［2］姜旭平. 网络营销. 北京：清华大学出版社,2003.

［3］张建军. 网络广告实务. 南京：东南大学出版社,2002.

［4］缪启军. 电子商务概论. 上海：立信会计出版社,2005.

［5］冯英健. 网络营销基础与实践. 北京：清华大学出版社,2004.

［6］尚晓春. 网络营销策划. 南京：东南大学出版社,2002.

［7］瞿彭志. 网络营销. 北京：高等教育出版社,2004.

［8］翟东胜. 网络营销那些事儿. 北京：电子工业出版社,2015.

［9］冯英健. 网络营销基础与实践. 北京：清华大学出版社,2013.

［10］张书乐. 实战网络营销——网络推广经典案例战术解析. 北京：电子工业出版社,2015.

［11］昝辉. 网络营销实战密码：策略、技巧、案例. 北京：电子工业出版社,2013.